욕하는 기독교와

욕먹는 기독교 사이에서

씨름하는 그리스도인의 삶

욕하는 기독교, 욕 먹는 기독교
한국교회의 위기극복을 위한 회생계획

지은이	이병주
초판발행	2020년 10월 22일
펴낸이	배용하
책임편집	배용하
등록	제364-2008-000013호
펴낸곳	도서출판 대장간
	www.daejanggan.org
등록한 곳	충남 논산시 매죽헌로 1176번길 8-54
대표전화	전화 041-742-1424 전송 0303-0959-1424
분류	기독교	신앙	개혁
ISBN	978-89-7071-541-4 03230
CIP제어번호	CIP2020043024

 값 17,000원

『평신도의 발견』개정증보판
한국교회의 위기극복을 위한 회생계획

욕 하는 기독교, 욕 먹는 기독교

기독법률가회
이 병 주 변호사

차례,

한국교회의 회생의 방향을 바로잡기 위해

강영안(서강대 철학과 명예교수 / 미국 칼빈신학교 철학신학교수)

통쾌하다. 내가 쓰고 싶은 책을 이병주 변호사가 썼다. 그러나, 내가 할 수 있는 것보다 훨씬 더 구체적이고, 직설적이고, 설득력이 있다. 신학적으로 건강하고 단단하며, 논리적으로 치밀하고, 현실을 분명하게 직시한다. 그럼에도 우리의 가슴을 친다. 세상 속에서 그리스도인으로 살기를 열망하는 형제 자매들뿐만 아니라 누구보다도 신학자들과 목사님들이 읽고 그분들의 성경읽기와 설교가 바뀌었으면 좋겠다. 나는 한국의 모든 그리스도인들이 이 책을 읽고 한국교회 회생의 방향을 바로 잡기를 소망한다. 마음으로 추천한다.

건강하고 정상적인 기독교가 되는데 적합한 교과서

김동호 목사(전 높은 뜻 연합선교회 대표)

한국교회는 벌써부터 세상으로부터 욕을 먹고 있었다. 대형교회의 부자 세습으로부터 나라 법이든 교단 법이든 상관하지 않고 힘으로 밀어붙이는 모습들을 보며 세상은 교회를 욕하기 시작했다.

그런데 교회는 거기서 멈추지 않았다. 전광훈 씨처럼 보수라는 이름을 걸고 극우화된 세력들이 교인들을 선동하여 거리로 나오고, 교회와 나라를 지킨다는 명분을 내세웠지만 실제로는 반교회적이고 반국가적인 행동들을 함으로 말미암아 세상은 우리 기독교를 비정상적인 사교집단 취급하기 시작하였으며 한 걸음 더 나아가 적폐로 인식하게 되었다. 그리하여 우리 한국교회는 세상으로부터 욕을 먹는 교회로부터 더 추락하여 세상으로부터 무시당하고 조롱당하는 교회가 되고 말았다.

교회의 생명은 선교에 있다. 그런데 지금 우리 한국교회는 선교가 불가능해진 교회가 되고 말았다. 세상으로부터 욕을 먹는 교회가 어떻게 선교를 할수 있겠으며, 세상으로부터 무시당하고 적폐 취급을 받는 교회가 어떻게 선교를 할 수 있겠는가?

지금부터라도 무엇이 문제인지, 왜 그렇게 되었는지, 어떻게 해야만 해결할 수 있는지를 철저히 분석하고 회개하고 고쳐 나가야만 한다. 비난만 하지 말고, 절망만 하지 말고, 그루터기 같은 남은 자들만이라도 공부하고 연구하여야 한다. 그리고 살아남기 위하여 씨름하여야 한다. 보다 더 건강하고 정상적인 기독교가 되기 위하여 피나는 노력을 경주해야 한다.

　그런 면에서 이병주 변호사의 '욕하는 기독교와 욕먹는 기독교'는 아주 훌륭하고 꼭 적합한 교과서이다. 지금 이 상황에서 우리의 문제가 무엇인지, 어떻게 하면 이 문제에서 벗어나 다시 본래의 기독교의 위상을 회복할 수 있겠는지를 공부할 수 있는 좋은 교과서이다. 감사하는 마음으로 우리 한국 교회의 앞날을 염려하는 모든 크리스천들에게 추천한다.

추천사

극적인 회심의 열매가 맺은 간절함의 힘

김영봉 목사(와싱톤사귐의교회))

그동안 평신도 신학에 관한 이론은 주로 목회자 혹은 신학자에게서 나왔다. 이 책은 평신도가 썼다는 점에서 차별성을 가진다. 그는 평신도 신학에 대해 의견을 개진할만한 신학적 훈련을 거쳤고 또한 법률가로서 평신도의 일상적 삶을 경험해 왔다. 저자는 운동권 무신론자로 살다가 극적인 회심을 통해 하나님의 사람이 되었다. 그렇기에 하나님에 대한 열심과 교회에 대한 사랑이 뜨겁다. 체험을 통해 하나님을 만나지 않았다면 그는 벌써 교회를 떠났을 사람이다. 하나님에 대한 그의 뜨거운 사랑은 참담한 교회의 현실에 대해 애통하게 만든다. 하나님은 너무도 영광스러운 분이신데, 그 하나님을 드러내 보여야 할 교회는 너무도 자주 수치를 드러내고 있기 때문이다. 이 책은 그의 애끓는 충심에서 터져 나온 용암과 같다. 그의 글에서는 항상 한국교회가 회복되어 하나님의 영광이 드러나기를 바라는 간절함이 느껴진다. 그 간절함과 절실함이 휘청거리는 많은 구도자들의 발을 잡아 주기를 기도한다.

현장에서 답을 찾으려고 분투하면서 단련된 예리함

정현구 목사(서울영동교회)

이전부터 평신도 운동과 이를 위한 제자훈련이 있었지만, 늘 아쉬움이 남았던 기억이 있습니다. 그 훈련이 평신도들의 교회 안의 역할과 활동을 깨우는 것에 그친 점입니다. 교회다움에 대해서 묻거나 세상에서 어떻게 살아야 하는지를 두고 고민하기 보다는, 별다른 문제의식이 없이 교회 일에 그저 열심히 참여하면 다 된다고 여겼습니다. 그러나 평신도들의 현장이자, 교회가 빛을 발해야 하는 곳인 세상에서 평신도들이 어떻게 살아야 하는지에 관한 더 중요한 내용은 간과한 것입니다. 한다고 해도 원론적 답만 줄 뿐, 구체적이고 실제적인 답을 주지 못했습니다. 한국 현실이 지닌 복잡성을 깊이 간파하지 못했고, 세상을 살아가는 그리스도인의 고민들에 대한 실제적 답을 얻으려고 분투하지 않았던 것입니다.

그런데 저자는 변호사로서 일하면서 삶의 현장에서 일어나는 다양한 문제를 깊이 보는 혜안을 가졌고, 성도이자 신학을 공부한 사람으로서 교회에 대한 깊은 문제점과 성도들의 고민들도 알았습니다. 이 책은 그가 이 문제를 붙잡고 치열하게 고민하고 씨름한 결과물입니다. 이 책보다 한국교회 현실과 평신도들의 고민에 대한 답을 더 날카롭고 실제적으로 다룬 책이 없을 것입니다. 이제 교회에서 평신도를 정말 깨우려고 한다면, 또 평신도를 세상 속에서 참된 그리스도인으로 세우고자 한다면 이 책은 반드시 읽어야만 하는 매우 중요하고 필요한 책입니다.

진정한 제사장들의 출현을 기대하며…

김형국 목사(하나복DNA네트워크 대표, 신학박사)

종교개혁 500주년이 있던 해, 한국교회는 그 유산을 기리는 다양한 세미나와 집회를 개최했지만, 종교개혁 정신의 알갱이를 실제적으로 논의하지 못했다. 오히려 한국 사회에 부끄러움과 실망만 안겨준 "명성교회 세습 사건"이 종교개혁 500주년을 기념한 셈이 되어버렸다. 이렇게 서서히 침몰하고 있었던 한국교회는 2020년 코로나 팬데믹 상황과 전광훈 사태를 지나며 이제는 급격한 침몰을 피할 수 없게 되었다.

이런 상황에서 회생 전문가인 이병주 변호사의 이 책은 시사하는 바가 크다. 한 성도가 한국교회를 사회적 맥락에서 읽고, 성도로서 그 대안을 제안하고 있기 때문이다. 종교개혁의 중요한 기치이나 여전히 실현되고 있지 않은 "전신자제사장"(priesthood of all believers) 사상을 생각할 때, 성도 이병주 변호사의 "씨름"은 소중하기만 하다. 특히 "욕먹는 기독교"에서 더욱 퇴락하여 사회적으로 파산 상태가 되어버린 "욕하는 기독교"의 본질을 분석한 것과, 이 둘 사이에서 더욱 치열하게 "씨름하는 기독교"를 제안한 것이 돋보인다. 그 씨름의 구체적인 영역들에 대한 논의와 제안을 기반으로, 성도들이 더 깊은 토론과 기도, 더 실제적인 임상과 나눔을 가질 수 있을 것이다.

모든 성도가 제사장임을 제대로 알려주는 교회도 드물고, 성도가 제사장 역량을 갖추고 제사장으로 살아가게 하는 교회를 찾아보기는 더욱 힘든 것이 한국교회의 현실이다. 그러나 사제인 목회자만 바라보는 신자라면, 그는 이미 한국교회의 문제의 한 부분임을 잊지 말아야 한다. 이제 제사장으로서 정체성과 역량을 갖춘 성도들이 나설 때이다. 이 책을 읽지만 말고 저자의 바램대로 함께 씨름하는 성도들이 일어나길 기도한다. 한국교회의 "회생"은 불가능하지만은 않다!

하나님이 세상을 이처럼 사랑하사

김회권 교수(숭실대 인문대 기독교학과)

중견 법률가인 이병주 형제가 오랫동안 묵상하고 성찰하고 글로 다듬어 갈무리한 생각이 『욕 하는 기독교, 욕 먹는 기독교(평신도의 발견)』이라는 이름의 책으로 출간된 것을 축하하면서 몇 마디 추천의 글을 싣게 되어 기쁘다. 이 책은 최근에 나온 책 중에 한국교회의 위기에 대한 가장 철저한 분석이며 위기대처용 지침을 담고 있다. 총 3부 10장(개정판)으로 구성된 이 책은 위기진단과 위기 본체 분석이 주를 이루는 2부(개정판)와 위기대처 지침을 주는 3부(개정판)를 담고 있다. 3부 중 전문법률가의 교양과 문제의식이 다소 부각된 10장의 1항을 제외하고는 일반독자들이 읽기에는 아무런 장애가 없다.

예수 그리스도의 재림으로 개시될 새하늘과 새땅에 대한 종말론적 기대로 가득 차 있는 신약성경에는 구원받은 신자들이 어떤 이상적인 사회, 국가를 이루어야 할지에 대한 지침이 거의 없다. 사도 바울의 서신과 후기 신약서신(특히 베드로전후서)의 주조를 띠던 재림기대신앙은 주후 100년을 지나면서 조금씩 약화되기 시작했고, 2세기 중반부터는 교회의 구성, 교인의 훈련(『디다케』와 『헤르마스의 목자』), 그리고 교회의 정치직제 등에 대한 관심이 재림기대신앙을 점차 대신하게 되었다. 감독제도와 교회의 통일성, 세례문답, 기본교리체제의 정비 등은 재림신앙보다 교회의 세상 착근에 더 관심을 가졌던 초기교회의 관심변천을 잘 예시한다. 구원받은 신자들의 장기 세상거주 필연성이 부각되면서 감독에 의한 교회의 정치적 기능이 부각되었고 급기야 6세기에는 로마제국의 행정관기능과 영적 통치기능을 겸전한 주교-교황제도가 등장했다. 이런 고민의 연장선상에서 구약성경 24권(그리스역본-영어역본-한글역본으로는 39권)과 신약성경 27권을 정경으로 받아들인 주후 4기말의 기독교회는 더 이상 구름을 타고 오실 재림예수님에 대한 열광적인 기대를 내세우지 않고 대신에 어떤 중간단계의 사회를 이루고 살 것인가에 대한 고민을 하기 시작했다.

이 책은 구원받은 신자들이 이 세상에 장기체류하다가 하나님나라에 들어갈 것을 전제하고 기독교신앙이 이 세상 한복판에서 어떻게 작동할 수 있는지를 고민하면서 착상되었다. 이런 점에서 2부 4장 욕먹는 기독교의 원인 중 '3. 한국교회, 사와 공과 초월 혼동 문제'는 한국교회의 위기진단과 분석에 예리한 통찰을 안겨준다. 3부 6장 평신도 신앙의 회개운동도 정직하고 투철한 평신도의 영적 분투현장을 여실하게 보여준다. 3부 10장은 평신도 법률가의 안목과 통찰이 잘 녹아든 십계명 강해다. 십계명의 현대적 적실성을 설득력있게 개진하고 있다. 에필로그는 저자의 육성이자 개인적인 신앙고백을 들려준다. 세상쪽으로 30% 경사진 태도로 세상을 사랑하고 세상에 참여하면서 살지만 세상과 짝하지 않고 세상변혁적으로 살아가는 21세기 평신도 버전의 얍복강 씨름을 제안하는 저자의 마음이 뜨겁게 전달된다. 전체적으로 이 책은 로마서 12:1-2 권면(너희는 너희 몸을 하나님께 산 제사로 드리라. 이 세대를 본받지 말고 마음으로 변화를 받아 하나님의 기뻐하시고 선하신 뜻을 분별하라)에 대한 긴 주석이라고 볼 수 있다. 거룩한 성도는 자기직장과 세상을 사랑하지만 자신은 세상의 쾌락과 정욕의 삼투압현상에 저항하는 영적 방수장치를 갖고 있다. 거룩한 성도는 이 세상 한 복판에 씨름하여 자기구원을 맛보는 데서 한 걸음 더 나아 세상을 거룩하게 변화시키고 전복시키는 하나님의 씨름에 동참하는 태그매치 동지다. 이병주 형제의 가슴 속에 거주하던 생각들이 이렇게 조직적이고 논리적인 글로 성육신하게 된 것을 기뻐하면서 추천의 글을 쓴다.

　이 책은 변증법적이다. 냉철한 분석이고 뜨거운 고백이다. 지성의 날카로운 비판이 가슴의 영적 상상력과 제휴하고 있다. 교회를 향한 비판이 있지만 더 철저한 자기비판과 자기검열이 있다. 이 책을 다 읽은 독자들은 세상을 멸망시키지 않고 구원하시려는 하나님의 마음에 감동될 것이며 세상을 품되 세상을 하나님 아는 지식으로 가득 채울 하나님의 교회에 대한 갱신된 열정을 회복할 것이다.

자신의 분야에서 자신의 언어로 세상을 통찰하는 글

정병오(기독교윤리실천운동 공동대표)

그동안 우리는 한국 교회와 그리스도인들의 문제를 분석할 때 '믿음과 행함'의 틀로만 분석하려고 해왔다. 그런데 이 틀이 너무 포괄적인 틀이다 보니 우리가 직면하는 현실을 제대로 설명하지 못할 뿐 아니라 자칫 교리적인 논쟁으로 빠질 때가 많았다. 그리스도인으로서 세상을 어떻게 바라보아야 할지에 대해 고민할 때도 '죄악된 세상, 사탄의 권세 아래 있는 세상'이라는 단순한 교리로만 이야기하고 세밀하게 세상을 들여다보지 않다 보니 실제로 세상의 영향을 받고 살면서도 세상에 영향을 미칠 힘을 기르지 못했다. 좀 더 생각하는 그리스도인은 '창조, 타락, 구속'의 틀로, 신학적인 안목이 있는 사람은 '이미와 아직'의 긴장 관계로 설명을 해왔다. 하지만 이러한 일반적인 원리로는 급변하는 한국 사회 속에서 그리스도인이 어떻게 살아야 할지 손에 잡히는 답을 얻을 수 없어 답답할 때가 많았다.

그런데 이병주 변호사는 그동안 신학자와 목회자들, 그리고 기독지성인들과 교계 리더들이 사용하는 신학적 언어들과 분석의 틀을 전혀 사용하지 않고 그만의 독특한 틀을 가지고 교회와 세상을 분석하고 세상을 살아가는 그리스도인의 삶의 원리와 교회갱신의 방법을 제시한다. 그러면서 그는 원론적인 교회론과 추상적인 세상 분석, 일반적인 삶의 원리가 아닌 급변하는 지금 한국 사회의 현실, 극단적으로 뒤틀려진 현재 한국 교회의 모습, 한국 사회의 모순과 직면하며 분투하는 실제 그리스도인의 삶을 다루고 있다. 그는 이전에 신학자들이나 소위 신앙이 좋다는 그리스도인들이 종교적 영역에 가두어두었던 말씀을 가지고 우리의 현실을 설명하고 우리가 붙들어야 할 삶의 원리로 가져온다. 그런데 그 설명이 놀랍게 적합성이 있어 말씀이 육신이 되어 우리 가운데 거하시는 것처럼 우리 삶 가운데 살아 움직인다.

이러한 비주류적인 접근은 소위 한국 교회를 이끌어간다는 주류 신학자들과 목회자, 기독지성인들을 향해 대부분의 성도들이 생활하는 현장인 지금 변화하는 한국 사회의 현실에 관심을 가지고 그들이 가진 문제에 응답할 수 있는 성경의 원리와 신학을 제시하기 위해 종교적 틀을 부수고 나오라고 도전한다. 그리고 목회자 의존적으로 살아가는 평신도들을 향해서는 교회 조직을 유지하고 종교적 원리를 충실히 이행하는 것을 신앙의 전부라 생각하지 말고, 지금 세상 가운데서 부딪히는 구체적인 문제를 가지고 하나님께 나아가고 성경을 연구하며 그 가운데 주시는 말씀을 따라 고민하고 실천하고 넘어지고 다시 일어서는 삶으로 나아가라고 도전한다.

정확한 분석과 실제적인 말씀 적용은 현재 우리가 당면한 문제를 직면하고 개혁할 수 있는 힘과 용기를 준다. 그래서 그의 글을 읽으면 한국 교회에 대해 비관과 냉소를 넘어 '이 문제에 대해서 내가 이것부터 할 수 있겠구나'라는 의욕과 희망을 준다. 그리고 그가 다 설명하거나 제시하지 못한 부분에 대해서는 '그 부분은 내가 말씀을 보고 고민하면서 나만의 언어로 설명하고 실천의 발걸음을 뗄 수 있겠구나' 하는 생각을 갖게 해준다. 그래서 그의 책이 보다 많은 사람들에게 읽혀서 모든 그리스도인들이 자기의 자리에서 하나님이 각자에게 주신 은사와 안목을 따라 자신을 바꾸고 교회를 바꾸고 세상을 바꾸는 자리로 나아가는 물결들이 이어져가기를 간절히 소원한다.

광야에서 망하는 한국교회를 향해 외치는 소리

김정태(좋은교사운동 공동대표)

1980년대 후반 고1 때부터 교회를 다녔다. 처음 신앙을 갖게 된 나 같은 이에게 이해된 기독교신앙이란 금기를 지키는 것이었다. 욕하지 않는 것, 술담배 하지 않는 것, 운동권 선배들의 정권비판운동을 기피하는 것 등이 청년 시절의 금기였다. 그러다 직장과 가정을 가진 장년이 되어서는 신앙과 관련해서 정치 이야기는 하지 않는 것이란 생각을 무의식중에 갖고 살았다. 우연히 교인들과 환담을 나누는 중에 선거 등 민감한 정치 현안을 꺼내면 "교회에서 정치 이야기 하지 맙시다"라고 하는 소리를 들었다.

그런 암묵적 동의가 교회 안에 있는 것 같았으나 최근 이러한 금기가 깨지고 있다. 박근혜 탄핵 이후 이 현상은 더욱 노골화되었다. 교회뿐 아니라 여러 신앙모임 안에서도 이런 변화를 본다. SNS상에서 돌아다니는 가짜뉴스를 퍼올리는 일, 특정 사안에 대한 서명을 하거나 집회 참석을 홍보하는 등의 일이 이전과 비교할 수 없을 정도로 잦아졌다. 과거 기독교의 금기를 깨고 정권을 비판하며 가짜뉴스를 퍼나르는 분들이 소위 신앙이 좋다고 인정받는 분들이다. 장로와 집사는 물론이고 목사님까지 설교 중에 정권을 비판하며 집회 참여가 애국이라 한다. 과거 교회 안에서 정치 이야기가 금기였을 때를 돌이켜 보면, 그때는 우리나라 현대사에서 민주주의를 압살하고 우리 정치를 퇴행시킨 독재정권 시기였다. 정권을 비판하고 집회에 참여해야 한다고 교회 안에서 목소리가 높여야 할 때는 지금이 아니라 오히려 내가 처음 교회 다닐 1980년대였다.

코로나 사태의 와중에 지난 8.15 광화문 집회 이후 대한민국 국민들은 교회의 민낯을 보게 되었다. 수많은 이들의 노력으로 힘들게 잡아놓은 코로나가 통제되지 않는 일부 기독교인들의 행동으로 다시 전국에 퍼지게 되었다. 솔직히 이제 젊은 세대들이 교회를 찾지 않을 것이며, 우리가 망하게 되었다는 생각이 든다. 어쩌다 우리가 이 지경에 이른 것일까? 나는 광화문 집회 이후 하나님께 묻고 물을 수밖에 없었다. 좋은 신앙이란 무엇입니까? 그렇게 열심히 새벽기도 하고, 헌금하고, 제자훈련한 교회와 인물들이 어찌 이렇게 부끄러운 모습으로 비춰지게 되었습니까? 교회 안에서의 좋은 신앙이란 것이 세상에 독이 되는 이런 현상을 우리는 어떻게 해석해야 합니까? 우리는 이제 어떻게 신앙을 갖고 살아야 합니까?

단언컨대 이 책은 우리의 이런 아픈 질문에 답을 보여준다. 망하는 중에도 살 길을 있음을 강조하는 이병주 변호사의 메시지는 광야에서 망하는 한국교회를 향한 선지자의 외치는 소리다. 이제는 사회 각 영역에서 씨름하는 신앙인, 평신도들이 일어나야 한다. 예루살렘 성전을 무너뜨리고 성령이 오시어 신약교회를 세우신 것처럼 한국교회는 교회당 안에 갇힌 신앙을 깨뜨려야 한다. 그렇게 깨진 신앙이 우리 사회 각 영역으로 길거리로 흘러가야 한다. 『욕하는 기독교와 욕먹는 기독교』가 그 마중물이 될 것이다.

평신도, 세상 속의 그리스도인으로 서다

배용하 목사 (한국자끄엘륄협회 이사)

이 책은 세상에서 그리스도인으로 살아가려고 분투한 저자가 직접 체험하며 건져올린 우리 시대의 다윗의 물맷돌입니다. 물맷돌은 어린 소년의 주머니에서 주물럭거릴만한 작은 것이지만, 오래 곁에 두고 들판에서 사용하였기에 반짝거립니다. 저자는 세상에서 소위 '사'자라고 하는 편한 삶이 보장된 직업이라는 변호사입니다. 이들은 우리 사회에서 그들만의 집단이익을 위해 공익을 유린하는 몇몇 직업군에 속하기 때문에, 주머니에 거대한 불의와 싸우기 위해 돌을 가지고 다니며 때로는 적확하게 목표를 향해 날렸다는 사실만으로도 기꺼이 시간을 내어 저자의 삶에 귀 기울일 가치가 있습니다.

성서는 세상과 동떨어진 지성소에서의 삶에 필요한 메시지가 아니라, 그리스도의 주권에 순종하고 세상에서 기꺼이 나그네로 살아가는 99프로를 위한 계시입니다. 성서로 성서를 해석한다는 말로 세상의 삶은 물론 세상에 필요한 전문지식이 없는 신학자나 목회자들이 하는 일갈과 어설픈 가이드에 상처 입은 사람은 오죽이나 많습니까? 욕먹는 기독교에 대한 저자의 이야기는 성서가 끊임없이 외치는 소리와 다르지 않습니다. 세상을 사는 그리스도인으로서의 저자의 삶은 이미 예수와 상관없는 적지 않은 사람에게까지 울림을 주고 있습니다.

지난해 김민철 원장님의 『성경의 눈으로 본 첨단의학과 의료』라는 책을 대하면서 세상에서 치열하게 살면서 그 전문지식을 가지고 세상의 각 분야에 대한 통찰 있는 글들을 내놓는 그리스도인들이 도처에서 일어났으면 하고 바란 적이 있습니다. 자끄 엘륄이 일관되게 말했던 세상 속의 그리스도인은 바로 이런 삶이 그 열매가 아닐까 생각하면서 말입니다. 나이의 많고 적음을 떠나서, 저자의 말을 빌려 '풍부한 질문을 만들어내고 풍부한 답을 만들어내는 씨름하는 평신도' 형제를 만난 것은 우리 시대의 행운이고 하나님의 귀한 선물입니다.

특히, 이 책은 '평신도가 발견한', 세상의 원리와는 다른 하나님나라의 유익을 위한 성서적 원리를 구체적으로 담고 있습니다. 저는 이 책이 크게 다루고 있는 두 가지 중에 '욕먹는 기독교를 믿는 평신도의 고민과 모색'을 다루는 뒷부분(3부)에 특히 감동했습니다. 법을 해석하고 적용하는 일과 사람을 변호하는 법률가로서의 구체적 사건을 대하면서 신앙인으로서의 끈을 놓치지 않는 깨어있는 모습이 저에게는 귀했습니다. 3부 7장의 '직장에서 하나님나라를 경험하는 방법'들도 삶을 안내하는 어떤 두꺼운 신앙매뉴얼보다 강력합니다. 특별히 7장의 결론에서 단단한 믿음이 인생의 당당함과 자유를 보장한다는 경험에서 우러나온 권면은 평신도 신분이 성직자(?) 앞에서 한없이 오그라드는 것이 당연해 보이는 우리 시대 평신도의 비애를 '자유'라는 성서의 가장 큰 주제로 거침없이 꿰뚫고 있습니다. 그 누구도 단단한 믿음(단단하면 당당하기 마련이고)이 안고 있는 자유를 구속할 수 없음을 저자는 알기 때문입니다.

곳곳에 등장하는 짧지만 선명하게 제시하는, 저자의 직업에서 만나는 각종 갈등과 법적인 다툼에 대한 신앙인으로서의 통찰은 저에게 큰 유익이었고 읽는 내내 그 다음 이야기가 있을 것 같았습니다. 다음에 만나면 꼭 미처 책에 적지 못한 생각들과 세상의 사건들을 듣고 싶어졌습니다.

부디 이 책이 세상의 중심에서 분투하며 살아가는 그리스도인들에게 많이 읽혀지길 바랍니다. 그리고 많은 독자들이 세상에서 벌어지는 수많은 사람들과의 관계나 사건에 구경꾼이 아니라 저자처럼 선한 의도로 세상에서 씨름하는 용기를 얻기를 바랍니다. 교회에서 세상을 향해 메아리 없는 소음을 내기보다는 당당하게 세상의 고지에서 씨름하기를 진심으로 바랍니다. 저자의 삶의 체험이 녹아 있는 이야기들을 통해서, 이 세상의 고지에 지금보다 더 많은 형제자매들이 모여서 길동무가 되고 발걸음을 같이하는 그 날을 고대합니다. 그리고 사회 각 분야의 많은 그리스도인들이 이러한 삶이 담긴 이야기들을 많이 풀어내기를 고대합니다. 형제여서 자랑스럽습니다.

하나님나라를 살아가려는 의지와 소망이 담긴 책

이학준, 풀러 신학교 교수 (신학과 윤리)

이 책은 기독교인이자 전문 법률가인 저자가, 한국 개신교를 사랑하는 뜨거운 마음으로 쓴 책이다. 법률가로서의 혜안과 지성인으로서의 지혜가 믿음 안에 잘 용해되어, 기독교인들이 오늘 한국 개신교의 위기상황 속에서 그 반전을 위해서 모색하고 실행할 수 있는 방안들을 제시하는 참신한 책이다. 이 책에는 세상의 한복판 속에서 하나님나라를 위해 치열하게 살아가고자 하는 강력한 의지와 단단한 소망이 담겨져 있다. 한국교회의 갱신을 위해 기도하는 모든 사람들에게 일독을 권한다.

하나님나라 운동에 헌신한 형제의 애정 어린 외침

전재중 변호사 (기독법률가회 전 대표)

치열한 운동권에서 대형로펌 변호사로, 예수 만나고 하나님나라 운동에 자신을 드린 이병주 형제가 동료 한국교회 평신도들에게 보내는 애정 어린 치열한 외침. 한국교회를 고민하는 모든 목회자들과 평신도들에게 꼭 일독을 권합니다.

친절하고 날카롭고 뜨거운 우리 시대의 이야기

최성윤 목사 (움직이는 교회)

오늘의 한국교회 청년들과 바로 이런 이야기를 하고 싶었습니다.

본서의 문제제기는 친절합니다. 날카롭습니다. 그리고 뜨겁습니다.

참된 교회개혁은 평범한 신자들의 인식변화와 연대의식을 통해서만 가능합니다.

'욕하는 기독교'와 '욕먹는 기독교' 사이에서 '씨름하는 기독교'

'욕먹는, 기독교'

최근 2017년부터 2019년까지 한국교회는 가장 큰 두 교단의 대표적인 교회에 해당하는 명성교회의 부자세습 사태와 사랑의교회의 불법목회/불법건축 사건으로 말미암아, 기독교인들 내부의 분노와 한탄은 물론 사회의 일반 시민들로부터도 크게 걱정을 받는, '욕먹는 기독교'의 모습을 더욱 심화하고 있었습니다. 특히 1517년 독일 종교개혁의 정확히 500주년인 2017년에 때마침 벌어진 명성교회의 부자목사 세습사태와, 명백히 교단헌법 위반임에도 불구하고 이를 치리하지 못하는 해당 교단의 혼란상은, 이제 한국교회가 더 이상 '종교개혁의 주체'가 아니라 '종교개혁의 대상'이 되어버렸다는 사실을 더욱 웅변적으로 보여주고 있었습니다.

'욕하는, 기독교'

여기에 더하여 2019년 하반기에 갑자기 부각된 것이 전광훈 목사를 필두로 일어난 '욕하는 기독교'의 모습입니다. 2017년 박근혜 대통령 탄핵사태 당시 나타났던 태극기와 십자가의 동맹이 다른 시기 다른 모습으로 확대된 전광훈 사태는, 교회의 일각이 정치적 보수세력 및 극우적인 태극기 세력의 가장 강력한 동원체가 되어 온건한 보수세력까지도 압도하는 모습으로 나타났습니다. '무력하게 욕을 먹던 기독교'가, '강력하게 욕을 하는 기독교'로 변신한 것입니다. 정치적 극우와 정치적 보수가 혼재되고, 정치적 보수와 신앙적 보수가 혼합되고, 교회와 정치가 융합되자, 그동안 중도, 온건, 합리적인 신앙인으로 존경받아온 수많은 원로 목사님들이 전광훈 목사의 정치적 행각을 신앙적으로 지지하고 나섰습니다. 기독교의 변방에 있던 '욕하는 기독교'가 일거에 기독교의 중심으로 밀고 들어왔습니다. 각 교회와 구역의 신도들도 홍해가 갈라지듯 두 갈래로 쫙 갈라졌습니다. 심판받던 기독교가 심판하는 기독교의 자리로 자리를 바꾸어 앉으려는 시도는 이외에도 여러 방면에서 나타났습니다. 그러나, 2020. 8. 15. 전광훈 목사의 태극기집회가 잠잠했던 코로나19 사태 재확산의 진앙으로 되면서, '욕하는 기독교'를 지지하거나 따라갔거나 묵인하였던 한국교회는 다시 수치와 부끄러움의 대상이 되었습니다.

'씨름하는, 기독교'

그동안 '욕먹는 기독교'로 힘들어하던 한국교회의 기독교인들은, 이제 '욕먹는 기독교'와 '욕하는 기독교'의 사이에 끼어서 더욱 고통스럽고 민망하고 부끄러운 처지가 되었습니다. 여기에 2020년 상반기 코로나19 사태는 교회의 활동 자체를 크게 제약하고 있을 뿐만 아니라, 일반 신도들의 신앙생활 자체도 느슨하게 만들고 있습니다. 이제 '욕먹는 기독교'와 '욕하는 기독교'와 '코로나19 사태'에 끼인 기독교인들은, 무너져내릴 것 같은 한국교회를 바라보면서 그저 눈물과 한숨만 흘리고 있을 것인가? 아니면, 이 사태를 통하여 다시 한국교회와 기독교를 세우는 '씨름하는 기독교'의 길로 나갈 것인가?

필자는 이러한 문제의식과 도전의식을 담아 2014년 세월호 사건 이후 2015년 상반기에 출판했던 '평신도의 발견-한국교회의 위기극복을 위한 회생계획'의 개정판을 내게 되었습니다. 개정판에서는 초판의 내용을 현실에 맞게 일부 수정, 보완하고, 제1부로 최근 벌어지는 '욕하는 기독교-전광훈 현상' 및 '교회의 사회적 실패'에 관한 내용과 '제2부 9장으로 '명성교회 세습사태로 드러난 개교회주의의 파탄'에 관한 논의를 추가하였습니다. 이 책의 핵심 메시지는, '포기하지 말자.', '할 수 있다.'는 것입니다. 실패의 원인을 모르면 문제를 해결할 수 없습니다. 그러나, 실패의 원인을 알면 문제를 해결할 수 있습니다. 실패할 이유가 있으면 실패를 하는 것이, 억지로 병을 끌고 가는 것보다 나을 수 있습니다. 필자는 현재 한국교회의 '욕먹는 기독교'적 추락과 '욕하는 기독교'적 몰락이, 기독교 진리의 후퇴나 쇠락이 아니라, 기독교 진리의 전진이요 증명이라고 믿는 사람입니다 '교회와 기독교인을 포함하여 인간은 모두 죄인'이라는 기독교의 진리가, 한국교회의 추락을 통하여 역사 속에서 계시적으로 증명되고 있기 때문입니다.

'욕먹는 기독교'와 '욕하는 기독교'가 무너진 폐허의 사이에는 '씨름하는 기독교'라는 새로운 길이 나 있습니다. 성이 무너졌으니, 이제 우리에게 편안하고 자랑스러운 기독교 신앙은 없어졌습니다. 하나님이 구약에서 예루살렘 성을 무너뜨려서 이스라엘 백성을 광야 길로 내보내시고 이를 통해서 하나님의 백성으로 다시 세우신 것처럼, 우리도 이제 성문 밖으로 나가서 하나님의 광야 길을 찾아보자고 여러분에게 권유하고 도전합니다. 혼자서는 힘들어서 할 수 없는 일이지만, 여러 사람이 마음을 합하고 지혜를 합하고 힘을 합하면, 얼마든지 가능한 일입니다. 이 책으로 이 사실을 증명하고자 합니다. 여러분과 제가 함께 이 책을 통하여, 우리 한국교회의 병을 알고, 그 병을 고칠 처방을 찾으며, 그 병을 치유해서 '당당하고 유쾌한 기독교 신앙'을 모두 함께 다시 향유할, 용기와 자신감과 지혜를 함께 얻기를 기도합니다.

프롤로그

평신도가 노래하는 한국 기독교의 절망과 희망

1.

1997년 IMF 당시 우리나라는 파산 직전에 이르러 곧바로 무너져 내릴 것만 같았습니다. 30대 그룹 중 15개 그룹이 해체 또는 소멸되었고 금융기관 대부분이 무너졌습니다. 하루 아침에 많은 사람들이 직장을 잃어 가정과 개인 모두가 풍전등화와 같은 처지에 놓였습니다. 그러나 그 후 약 10년에 걸친 구조조정, 자구노력 그리고 국민들의 희생을 통해 우리나라 경제는 회복을 이루었습니다. 지금은 또다시 경제적 불평등의 심화가 문제로 노정되고 있지만, 어쨌든 우리나라가 망하지 않고 살아남았다는 것은 우리 국민 모두에게 소중한 경험이 아닐 수 없습니다.

저는 IMF가 시작되기 직전인 1996년에 변호사 업무를 시작한 관계로, 본의 아니게 법정관리와 회생 전문 변호사가 되어 주요 기업 대부분의 법정관리와 회생절차에 참여했습니다. 외부에서 보면 복잡한 절차이지만, 내부에서 보면 그 과정에 간명한 '회생의 원리'가 있습니다. 첫째는 먼저 원인을 찾고 드러내는 진단입니다.("드러내는 것") 둘째는 불필요한 것, 과잉투자된 것을 버리고("버리는 것"), 필요한 것, 내부에 숨어있는 힘을 찾아 일으켜("일으키는 것") 회생을 추진하는 것입니다. 많은 경우 문제를 덮고 버티다가 무너지는 것보다, 빨리 "망했다"고 선언하고 새로운 방향을 찾는 것이 회생의 가능성을 높이는 길이었습니다. 이 회생절차의 원리는 한국교회가 작금의 위기를 극복하고 회생의 길로 나아가는 데에도 동일한 원리로 적용될 수 있습니다. 저는 진지하고 열심이 있는 평신도 크리스천으로서, IMF 위기 극복에 기여한 회생절차 전문가로서의 경험을 살려, 한국교회의 회생을 위한 고민과 제언을 감히 여러분과 함께 나누고자 합니다.

2.

비관적인 내용들을 보면 한국 개신교회는 이제 금방 망할 것 같습니다. 사회적인 존경을 잃은 지 오래고, 내부적인 자기 확신마저도 크게 흔들리는 것 같습니다. 기독교가 들어온 지 1세기 남짓의 짧은 역사 만에 해외 선교사 배출 2위라는 놀라운 위업을 달성한 한국 교회가 본국에서 크게 흔들리고 있습니다.

교회는 자랑을 잃고, 평신도는 자부심을 잃고, 목회자도 자신감을 잃었습니다. 분열된 한국교회는 공적 질서를 잃고 '각 사람이 각각 그 소견에 옳은 대로 행하는' 사사기 21장 25절의 모습이 나타나고 있습니다. 더 이상 피할 곳이 없는 막다른 지점에 이른 것 같고, 스스로 고칠 능력이 없이 무너져 내리는 구체제, 앙시앵레짐(ancient regime)처럼 느껴지기도 합니다.

3.

그러나 이제 겨우 백수십 년의 역사밖에 되지 않은 젊은 한국 기독교가 이대로 시들어 버린다면 우리도 억울하고 하나님도 억울합니다. 수많은 문제와 스캔들, 분열, 심각한 이기주의에도 불구하고, 한국 교회에는 아직도 이제 막 구원받은 사람들의 감격과 기쁨의 에너지가 강력하게 살아 있습니다. 아직도 뜨거운 한국 교회의 열정이 있습니다. 수많은 헌신자들의 열정이 있고, 하나님 믿는 일에 더 인생을 걸고 사는 수많은 평신도들의 열정이 있습니다. 이 열정이 잘못된 길을 들어서 삐끗거리고 있습니다. 이 열정이 올바른 길로 돌아서면 됩니다. 포기하지 말고 이 열정을 올바른 길로 돌이켜야 합니다. 돌이키지 않으면 망할 것이고 돌이키면 다시 살아날 것입니다. 교회도 돌아서고 목회자도 돌아서고 평신도도 돌아서야 합니다.

4.

우리가 오직 교회당만을 바라본다면 뚜렷한 희망을 찾기가 어렵습니다. 한국 기독교를 주도하던 큰 교회들은 길을 잃어버려 전처럼 자부심을 회복하기가 어렵습니다. 대안을 찾는 작은 교회들은 아직 대안을 찾지 못하거나 찾은 길을 추동할 만한 충분한 동력을 확보하지는 못한 것 같습니다. 저는 오늘 한국교회의 막힌 곳을 뚫기 위해서는 평신도들이 나서야 한다고 생각합니다. 그리고 한국교회의 다수를 차지하는 평신도들의 에너지를 제대로 발동시킬 수만 있다면 한국교회는 다시 활활 불이 붙어 세상 속에서 살아날 것으로 확신합니다.

이제는 오랜 기간 한국교회의 은혜를 편안하게 누려왔던 평신도들이 돌아서고 일어설 때가 되었습니다. '평신도를 깨워서' 교회 일을 시키는 신앙 실천이론으로는 부족합니다. '평신도들이 눈을 뜨고' 자기의 삶과 세상을 바라보아야 합니다. 평신도의 신앙을 교회 안에만 묶어 놓지 말고, 세상 속으로 풀어 놓아야 합니다. 전도해서 교회로 데려오는 것만이 '신앙의 다'가 아닙니다. 믿음이 세상으로 흘러들어가서 세상 속에서 힘을 내고 꽃을 피워야 합니다. 이것이 광야에 길을 내고 사막에 강을 내는 하나님의 역사입니다.(이사야 43:19) 그렇게 된다면 한국교회는 성도들의 삶이 이루어지는 세상으로 나아가 새로운 믿음의 길을 열 수 있을 것입니다.

세상의 모든 것은 기승전결(起承轉結)의 구조로 발전합니다. 지금 한국교회는 소멸의 위기에 있는 것이 아니라, 시작의 '기(起)' 단계를 지나 성장의 '승(承)' 단계를 넘어 방향을 돌이키는 진정한 발전의 '전(轉)' 단계로 넘어가는 과정이라고 생각합니다. 한 단계가 끝나는 것은 절망적인 두려움을 주지만, 한 단계의 종결이 다음 단계로의 발전을 의미한다면 우리는 절망할 이유가 없고 더 큰 희망을 가질 수 있습니다.

5.

이 책은 평신도의 입장에서 그리고 회생 전문가인 기독변호사의 입장에서 한국교회에 대한 절망과 희망을 함께 노래한 책입니다. 제2부에서는 한국교회의 위기를 진단했습니다. 먼저 욕먹는 기독교의 양상을 정리하고(3장), 그 원인을 '사'와 '공'과 '초월'의 세 영역 사이의 심각한 혼동으로 분석했습니다.(4장) 그리고 한국교회 위기의 가장 큰 원인으로 한국교회 평신도 신앙생활의 현실을 상세히 해부해보았습니다.(5장) 욕을 먹는 것이 두려운 것이 아니라, 욕을 먹어도 왜 욕을 먹는지를 모르는 것이 가장 두려운 일입니다. 우리가 왜 욕을 먹는지를 명확하게 드러내고 정확하게 파악할 수 있으면 그 욕먹는 이유를 제거할 길도 뚜렷하게 나타날 수 있습니다. 3부에서는 한국교회 회생의 처방을 제시했습니다. 먼저 총론으로서 한국교회의 회생을 위한 평신도의 신앙개혁, 즉 세상과 삶 속에서 씨름하는 신앙운동의 필요성을 제시했고(6장), 각론으로서 직장 속에서의 신앙의 씨름(7장), 정치적 참여와 논쟁과정에서의 신앙의 씨름(8장), 일상적 권리분쟁의 세계에서의 신앙의 씨름(10장)에 관한 구체적인 원리와 방법을 연구하고 제시했습니다. 한국교회의 회생을 위해서는 한국교회 800만 평신도들이 자신의 삶을 그 전체로서 하나님 앞에 '산 제사'로 내어놓는 평신도운동이 절실하게 필요합니다. 교회와 세상 속에서 목회자와 평신도가 함께 일으키는 두 개의 불길이 일어난다면 한국교회는 결코 망할 이유가 없으며 반드시 회생의 기쁨을 누릴 수 있다고 확신합니다.

이 책에 실린 글은 지난 수 년간 기독법률가회(CLF)에서 동료들과 토론한 내용과 온라인 인문학서평 사이트 아포리아(www.aporia.co.kr) 등에 기고한 내용을 정리한 것입니다. 부족한 글들을 모아서 책으로 펴낼 수 있도록 격려하고 도와주신 기독법률가회와 아포리아의 동료 여러분께 감사를 드리고, 추천의 말씀을 해주신 서강대 강영안 명예교수님, 김동호 목사님, 김영봉 목사님, 정현구 목사님, 김형국 목사님, 숭실대학교 김회권 교수님, 풀러신학교 이학준 교수님, 기독윤리실천운동 공동대표 정병오 선생님, 좋은교사운동 공동대표 김정태 선생님, 기독법률가회 전재중 변호사님, 한국자끄엘륄협회 배용하 이사님 그리고 새 희망을 가지고 현장에서 노력하고 계신 움직이는교회 최성윤 목사님께 깊은 감사를 드립니다

1부
욕하는 기독교

- 교회의 사회적 실패

1장
'교회의 사회적 실패'와 21세기 종교개혁의 과제[1]

1. '21세기 기독교의 사회적 파산' - 세상을 어지럽히는 기독교의 사회적 위험

가. 예수님은 기독교인들에게 세상의 소금과 빛이 되라고 하셨지만 (마태복음 5:13-14), 기독교인들이 교만과 무지로 인하여 자신의 신앙과 세상에 대한 오해와 혼동에 빠지면, 거꾸로 '세상을 어지럽히는 기독교'를 만들어 냅니다. 탄핵 저지를 위해서 군대를 동원하고 계엄령을 선포하자던 태극기집회에 십자가와 찬송가를 동원해온 '한국교회의 정치적 탈선'이 그것이고, 미국 역사상 가장 비윤리적이고 인종주의적이며 사회적 약자들에 대한 노골적인 증오를 설교하는 극우적 대통령 트럼프를 "하나님은 도덕적으로 악한 왕도 쓰신다."는 신정론(Theodicy)적 궤변을 동원해 가면서 80%를 넘는 압도적 지지로 대통령에 당선시킨 '미국교회 백인 복음주의자들의 신앙적 탈선'이 그것입니다.

나. '기독교인들은 선하고 세상만 악하다'는 생각은 오해이고 거짓입니다. 기독교인들은 얼마든지 세상을 악하게 만들 수 있습니다. 사람은 다 죄인이고, 교회에도 인간들의 악이 스며들어 있기 때문입니다. 한쪽에는 나그네와 고아와 과부들을 불쌍히 여기고 돕는 기독교인들도 있지만, 다른

한쪽에는 나그네와 고아와 과부들을 몰아내라고 소리 지르는 기독교인들이 있습니다. 예수를 믿어서 내세의 천국에 가겠다는 사람들이 다른 사람들을 냉혹하게 공격하고 세상을 이생의 지옥으로 만드는 일에 얼마든지 앞장설 수 있습니다.

오늘의 세상은 고통스러운 마음으로 기독교인들에게 묻습니다. 권력자들의 불의는 쉽게 용서하고 공감하고 얼마든지 불쌍히 여기면서, 권력에 의해서 무시당하고 모욕을 당하는 희생자들과 서민들의 외침에 대해서는 공감하지 않고 불편해 하며 도리어 공격과 비난을 가하는 냉정한 기독교, 나의 이익과 나의 안녕과 나의 욕망을 위해서 사회의 소수자들과 나그네들을 몰아내자는 구호에 열렬하게 환호하는 오늘의 무정한 기독교는 과연 누구를 위한 기독교이며, 무엇을 위한 기독교인가? 정치적 극단주의를 열렬히 지지하면서 사회의 소수자와 약자들을 악몽과 공포에 빠뜨리는 복음주의자(evangelical)들이 전하려는 복음(福音)은 도대체 무슨 복음의 좋은 소식(good news)이란 말인가?

다. 이것이 종교개혁 5백주년을 맞은 2017년을 전후로 하는 21세기의 초반 한국은 물론 전세계적 차원에서 전개되고 있는 '세상을 어지럽히는 기독교'의 사회적 진상입니다. 개인주의적 복음을 추구하는 한국의 기독교는 사회적으로 거의 파산했습니다. 한국교회의 목회자들도, 한국교회의 신학자들도, 한국교회의 평신도들도, 모두 이 사태에 대한 공동의 책임을 면할 수 없습니다.

2. '교회의 사회적 실패' – 한국교회 신앙의 '비사회성'과 '반사회성'과 '무사회성'

가. 그렇다면 '기독교의 사회적 파산'의 원인은 무엇인가? 이것을 기독교인들의 특정한 정치적인 성향 때문인 것으로만 보는 접근법에는 한계가 있습니다. 이것은 사회의 정치적 보수와 정치적 진보 간의 대립을 그대로 교회 안의 기독교인들에게 가지고 들어와서 반복하는 것에 지나지 않을 가능성이 크기 때문입니다. 정치적으로 보수적인 기독교인, 정치적으로 진보적인 기독교인, 정치적으로 무관심한 기독교인 모두가 기독교의 사회적 파산에 대한 공동의 책임을 회피할 수 없고, 모두가 회개해야 합니다. 그 이유는, 정치적으로 보수적인 기독교인들의 '무정함'과 비정치적인 경건주의 기독교인들의 '무관심'과 정치적으로 진보적인 기독교인들의 '무능함'이 모두 합력하여, '기독교의 사회적 파산 사태'를 (무정하게) 만들고 (무관심으로) 조장하고 (무능력하게) 방치했기 때문입니다.

'교회의 사회적 실패'는 복음전도의 길을 가로막을 뿐 아니라 우리가 믿는 복음의 진실성 자체를 도전합니다. 사회적 무관심을 넘어서 사회적 위험으로까지 전락한 우리 기독교 신앙의 근본적 문제점을 다음의 세 가지로 고백하고 고발합니다. 첫째는 '개인적 구원의 복음주의'로 말미암은 기독교 신앙의 '신학적 비(非)사회성'이라는 신앙적 결함이고, 둘째는 자기를 부인하지 않는 '자기사랑의 복음주의'가 만들어낸 기독교 신앙의 '실천적 반(反)사회성'이라는 신앙적 왜곡이며, 셋째는 '교회에서의 신앙생활'만을 강조하는 신앙생활의 편중성으로 인한 기독교 신앙의 '제도적 무(無)사회성'이라는 신앙적 제한입니다.

나. 첫째, '개인주의적 복음주의'로 인한 한국교회 신앙의 '신학적 비(非)사회성'입니다.

우리가 한국교회에서 배우고 가르쳐온 복음은 기본적으로 '개인적 구원'의 복음입니다. '모든 사람'은 죄인이고, 예수님은 모든 사람의 죄를 대신하여 십자가에서 갚으셨는데, 이 죄인들은 '개인적'으로 죄를 고백하고 '개인적'으로 예수님을 믿어서 '개인적'으로 구원을 받습니다. 이 '개인적' 구원의 논의에는 집단과 사회의 문제가 끼어 들 여지가 별로 없습니다. 영적 구원에 대한 관심으로 이생의 일에 대한 관심이 없고, 개인적 구원에 집중하여 사회와 집단의 일에 관심이 없는 개인적 복음주의의 주된 흐름은, 결국 세상의 사회적 정의와 불의의 문제에 신경을 쓰지 않는 '사회적 무관심'의 상태에 있거나, 사회적 삶의 긴장과 갈등에 대해서 뚜렷한 인식이나 이론이 없는 '사회적 무지식'의 상태로 빠져들게 됩니다.

개인적 구원론은 인간의 개인적이고 영적인 악에만 신학적으로 집중하고, 인간의 집단적인 악과 사회적이고 현실적인 죄와 악에 대해서는 연구하지도 가르치지도 않습니다. 개인적 구원의 복음주의를 통해서 세상과 사회와 집단의 정의와 불의와 악과 죄의 문제에 대해서는 배운 것이 없으니까, 한국교회의 기독교인들은 교회생활만 열심히 하면 세상에서는 어떤 일을 해도 자기의 구원에 상관이 없다는 '신앙적 자유(自由)'를 얻게 됩니다. 그래서, 성경을 끼고 사는 독실한 악당들이 생겨납니다.

결국 개인적으로 구원받은 기독교인들은 사회적 무관심으로 세상의 악을 방치하고, 사회적 무지식으로 인한 정치적 맹목성으로 세상의 불의를 조장하면서, 오늘날 기독교의 사회적 파산을 만들어 냈습니다. 이렇게 해서 한국교회의 비사회적 신학은 '개인적으로 성경을 끼고 사는, 사회적으로 독실한 악당'들을 대량으로 만들어 한국사회에 배출합니다.

다. 둘째, '자기사랑의 복음주의'로 인한 한국교회 신앙의 '실천적 반(反)사회성'입니다.

우리의 인생에는 세 가지의 사랑이 있습니다. '하나님 사랑'과 '이웃사랑'과 '자기사랑'입니다. 하나님 사랑은 신앙의 초월적인 측면에, 이웃사랑은 사회의 공적 질서에, 자기사랑은 개인적 인생의 사적 생존에 연결됩니다. 기독교는 '하나님 사랑'과 '이웃사랑'을 강조하지만, 기독교인들의 인생과 신앙은 실상 개인적인 '자기사랑'에 매달려 있습니다.

우리의 속마음으로는, 우리가 매일, 매주 고백하고 찬양하는 하나님 사랑조차도 사실은 '나'를 구원해 주고 '나'를 도와주고 '나'를 위로해 주는 '나'의 하나님에 대한 '반사(反射)된 자기사랑'이란 측면이 강하니, 자기사랑의 신앙적 위력은 실로 어마어마합니다. 십자가에 매달려 자기를 부인하신 예수님에게 '나'를 사랑해 달라고 매달리는 자기사랑의 복음주의는 예수님에 대한 신앙적 배신입니다. 자기사랑의 축복과 자기사랑의 위로에 취해서 자기부인의 긴장을 망각한 자기사랑의 기독교는 신앙의 이름으로 세상의 악을 만듭니다.

'자기사랑의 기독교'가 개인적인 차원에서 전개되면 '개인적 자기사랑'의 성공주의, 성장주의에 대한 우상숭배, 개인적인 기복주의 신앙으로 비교적 온건하게 나타나지만, '자기사랑의 기독교'가 집단적인 차원으로 전개되면 금방 '집단적 자기사랑'의 양상인 국가주의 우상숭배, 반공주의 우상숭배, 인종주의 우상숭배의 극렬한 사회정치적 폭력성과 결합됩니다. 이것이 한국의 박근혜 사태에서 자기사랑의 태극기와 동맹을 맺은 자기사랑의 십자가, 미국의 트럼프 사태에서 자기사랑의 인종주의와 결합한 자기사랑의 백인 복음주의가 등장하게 된 논리적 필연성입니다. 현재 21세기의 세계는 '자기사랑의 복음주의'를 통해서 '자기사랑의 집단적 이기주의'와 정치적·영적 동맹관계를 형성한 반사회적 기독교의 사회정치적 공격성에 경악하고 있습니다.

　라. 셋째, '교회활동에 편중된 신앙생활'로 인한 한국교회 신앙의 '제도적 무사회성'입니다.

　기독교인의 인생과 신앙에는 '교회'와 '사회'라는 두 가지 공간이 있습니다. '교회'는 인생과 신앙의 초월적인 측면을 담당하고, '사회'는 다시 '가정'과 '직장'과 '국가'라는 세 가지 기관을 통해서 인생과 신앙의 사적이고 공적인 내용들을 담당합니다. 그러므로, 하나님의 복음은 '교회'에서도 일하고 '사회'에서도 일해야 합니다. 그러나, 개인구원과 복음전도를 강조하는 한국교회는 사람들을 교회로 모아 교회 일을 하게 하는 교회중심의 신앙생활만 가르치고, 사람들은 교회 밖에서, 직장과 가정과 국가에서 씨름하는 사회적 신앙생활을 배우지 못합니다. 그 결과 한국교회의 독실한 신자들은 '교회'라는 우물에 갇혀 우물 밖의 세상과 사회를 신앙적으로 바라보지 못하는 '신앙적인 우물 안 개구리'가 되었습니다. 결국 평신도를 깨워서 열심히 교회 일만 시키는 한국교회 신앙활동의 제도적 '무(無)사회성'은 사회를 모르는 기독교를 만들고, 개인적으로 경건의 모양은 있으나 사회적으로 경건의 능력은 없는 무기력한 기독교인들을 만들어내고 있습니다.

문제를 모르면 답을 낼 수 없습니다. 그러나, 문제가 무엇인지를 알면 어떻게든 문제를 풀고 답을 찾아나갈 수 있습니다. 이제 우리가 21세기 한국교회의 사회적 실패의 원인을 신학적으로, 신앙적으로, 그리고 제도적으로 찾아냈다면, 지금부터는 그에 대한 답을 내고 문제를 풀어나가면 됩니다.

3. 한국교회 기독교인들의 시대적 사명 – 21세기 종교개혁의 실천적 과제

가. 이천 년 전 예수님은 물로 포도주로 만드는 기적을 행하셨지만, 이천 년 후 오늘의 기독교인들은 복음의 이름으로 세상의 악을 조장하고 독려하는 거꾸로의 기적을 행하고 있습니다. 한국교회가 '교회의 사회적 실패'를 극복하고 '기독교의 사회적 파산'이라는 21세기 기독교의 신앙적 위기를 벗어나기 위해서는 '신앙의 주체', '신앙의 지식', '신앙의 내용' 및 '신앙의 제도'라는 네 가지 방면 모두에서 진지하고 실질적인 신앙적 개혁과 변화를 만들어내는 것이 필요합니다.

나. 첫째는 '신앙의 주체'에 관한 개혁의 필요성입니다.

목회자들만 애를 쓰고 평신도들은 구경만 하는 '극장식 기독교'의 시대는 이제 끝나야 하고, 실제로도 끝나가고 있습니다. 교회에 앉아서 신앙의 관중 노릇만 하던 한국교회의 평신도들이 이제는 세상에서 일어나 스스로 활동하는 신앙의 선수 역할로 나가야 합니다. 목회자들은 교회에서 일하고 평신도들은 사회에서 일합니다. 그러므로, 목회자들은 교회에서 신앙생활을 지도하고, 평신도들은 세상에서 신앙생활을 주도해야 합니다. 그런데, 한국교회의 현실 속에서는 사회에서 일하는 평신도의 '과도한 신앙적 수동성'과 교회에서 일하는 목회자의 '과도한 신앙적 능동성'이 한국교회 신앙의 비사회성, 반사회성과 무사회성을 강화시키고, 500년 전 루터가 주창한 만인제사장주의의 실현을 가로막아왔습니다.

이제 하나님의 일과 목회자의 일과 평신도의 일에 대한 생각이 바뀌어야 합니다. 교회에서 평신도를 훈련시킨 목회자들은 훈련된 평신도를 계속 교회의 신앙 일꾼으로 붙잡으려고 하지 말고, 사회의 신앙 일꾼으로 나가도록 풀어주어야 합니다. 훈련된 평신도들도 계속 교회에서 교회 일의 보조 역할만 할 생각을 하지 말고, 자기가 놓여있고 자기가 담당하는 세상에서 사회적 신앙 일을 책임지는 신앙의 주인공 역할을 할 작정과 각오를 해야 합니다. 사회에서의 신앙 일이 무엇인지, 구체적으로 무엇을 어떻게 해야 하는지에 대해서는 목회자들과 함께 대등한 신앙적 책임감을 가지는 평신도들이 대거 나서서 스스로 찾아내야 합니다.

500년 전 루터가 그의 논문 '그리스도인의 자유' 등에서 만인제사장주의를 천명했을 당시, 루터가 실질적으로 사제의 역할을 담당해 달라고 호소하고 현실적으로 이에 응했던 평신도들은 당시 로마교황의 사제 임명권을 대체했던 '독일의 그리스도인 귀족', 즉 평신도 제후들로 제한되었고, 이른바 만인제사장 직은 현실적으로 교회와 사회의 일반 평민 평신도들까지 확장되지 못했습니다. 이것은 이론적 한계라기보다는 500년 전 16세기의 시대적 한계일 가능성이 큽니다. 어쨌든 그 이후로 500년이 지난 지금 개신교의 평신도 지위는 가톨릭의 평신도 지위보다 크게 나을 것이 없고, 개신교의 만인제사장주의는 현실적이라기보다는 명목적인 측면이 강합니다. 하지만, 500

년이 지난 지금 교회의 일반 평민 평신도들의 지적, 교육적, 잠재적인 역량은 루터가 주창한 만인제사장주의를 현실화시킬 정도로 성장했습니다. 이제야말로 종교개혁 500년의 한계를 넘어 루터의 꿈인 만인제사장주의가 실현될 수 있는 시대적 조건이 거의 마련된 것입니다. 그러니, 진정으로 종교개혁의 근본정신에 따라 그리스도인의 자유와 교회의 회복을 바라는 사람들은, 더 이상 망설이지 말고, 지금부터 움직여야 합니다.

다. 둘째는 '신앙의 지식'에 관한 개혁의 필요성입니다.

목회자와 신학자들뿐만 아니라 세상 속에서 살아가는 평신도들의 능동적이고 주체적인 참여와 노력이 있어야 개인적 구원론의 비사회성을 극복할 수 있습니다. 인간의 죄와 악과 불의의 문제는 기독교만의 문제가 아닙니다. 세상의 법과 정치와 경제활동과 교육과 민주주의와 모든 사회적 고민과 논의들이 인간의 개인적이고 집단적인 죄와 악과 불의의 문제를 당면해서 씨름하고 있습니다. 개인적 구원론의 복음주의가 인간의 개인적인 죄, 영적인 죄, 심리적인 죄에만 착안하게 된 결과, 기독교는 인간의 집단적인 죄, 사회적인 악과 현실적인 불의의 인식과 해결에 대해서는 별다른 고민도 관심도 갖지 않게 되었습니다. 그 결과 '교리적으로는' 인간의 죄와 악을 가장 강조하는 기독교가 '현실적으로는' 인간의 죄와 악에 가장 무감각한 종교가 되어버리는 비극적인 역설이 발생했습니다. 칼빈이 그의 저서 『기독교강요』에서 말한 두 가지 지식, 즉 하나님에 대한 지식과 사람에 대한 지식 중 '사람에 대한 지식의 상실'이 '하나님에 대한 지식 자체의 왜곡'을 가져온 것입니다. 이 일을 위해서는 세상 속에서 살아가는 기독교인 평신도들이 적극적으로 참여하고 논쟁을 벌이면서 평신도들이 담당하는 세상에서 배우고 연구해온 '사람과 세상에 대한 지식'을 하나님과 교회의 재산으로 회복시켜야 할 책임이 있습니다. 하나님에 대한 지식을 연구하는 신학만으로는 교회의 사회에 대한 지식의 추상성을 극복하기에 충분하지 않기 때문입니다.

'인간의 완성'을 추구했던 모든 세상 학문과 주의들은 20세기와 21세기를 거치면서 오히려 '인간의 한계'를 깨달았습니다. 20세기 전반 발전한 자본주의 제국들의 경쟁은 두 번의 세계대전으로 문명적 파괴와 살육을 일으켰고, 20세기 내내 전세계를 혁명의 열정으로 흔들었던 공산주의는 20세기가 끝나기 직전 참담한 실망 속에 내부로부터 무너져 내렸습니다. 자연과학적 지식의 절대성과 위력에 대한 과학주의의 신념 또한 20세기 초 상대성이론과 불확정성원리를 통해 그 한계를 인식하게 되었고, 21세기 초반에는 코로나19 사태와 기후재난의 위험으로 정지신호(stop sign)을 받고 있습니다. 인간의 이성과 능력에 대한 정치학의 열정과 경제학의 낙관과 철학의 자신감과 물리학의 신념이 함께 벽에 부딪치고, 모든 세상 학문은 '인간의 한계'를 알게 된 것입니다.

이것은 마치 창세기 3장의 선악과 사건이 역사를 통해 다시 전개된 것과도 같습니다. 인간의 학문은 하나님을 뿌리치고 인간의 힘으로 선과 악을 아는 지혜를 알기 위해 역사의 선악과 나무로 나아갔습니다.(창세기 3:6) 많은 지식을 얻고 눈이 밝아졌습니다. 그러나, 선악과를 먹은 인간의 학문은 결국 인간의 악을 보았고 인간의 벌거벗은 한계를 발견했습니다.(창세기 3:7) 이런 맥락에서 세상 학문의 발전은 칼빈이 말한 '두 가지 지식' 중 '인간에 대한 지식'의 발전과정으로 볼 수 있습니다. 앞 단계에서는 '인간의 힘(하나님의 형상을 닮은)에 대한 지식'이 축적되었고, 뒷 단계에서는 '인간의 한계(인간의 악과 죄성)에 대한 지식'이 쓰라린 역사적 경험 속에서 확인된 것입니다. '인간의 한계'라는 공통의 키워드를 매개로 한 기독교적 지식과 세상 지식 간의 대화는, 어딘지 물기 없이 건조해진 기독교적 지식의 내용을 다시 충만하게 만들고, 인간 문명에 대한 신뢰의 막다른 골목(aporia)에 부닥친 것 같은 세상 지식의 막막함과 절망에도 새로운 돌파구를 제시해 줄 가능성이 큽니다.

라. 셋째는 '신앙의 내용'의 개혁이 필요합니다.

자기사랑에 빠진 신앙이 아니라, '자기사랑과 자기부인'의 긴장 속에 놓인 신앙, 이웃사랑과 정의감만을 강조하는 것이 아니라 인간의 욕망과 정의감 사이의 긴장 속에서 이상주의적 지향과 인간의 현실주의적 한계를 함께 파악하고 소화해내는 기독교 신앙의 내용을 탐구해야 합니다. 정치적으로 진보적인 기독교인들만의 노력으로는 소수의 예언자적인 목소리 역할은 하겠지만 한국교회 전반의 개혁을 이루어내기 어렵습니다.

신앙실천의 개혁은 보수적인 기독교인, 중도적인 기독교인, 진보적인 기독교인 모두가 참여할 수 있도록 그 신앙적 문제의식의 폭과 신앙실천의 조망이 넓어져야 합니다. '인간의 불의를 묵상하다가 사회적 불의까지 묵인하고 사랑하게 되는' 보수적 기독교의 신앙적 태만과 '사회적 정의를 추구하다가 인간의 불의를 잊어버리게 되는' 진보적 기독교의 신앙적 위험을 둘 다 극복하면서, '불의한 인간의 한계 속에서 사회적 정의를 추구하는(Searching for the Justice by the Unjust People)' 기독교적 긴장(緊張)을 팽팽하게 유지하는 기독교적 사회관을 정립해야 합니다. 인간의 한계를 인식하는 기독교적 정의관은 보수와 진보, 인간의 욕망과 정의감 사이에서 길을 잃은 21세기 사회의 혼란과 방황을 극복하는 일에도 도움을 줄 수 있습니다.

한국교회와 기독교인들은 '자기부인의 필요성'을 강조하기에 앞서서, 우리들의 교회와 교인들 모두를 지배하고 있는 '자기사랑의 압도적인 힘'을 인정하고 회개할 필요가 있습니다. 우리가 믿기 전에는 자기사랑에 빠진 죄인이었지만, 믿은 후의 교인과 교회는 자기사랑을 벗어나 '이미' 무구(無垢)하고 거룩한 사람들이 되었다는 착각이 우리의 교회와 기독교인들을 '자각 증상이 마비된, 자기사랑의 노예'로 만들어버렸습니다. '불신자와 세상은 악하지만 신자와 교회는 선하다'는 착각과 바리새적 교만을 벗어나야 합니다. 500년 전 교회의 위기를 파악한 종교개혁자들은 '믿지 않는 인간의 절망과 한계'를 밝혀내고 그 해결책을 찾으려고 노력했습니다. 500년이 지난 오늘 또다시 교회의 위기를 파악한 우리들은 '믿는 인간들의 절망과 한계'를 밝혀내고 그 해결의 방법을 찾아내는 것으로 종교개혁의 역사를 이어나가야 합니다.

마. 넷째는 '신앙의 제도'의 개혁입니다.

현재 한국교회를 주도하고 있는 개별교회 중심의 제도적 틀로서는 '교회의 사회적 실패'를 극복하기 위한 한국교회 기독교인들의 신앙적 노력을 담아내는 것이 불가능합니다. '개별교회'는 교회의 운영을 위해서 그 신도들을 교회의 울타리 안에 묶어 놓는 측면이 강합니다. 한국교회의 목회자와 평신도들이 칸막이가 없는 전체 '한국교회'의 성도로서 교회의 사회적 실패를 극복하기 위해서 개별교회를 뛰어넘어서 폭넓게 연대하고 평등하게 노력할 수 있도록, 새로운 제도적 실천과 구상이 필요합니다. 이것은 교회 중심의 신앙생활 외에 사회적 차원의 신앙생활을 할 수 있는 공간을 지역별, 직종별로 새로 만들어 내고 교회 중심 신앙생활의 무사회성을 극복하기 위한 것입니다. 이를 위해서는 한국교회 평신도 신앙운동의 창조적인 아이디어와 실천적 노력이 필요합니다. 즉, 담으로 막힌 '조그만' 대형교회보다도 훨씬 '더 큰' 전체 한국교회의 신도로서 믿고 토론하고 서로 배우고 서로 가르치며 실천하는 '한국교회 기독교인들의 신앙적 실천의 장'을 만들어내야 한다는 것입니다.

바. 21세기 종교개혁의 과제는 교회의 울타리에 갇혀서 사회에 독을 품어내고 있는 교회의 사회적 실패를 극복하는 것입니다. 교회에 갇힌 하나님을 해방시켜 세상에서 움직이는 하나님과 함께 일하기 위해서는 종교개혁 500년의 관성과 타성을 근본적으로 반성하고 고쳐야 합니다. 한국교회의 기독교인들이, 목회자는 물론 평신도들까지도 주체적인 입장에 서서, 한국교회의 젊은 에너지와 한국사회의 젊은 에너지라는 두 개의 강점을 가지고 나선다면, 한국교회의 회복은 물론 전 세계 기독교의 갱신을 위해서도 시대적이고 역사적인 역할을 해 낼 수 있을 것으로 믿습니다.

마지막으로, 과연 한국교회의 기독교인들, 특히 평신도들에게 이런 일을 해낼 의지와 능력이 있겠는가 하는 근본적인 의문이 제기될 수 있습니다. 한국교회의 사회적 파산 상황에서, 한국교회 평신도들의 신앙도 자기사랑을 추구하는 개인주의적이고 비사회적인 복음주의, 교회에서만 움직이고 실천하는 교회 중심 복음주의 신앙의 한계를 가지고 있으며, 여기에 더해서 '지극히 강고한 절대 수준의 수동성', 즉 교회에 앉아서 듣기만 하는 신앙, 내 머리로 생각을 하지 않고 목회자가 씹어서 먹여주는 신앙만 받아 먹는 태만한 신앙의 잘못된 습성이 있다는 점은 분명합니다. 이것은 고쳐질 수 있는가? 어렵지만 고쳐질 수 있다고 생각합니다. 한국교회의 평신도들을 비롯한 기독교인들에게는 이것을 고칠 젊은 능력과 에너지가 존재하기 때문입니다. 두 가지의 강점입니다. 하나는 이제 1백년이 갓 넘은 한국교회의 아직 젊은 에너지와 신앙적 열정이고, 다른 하나는 아직 1백년도 안된 한국 현대사회의 젊고 활발한 민주주의적 역동성과 에너지입니다.

500년 전 16세기의 종교개혁은 한국교회가 독일교회와 미국교회에서 받아왔지만, 500년 후 21세기의 종교개혁은 한국교회에서 유럽과 미국교회보다 더 신선하고 강력하게 추진할 수 있다고 믿습니다. 한국교회의 신앙적 열정은 유럽보다 강하고 한국사회의 민주주의적 역동성은 미국보다 강하기 때문입니다. 이를 위해서 한국교회의 모든 기독교인들, 특히 진지하고 주체적인 평신도들의 집단적 분발과 분기를 기대하며 촉구합니다. 목회자들은 많이 지쳐있습니다. 목회자들을 나쁘다고 욕하는 것만으로는 나올 것이 별로 없습니다. 이제는 그 동안 책임 없이 힘을 비축해 왔던 한국교회의 평신도들이 나서야 할 때입니다. 더 이상 맹목적으로 믿고 맹목적으로 충성할 필요가 없습니다. 모두 정신을 똑바로 차리고, 내 눈과 내 머리로 하나님을 믿고, 내 손과 내 발로 세상 속에서 신앙을 살아내야 합니다.

2장
'욕하는 기독교'와 전광훈 사태 –
'정치적 선악과'와 기독교의 정치적 탈선[2]

1. '조국 사태'와 '전광훈 사태', 그리고 '코로나 사태'와 '4·15 총선'

1. 한 사람의 인생은 평탄하지가 않습니다. 가끔은 조금 평안하다 싶은 시기가 있지요? 그러나, 이것도 잠깐, 두세 달 이상을 버티기가 어렵습니다. 어째 살~만하다 싶으면, 갑자기 직장과 가정에 문제가 생기지요. 몸이 편안하다 싶으면, 갑자기 내가 아프거나 가족 중에 크게 아픈 사람이 생깁니다. 내 마음이 왠지 편하다 싶으면, 갑자기 누군가와 살짝 다투거나 거칠게 싸우는 일이 생깁니다. 하여간, 우리들 대부분의 인생은 '스펙터클'합니다. 이렇게 사는 게 힘이 드니까, 우리는 뻣뻣한 고개를 숙이고 하나님을 믿고 예수님을 찾게 됩니다.(시편 42:11)

2. 한 사회의 움직임도 평탄하지가 않습니다. 특히 우리나라 대한민국은 그게 더 심합니다. 세월호 사건(2016년)과 탄핵 사태(2017년)로 한 시기가 지나가나 싶더니, 그 뒤로 북핵 사태(2018년)와 남·북·미 정상회담(2018-2019년)의 질풍노도가 왔다가 지나가나 싶더니, 갑자기 조국 사태라는 일진광풍이 휘

몰아쳐서 몇 달 동안 전 사회가 엄청난 싸움의 태풍에 휘말렸습니다.(2019년 후반) '이 놈이 나쁜 놈이냐? 저 놈이 나쁜 놈이냐?' 정치적이고 도덕적이고 사법적인 심판을 둘러싸고, 마치 홍해가 갈라지듯이 보수와 진보가 갈라지고, 친구들이 갈라지고, 아버지와 아들이, 시어머니와 며느리가, 형이 동생이 갈라져 분쟁하고(마태복음 10:35), 교회에서 서로 웃고 지내던 장로님과 권사님, 집사님과 목사님도 갈라졌습니다.('조국 사태')

3. '심판하는 자'와 '심판받는 자'가 뒤엉켜서 전 국민이 모두 심판하는 자가 되고 심판받는 자가 되어 서로 싸우고 미워하고 외치고 욕하던 몇 달의 고통스러운 시간들을 기억하시지요? 이 와중에 기독교인들 중의 상당수가 뛰어들어 하나님의 이름으로 정권 심판의 주도세력을 형성하는 정치와 신앙의 대융합현상도 벌어졌습니다. 이것은 기독교와 정치의 관계에 심각한 질문을 던지는 숙제가 되었습니다.('전광훈 사태')

4. 사람들이 정치적으로 격동한 상태에서, 특히 박근혜 탄핵사태로 인하여 2-3년간 억눌리고 축적되었던 보수의 정치적 에너지가 조국 사태를 통하여 분출했습니다. 그 결과, 태극기로 대표되던 정치적 극우세력과 온건 보수주의가 혼합되는 양상이 벌어졌습니다. 거기에 극우적 기독교인이던 전광훈 목사가 때마침 (이미 세력이 크게 축소되기는 하였지만) '한기총 회장'이라는 교단연합단체 대표 타이틀을 달고 나와 교회와 기독교인들을 광화문 집회에 대거 동원하면서, 극우와 정치적 보수, 정치적 보수와 신앙적 보수, 정당과 교회가 동맹하고 융합한 광화문 정치집회의 메인 스피커 자리를 차지

하게 되었습니다. 이어서 오랫동안 '비정치적 기독교', '경건주의 기독교'를 표방하면서 온건, 중도, 합리적인 태도를 취하던 한국교회 주류의 많은 현직 및 원로 목사들까지도 전광훈 목사의 뒤로 결집해서 그를 신앙적으로 지지하면서 전광훈 목사의 극단적 정치활동에 찬송가로 화답하면서, '욕하는 기독교'가 크게 세력을 얻고 확산되었습니다. ('욕하는 기독교')

5. 조국 사태가 잠잠해지나 싶더니, 갑자기 코로나 사태가 발생했습니다.(2020년) 코로나 사태는 한 두 달 만에 한국은 물론 전세계를 두려움으로 몰아넣었습니다. 정치적 입장에 따라 코로나 사태에 대한 평가에 다소 차이는 있으나, 별 의미가 없게도 코로나 바이러스는 보수와 진보를 가리지 않습니다. 역설적이게도 코로나 사태의 전면적 위협에는 진보와 보수의 대립을 완화시키고 양자 간의 협력을 강요하는 면이 있습니다. ('코로나 사태')

6. 2020. 4. 15. 국회의원 총선거가 있었습니다. 한국이나 외국이나 대통령 선거나 국회의원 총선거는 몇 년에 한 번씩 주기적으로 엄청난 정치적 열정과 에너지를 불러일으키는 정치적 사건입니다. 코로나 사태에 상당히 눌려 있었지만, 선거일에 임박할수록 투표에 대한 정치적 열정과 분노와 에너지는 다시 결집되고 표출되었습니다. 한쪽 편의 시민과 기독교인들에게는 즐거운 결과가, 다른쪽 편의 시민과 기독교인들에게는 괴로운 결과가 되었을 것입니다. '기독교인들에게 정치는 무엇인가?' '기독교인들에게 민주주의는 무엇인가?' '기독교인들에게, 하나님에게, 정치적 보수와 정치적 진보는 무슨 의미가 있는가?' 이것이 국회의원 총선거를 전후로 하여 오늘

의 우리 기독교인들에게 제기되는 진지한 질문들입니다. ('4·15 총선거')

7. 2020. 8. 15. 구속기소되었다가 병보석 중이던 전광훈 목사와 사랑제일교회가 정치적 극우세력과 함께 주도한 광화문 집회가 잠잠했던 우리나라에 코로나19 바이러스를 재확산시키는 위기의 진앙이 되었습니다. 코로나 사태의 위험을 공공연히 부인하면서 8·15 대중집회를 통해서 다시 한번 '욕하는 기독교'의 위력을 보여주려고 했던 전광훈 목사는 그 자신이 코로나19에 확진되어 입원하고 '보수의 영웅'이 아니라 '국민의 생명을 위협하는 공공의 적'으로 전락하는 극적인 사태가 전개되었습니다. ('욕하는 기독교'의 추락)

2. 정치를 바라보는 기독교인의 눈 ① – '선악과의 눈'

1. 정치를 바라보는 '기독교인의 눈'에는 두 가지가 있습니다. 그 하나는 '선악과의 눈'이고 다른 하나는 '제6계명의 눈'입니다. '선악과의 눈'으로 바라보는 기독교인의 정치는 분쟁적이고 공격적입니다. 일반적으로도, 정치적인 보수주의자에게는 보수주의가 선이고 진보주의가 악이며, 정치적인 진보주의자에게는 진보주의가 선이고 보수주의가 악으로 보입니다. 여기에 기독교인의 신앙이 더해져서 하나님이 보수주의와 진보주의 중 한 쪽만 지지하고 다른 쪽은 반대하시는 것으로 보게 되면, 기독교인의 신앙적 정치관은 더욱 험악해집니다. 절반의 기독교인들은 하나님의 이름으로 진보주의를 박멸하자고 기도하고, 다른 절반의 기독교인들은 하나님의 이름으로 보

수주의를 배척하는 기도를 합니다. 이런 식으로 하늘에 계신 우리 하나님 아버지를 땅의 사람들이 둘로 나누어 가지려고 하면(열왕기상 3:25), 하나님은 고통스럽고 괴로워지십니다. ('선악과의 눈')

2. '선악을 판단하는 나무의 과실을 먹지 말라'는 하나님의 명령(창세기 2:17)은 의미심장합니다. 사람은 하나님처럼 세상을 심판하려고 들지 말라는 것입니다. 이것은 첫째, 사람에게는 하나님처럼 세상을 심판할 능력이 없기 때문이고, 둘째, 사람이 하나님처럼 세상을 심판하려고 들면 세상과 사람이 모두 치명적 위험에 빠지기 때문입니다. 그럼에도 불구하고 사람은 선악과가 먹음직하고 보암직하고 자랑스러워서(창세기 3:6), 한 번 먹고 두 번 먹고 자꾸만 먹고 싶어합니다. 선악과의 열매는 죽음과 고통입니다.(창세기 2:17, 3:16-19) ('선악과의 죄')

3. 개인적 선악과는 다른 사람을 판단하고 정죄하는 개인적 교만과 위선의 죄를 낳습니다.[3] 정치적 선악과는 다른 집단을 심판하고 제거하고 싶은 집단적 폭력성의 죄를 낳습니다. 기독교인들이 '선악과의 눈'으로 정치를 바라보게 되면, 나와 이익과 생각이 같은 '우리'들만 정치적으로 선한 자, 심판하는 자의 자리에 세우고, 나와 이익과 생각이 다른 '그들'은 정치적으로 악한 자로 심판대에 세워 배척하고 제거하려는 폭력성과 증오의 예언자적 열정에 휩싸이게 됩니다. 결국 기독교인들에게 '선악과의 눈'은 정치적 대립의 장에서 나와 정견이 다른 이웃과 공존하고 존중하려는 태도를 버리고 내 옆의 정치적 이웃을 원수로 생각하고 배척하는 '반(反)이웃사랑'의 길

로 나아가게 합니다.

3. 정치를 바라보는 기독교인의 눈 ② – '제6계명의 눈'과 정치적 민주주의

1. '살인하지 말라'는 모세의 제6계명(출애굽기 20:13)과 '타인을 라가(바보)라고 욕하지 말라(마태복음 5:22)'는 예수님 산상수훈의 제6계명 재해석을 합하면 '다른 사람을 해치지 말라'는 하나님의 인간에 대한 간절한 호소가 됩니다. 그럼에도 불구하고 사람들이 인생과 세상에서 다른 사람들을 계속 서로 해치며 살아가는 것은 무엇 때문일까요. 그것은 살아있는 한 우리들 중 그 누구도 벗어날 수 없는 불쌍하고 힘겨운 '인간의 자기사랑' 때문입니다. 인간의 자기사랑은 서로 경쟁하고 부딪치면서, 세상의 모든 폭력과 불의와 악과 인간의 슬픔과 불행을 만들어냅니다.

개인적인 자기사랑의 충돌은 '개인적으로' 다른 사람의 생명과 인생을 해치고, 집단적인 자기사랑의 충돌은 '집단적으로' 다른 집단의 생명과 인생을 공격합니다. 구체적으로, 개인적 자기사랑은 지역과 직장과 가정의 이웃 간에 일상적이고 생활적인 다툼과 폭력을 만들고, 국가적/민족적 자기사랑은 이웃하는 공동체 간에 격렬한 증오심과 전쟁을 일으켜 세상의 대규모 비극들을 만들어내며, 계층적인 자기사랑은 한 사회 내부의 집단적 이웃 간에, 보수와 진보 간에, 인종과 계층 간에, 당파적이고 정치적인 대립과 격돌과 지속적인 정치적 내전상태를 만들어냅니다. ('인간의 집단적 자기사랑과 집단적 폭력성')

2. 민주주의의 '선거제도'는, 사회 내부의 집단적/계층적 자기사랑의 충돌과 적대감이 총탄(bullet)으로 상대방을 죽이는 폭력적인 전쟁으로 나가지 않고, 투표지(ballot)로 상대방을 일정 기간만 제압하는 '평화적인 전쟁'에서 멈추게 하는 정치적 제도입니다. 선거에 졌을 때에는 매우 분하지만, 절망하지 않고 4-5년 뒤에 바꿀 수 있다는 가능성이 있으니 참고 기다리는 것이 가능해집니다. 그러므로, '전쟁은 전쟁이되 (욕만 죽어라고 하고) 사람을 직접 죽이지는 않는 평화적인 전쟁(Peaceful War)'을 발명해 낸 민주주의의 선거제도는 '사람을 죽이지 말라'는 제6계명의 적극적 실천이며, 우리가 예수님의 명령대로 '(정치적) 원수를 사랑하는 것'까지는 못하더라도 '(정치적) 원수를 덜 미워하고 견디며 함께 살아가는 것'4까지는 가능하게 만들어 주는 이 중계명의 미덕을 가지고 있습니다. 이 점 하나만으로도 정치적 민주주의는 산상수훈의 팔복(八福) 중 하나인 이 세상을 '화평케 하는 자(Peacemaker)'5로서, 기독교 신앙의 열렬한 박수와 지지를 받을 충분한 자격이 있습니다. ('제6계명과 정치적 민주주의의 처방')

4. 전광훈 사태의 원인 ① - '정치적 선악과'와 기독교의 탈선

  1. 세상에는 절반의 보수주의자들과 절반의 진보주의자들이 함께 삽니다. 사람들이 보수와 진보로 나뉘는 것은 자기의 이익에 따라, 자기의 주관과 성향에 따라 이루어집니다. 이것은 서로 다른 이익과 관점이지 절대적인 선과 악이 아닙니다. 보수에도 일리가 있고 진보에도 일리가 있습니다. 보수에도 잘못이 있고 진보에도 한계가 있습니다. 사람들이 보수와 진보를 절대

선과 절대악으로 나누고 상대 진영을 제거하려고 드는 것은 사람이 '정치적 선악과'를 먹은 탓입니다.

2. 기독교인들도 평균적으로 절반은 정치적 보수주의자이고 절반은 정치적 진보주의자입니다. 하나님은 세상의 보수주의자도 아니고 세상의 진보주의자도 아닙니다. 하나님의 뜻은 보수주의에도 들어있고 진보주의에도 들어있습니다. 하나님은 '제대로 된 보수'와 '제대로 된 진보'와 '양자 간의 제대로 된 싸움과 협력'을 원하십니다. 기독교인들이 정치적 보수나 정치적 진보 중의 하나만을 하나님의 뜻으로 단정하는 것은, 기독교인들이 '정치적 선악과'와 '신앙적 선악과'를 함께 먹은 합병증상입니다.

3. 기독교인들 각자에게는 자기의 이익과 관점에 따라서 정치적으로 보수주의를 지지할 자유도 있고, 진보주의를 지지할 자유도 있습니다. 하나님은 기독교인들의 이러한 정치적 자유를 제한하지 않으십니다. 그러나, 선악과의 계명은 사람이 정치와 이념의 영역에서 '극우의 자리에 앉아서 진보와 좌파 모두를 악하다고 심판하고 정죄하지 말 것'과 '극좌의 자리에 앉아서 보수와 우파 전부를 악인으로 심판하고 정죄하지 말 것'을 엄중히 경고합니다. 나의 정치적 자유를 주장하고 존중받는 것만큼, 다른 사람의 정치적 자유를 존중하고 이해할 필요가 있습니다. 이것이 나 자신을 사랑하듯 이웃을 사랑하는 기독교인들의 정치적 이웃사랑이자(마가복음 12:31), 다른 사람이 나를 대접하기를 원하듯 내가 다른 사람을 대접하라는 기독교인들의 정치적 '황금률(golden rule)'입니다.(마태복음 7:12)

4. 우리가 참여하는 정치적 민주주의의 선거제도는 세상을 천국으로 만들어줄 완벽한 제도는 아닙니다. 그러나, 민주주의 선거제도가 없으면 세상은 더욱 험악하고 고통스러운 지옥 같은 곳이 될 가능성이 큽니다. 민주주의 선거제도는 정치적 원수를 견디고 정치적 이웃으로 사랑하게 만드는 정치적 이웃사랑의 발명품이자, 사람을 죽이고 해치지 말라는 하나님의 제6계명이 인류의 역사 속에서 만들어낸 커다란 신앙적 전진으로서, 기독교인들이 적극적으로 평가하고 하나님 사랑과 이웃사랑의 실천으로서 적극 참가할 가치가 있습니다.

5. 전광훈 사태의 본질은, '정치적 선악과(善惡果)를 과다복용한 기독교인들의 정치적 탈선'입니다. 정치적 민주주의의 현실에서, 합리적 보수와 합리적 진보는 비판과 논쟁의 대상이기는 할지언정 배척과 제거의 대상은 아닙니다. 문제는 합리적 보수와 극우, 합리적 진보와 극좌 간의 경계가 애매하고, 많은 경우 그 경계선에서 섞인다는 것입니다. 민주주의에서 극우와 합리적 보수, 극좌와 합리적 진보 간의 경계는 성경적으로 '선과 악을 판단하는 나무의 과일을 먹었는가 아닌가?'라는 정치적 선악과의 복용 여부로 분별될 수 있습니다.

6. 하나님이 '이웃을 사랑하라'고 하신 것[6]은 정치적 의견의 차이가 있더라도 이웃을 제거하지 말고 공존하라는 것입니다. 예수님이 거기에 더하여 '원수까지도 사랑하라'고 하신 것[7]은 꼴보기도 싫고 얘기를 듣기도 싫은 '정치적 원수까지도 사랑하고 극단적으로 미워하지 말라'는 말씀입니다.

그러니, 「하나님의 이름으로 정치적 반대세력을 '제거'하자」는 '욕하는 기독교'는 하나님의 말씀을 따르는 '이웃사랑과 원수사랑의 기독교'가 될 수 없습니다.

5. 전광훈 사태의 원인 ② - '집단적 자기사랑의 기독교'와 '집단적 자기사랑의 극우주의' 간의 정치적·영적 동맹

1. 문제는 이러한 기독교와 정치적 극우의 동맹이라는 정치적, 영적 스캔들이 한국의 전광훈 사태에서만 발생하는 것이 아니라, 미국의 트럼프 사태에서도 더욱 완강하게 발생, 유지되고 있다는 것입니다. 그렇다면, 오늘날 기독교와 정치적 극우의 동맹이라는 정치적·영적 스캔들이 발생해서 세상을 어지럽히는 이유는 무엇인가? 여러 가지 사회적이고 종교적인 이유들을 들 수 있겠으나, 그 중 가장 핵심적인 것은 믿는 사람들의 사적 욕망에 압도되어 '자기사랑의 기독교'에 빠진 '기독교 신앙의 왜곡(歪曲)'으로 인한 것입니다.

2. 세상 속의 인간은 '자기사랑'으로 움직이지만, 십자가에서 자기를 부인하신 예수님을 따르는 기독교는 기본적으로 '자기부인(自己否認)'의 종교입니다. 그러나, 기독교를 믿는 기독교인들은 끊임없이 인간의 죄된 본성으로 인하여 자기들의 개인주의적 '자기사랑'을 기도와 예배와 교회와 신앙 속에 끌고 들어옵니다. 그 결과 심하게는 십자가에서 돌아가신 '예수님의 자기부인'조차도 끊임없이 신자들의 '개인적 자기사랑'을 위해서 이용

당하는 모습이 나타납니다. '자기를 부인하지 않는 자기사랑'의 기독교, 자기부인에 대한 부담감과 긴장을 잃어버린 기독교는 결국 '자기 자신'을 절대적으로 섬기는 '자기사랑'의 우상숭배에 빠져버리게 됩니다.

3. '자기사랑의 기독교'가 '개인적 차원'에서 전개되면 개인주의에 대한 우상숭배, 성공주의, 성장주의에 대한 우상숭배, 개인적인 기복주의 신앙으로 비교적 온건하게 나타납니다. 그런데, 이 '자기사랑의 기독교'가 '집단적 차원'으로 전개되면 금방 '집단주의적 자기사랑'의 양상인 국가주의 우상숭배, 반공주의 우상숭배, 인종주의 우상숭배의 극렬한 폭력성과 결합됩니다.

2017년 한국의 탄핵반대 집회와 2019-2020년 전광훈 사태에서 나타난 '태극기와 십자가의 동맹'은 '집단적 자기사랑의 기독교'와 '집단적 자기사랑의 국가주의'의 결합이라는 점에서 현실적이고도 논리적입니다. 미국의 트럼프 사태에서 나타난 기독교인들의 반기독교적 투표는 '백인 복음주의 기독교인들(White Evangelicals)의 집단적 자기사랑'이 트럼프로 대표되는 '백인 민족주의(White Nationalism)의 집단적 자기사랑'과 결합한 일로서 이 역시 현실적이고 논리적인 결과입니다. **'자기사랑의 기독교'**와 **'자기사랑의 극우주의'**는 **'자기사랑'**이라는 핵심적 교집합을 가지고 있으므로, 성질상으로도 비슷하고 심리적으로도 친근하고 현실적으로도 이해관계가 서로 합쳐지기 쉬운 것이기 때문입니다.

4. '자기사랑의 기독교'는 두 가지 방향에서 세상을 어지럽히고 위험하

게 합니다. 하나는 기독교 신앙 자체를 무력화하는 것이고, 다른 하나는 세상의 사회적 정의와 민주주의를 공격하고 위험에 빠뜨리는 것입니다.

우선 '자기사랑의 기독교'가 기독교 자체를 어지럽히고 망치는 이유를 봅니다. 세상이 자기를 부인하지 않고 자기를 사랑하는 것은 당연한 일입니다. 그러나, 기독교인들이 자기부인에 대한 부담과 긴장을 잃고 개인적이고 집단적인 자기사랑에만 매달리면 기독교 신앙은 그 핵심을 잃고 더 이상 '십자가에서 자기를 부인한 예수를 믿는 기독교'라는 이름 자체가 의미 없어집니다. 이 경우의 십자가는 자기부인의 상징이 아니라 그저 종교적인 자기사랑의 상징적 부적에 지나지 않게 됩니다.

다음으로 '자기사랑의 기독교'가 세상의 정의와 민주주의를 어지럽히고 위험에 빠뜨리는 이유를 봅니다. 세상의 민주주의는 인간의 본성인 '자기사랑의 대원칙' 위에 서, 서로 다른 '집단적 자기사랑'과 '집단적 자기사랑'이 서로 다투는 제도의 틀(rule of game)을 제공합니다. 그 결과 민주주의는 집단적인 자기사랑 간의 충돌로 세상이 이생의 지옥으로 바뀌는 것을 막기 위해서 선거제도를 통한 평화·법치주의에 의한 권력의 제한·경제적 민주주의를 통한 타협 등 자기사랑의 폭주를 막기 위한 '집단적 자기부인(自己否認)의 제도'들을 만들어서 운용하고 있습니다. 이에 반하여 '극우적 자기사랑'의 위험성은, '특정 개인이나 집단의 자기사랑'을 극대화하기 위하여 민주주의 제도의 자기부인 장치 일체를 부정하고 왕정과 파시즘적 독재를 선호하는 것입니다.

5. '자기사랑의 기독교'는 '극우적 자기사랑'과 마찬가지로 사회적이고

집단적인 '자기부인'의 필요성과 기능을 알지 못하거나 망각하기 때문에, '자기사랑의 기독교'가 '극우적 자기사랑'과 동맹관계를 맺으면 아무런 거리낌 없이 민주주의를 해치고 이웃을 공격하는 일에 앞장서게 됩니다. 이것이 코로나 사태로 인한 국민들의 안전과 위험을 무시하고 자신의 정치적 욕망만을 추구하다가, 나라 전체를 위험에 빠뜨리고 한국의 개신교회 전체를 무분별한 사회적 위험세력으로 전락시킨 전광훈 사태의 본질입니다.

자기사랑의 기독교가 극우주의와 정치적, 영적으로 결합하는 동맹관계는 민주주의와 기독교 양자 모두를 해치는 행동입니다. 자기사랑의 기독교의 정치적 탈선은 '하나님보다 자기를 더 사랑해서' 기독교를 해치고, '자기를 위해서 이웃을 공격하여' 민주주의를 해칩니다. '자기사랑의 기독교'는 하나님 앞에서도 (기독교 신앙을 위하여) 회개하고, 사람들 앞에서도 (민주주의를 위하여) 회개하여야 합니다. 전광훈 사태로 인하여 '욕하는 기독교'의 허구적인 본색이 드러난 것은, 그로 인하여 한국 개신교회의 사회적 평판이 크게 떨어지게 된 결과로는 안타까운 일이지만, 본질적으로는 오히려 반가운 일입니다. 이제 고치지 않으면 망한다는 각성을 주기 때문입니다. 전광훈 사태를 통하여 '자기사랑의 기독교'의 벌거벗은 모습이 드러났으니, 이제 우리는 '자기부인의 기독교'를 다시 배우고 회복해 나가야 합니다. 무엇을 어떻게 고치고 무엇을 어떻게 회복해 나갈 것인가? 다음 장을 통해서 그 논의를 더욱 구체적으로 전개하고자 합니다.

2부
욕먹는 기독교

- 한국교회의 위기 진단[8]

3장
욕먹는 기독교의 양상

두 개의 문제 – 욕먹는 기독교와 평신도의 고민

두 개의 문제를 우리 앞에 놓고 풀어보려고 합니다. 첫째 문제는 '욕먹는 기독교(개신교)'의 현상과 원인에 대한 것이고, 둘째 문제는 욕먹는 기독교를 믿는 '평신도의 고민과 모색'에 관한 문제입니다.[9]

2014년 세월호 사건 당시 한국사회 전체가 거대한 충격에 빠졌습니다. 사적(私的) 시장기능과 공적(公的) 국가기능 모두가 오작동 내지 기능마비의 위기를 드러냈습니다. 그 가운데 한국의 기독교가 사회적 논란 속에서 안팎으로 욕을 먹고, 한국 기독교(개신교)가 전체로서 '시험에 든' 양상이 벌어졌습니다. 신앙을 가르치는 지도자들이 제시하는 모범답안은 교단마다 교회마다 목사님마다 여러 가지로 또는 정반대로 갈렸습니다. 어느 한 가지 모범답안을 보고 베껴 쓰는 것만으로는 100점을 맞을지 0점을 맞을지 보장이 없습니다. 그러니 그 이후로는 완벽하지 않더라도, 틀리더라도, 우리 기독교 평신도들이 직접 자기 손으로 문제를 풀어보는 수밖에 없다고 생각합니다.

최근 벌어지는 '욕먹는 기독교'의 문제는 단지 기독교인들에게만 던져진 문제가 아닙니다. 세월호 사건 이후 사회와 국가의 기능에 관한 본질적인 의문이 제기되고 이를 둘러싼 논쟁이 심각하게 벌어진 일이 있었습니다. 여기에 갑자기 일부 기독교 지도자들이 주조연급 플레이어(Player)로 뛰어 들어서, 일부 목사님들의 궁휼 없는 발언이 사회적으로 큰 욕을 먹었고(조광작·오정현 목사 등) 총리 후보자가 되었다가 사퇴한 어느 장로님의 교회 강연내용과 역사관이 커다란 사회적 쟁점이 되기도 했습니다.(문창극 장로) 이에 대해서는 교회에 다니는 기독교인들(특히 평신도들)도 큰 혼란을 느끼지만, 교회에 다니지 않는 비기독교인 시민들도 (그저 욕만 하는 것이 아니라) '도대체 이것은 무엇인가?' 진지한 질문을 던지게 되었습니다.

그래서, 이 글은 두 가지 범주의 친구·동료들과 토론을 나누기 위해서 썼습니다. 첫째는 욕먹는 기독교를 함께 믿으며 당혹감을 느끼고 있는 동료 기독교인, 특히 평신도들입니다. 이제는 사회와 교회의 중간에 끼어 생활인이자 시민이자 신앙인으로 세 가지 정체성을 동시에 가지고 살아가는 평신도들의 입장에서 느끼는 신앙적·시민적 혼란과 질문을 솔직하게 나누어 볼 필요가 있다고 생각합니다.

둘째는 최근의 기독교 논란에 대하여 진지하게 '기독교인 쪽에서의 성의 있는 설명'을 요구하는 비기독교인 동료 시민들입니다. 과거 욕먹는 목사님들의 문제들은 주로 교회 내부의 문제점들이었습니다. 그러나, 최근 욕먹는 장로님의 역사관 문제에서는 교회 안과 바깥 사이의 울타리가 무너지고 기독교인과 비기독교인 모두가 함께 보수와 진보, 역사관과 신앙관에 대한 논쟁을 벌이게 되었기 때문입니다.

욕먹는 기독교의 양상

1. 욕먹는 목사님들

모든 국민이 다함께 슬퍼하며 먹먹한 안타까움에 싸여 있는 세월호 사건의 한복판에서 유독 두드러지게 부각된 종교가 하나 있었습니다. 그것은 대한민국의 기독교(개신교)입니다. 2014년 6월 10일 세월호 유가족대책위원회는 전 한기총 부회장 조광작 목사와 사랑의 교회 오정현 담임목사를 세월호 희생자와 가족들을 모욕한 혐의로 형사 고소했습니다. 불교, 천주교, 원불교 등 다른 종교에서는 조용히 위로에 힘쓰고 있는데 유독 개신교에서만 나타난 일입니다. 한 목사님은 "가난한 집 아이들이 수학여행을 경주 불국사나 가지 제주도로 배를 타고 가다 이런 사단이 났는지 모르겠다. 대통령 눈물에 같이 울지 않는 사람들은 백정이다."라고 말했고, 다른 목사님은 세월호 가족들의 대응과 관련해서 "국민들이 미개하다는 말이 틀린 말이 아니다."라고 했습니다. 핑계 여하를 막론하고 공감능력을 결여하고 잃어버린 '사고(事故) 종교'의 모습이 아닐 수 없습니다.

한국 기독교(개신교)가 교회 안과 밖에서 욕을 먹는 일은 그동안 수년간 한기총 매표(買票) 부정사건, 삼일교회 사건, 사랑의교회 사건, 여의도순복음교회 사건 등으로 이어진 개신교 지도자들의 사고와 스캔들을 통해서 이미 충분히 익숙해진 일이기도 합니다. 이런 사건들에서 한국의 개신교회는 기본적으로 세속 시민사회가 운영되는 법과 윤리와 상식의 일반기준(general standard)에도 크게 못 미치는 행동양식과 사고방식을 보여주었습니다.

2. 욕먹는 장로님

강경 보수의 입장에서 항상 당당하고 가혹하게 다른 생각을 가진 사람들을 비판하고 심판하던 언론인이 한 사람 있었습니다. 어느 날 갑자기 이 사람이 총리 후보가 되었습니다. 그러자 그가 그동안 사방으로 날렸던 심판과 정죄의 화살들이 부메랑이 되어 그를 향한 심판과 정죄의 화살로 되돌아 날아왔습니다. 오랫동안 '많이 심판하던 자'가 순식간에 '많이 심판받는 자'가 된 것입니다. 문창극 중앙일보 전 주필의 일입니다.

그런데, 갑자기 그가 어느 큰 교회의 장로님으로 등장했습니다. 교회의 한 신앙 강연에서 "우리나라가 일제 식민지가 된 것은 하나님의 뜻으로 볼 수 있다."고 피력한 그의 역사관이 국민적 논란의 대상으로 부각되었습니다. 동시에 그의 칼럼 중 "일본과의 배상문제는 40년전에 다 끝났다."는 발언과 대학 강의에서 "위안부 문제에 대해서 더 이상 일본에 사과를 요구할 필요가 없다."고 한 발언이 알려지면서, 마치 타는 불에 기름을 부은 형국이 되었습니다.

그의 신앙 강연에는 신앙적인 관념과 세속적인 보수주의 역사관이 섞여 있었습니다. 신앙과는 별 관계없는 개인의 친일적 식민사관이 피력되었을 뿐이라는 비판론과 신정론(神正論, 하나님의 섭리 이론)에 근거한 신앙적 역사관으로 문제될 것이 없다는 옹호론이 대립하였습니다. 과거 4세기 니케아 종교회의 당시 로마제국의 전역에서 예수님의 신성(神性)과 인성(人性)에 관해서 대중적인 논쟁이 벌어진 것처럼, 2014년 6월에는 갑자기 우리나라 사회 전역에서 기독교인은 물론 비기독교인들 사이에서도 기독교의 신정론이 열띤 토론의 대상으로 된 것입니다. 그 결과 욕먹는 기독교의 문제영역이 크게 확대되고 심화되었습니다. 이전에는 주로 욕먹는 목사님의 일탈이 문제로 되었다면, 이제는 욕먹는 장로님이 나타나고 욕먹는 신앙관이 생겨난 것입니다.

평신도의 고민과 질문

1. 세월호가 던져 준 질문

세월호 사건은 전시(戰時)가 아닌 상황에서 한 사회가 겪을 수 있는 가장 충격적인 사건이라고 합니다. 많은 아이들이 생으로 배에 갇혀 있는데, 선장은 먼저 도망가고 인명을 구조하는 국가의 기능은 마비되었습니다. 정부기관들은 사람을 구하는 것보다 대통령 눈치 보는 일에 더 열심을 보였고, 언론은 있지도 않은 사상최대 구조작전을 보도하면서 현실을 호도했습니다. 거절당하고 통곡하며 방송사로 청와대로 거리를 헤매는 희생자 가족들을 보면서 대부분의 국민들은 같은 학부모의 입장에서 슬퍼하고 함께 분노했습니다.

과거 1997년의 IMF 사태는 잘 굴러가는 것처럼 보이던 사회에 갑자기 외환금고의 달러가 고갈되어 생긴 경제위기로 사회의 기능 중 일부가 파탄을 일으킨 것이라면, 2014년의 세월호 사태는 목숨보다 돈을 중시하는 사적(私的) 영역의 위험과 권력만을 바라보며 국가기능을 마비시킨 공적(公的) 영역의 무능을 함께 보여주었다는 점에서 훨씬 포괄적이고 심각한 사회 전체의 파선(破船) 상태를 나타냈습니다.

세월호 사건의 충격과 심각성은 우리 국민이 언제 어디서나 누구든지 생명의 위험에 처할 수 있고, 생명의 위험에 처했을 때 정부의 보호를 전혀 받지 못할 수 있다는 것입니다. 즉 우리나라는 더 이상 그냥 이대로 좋은 나라가 아니고, 무언가 해결을 하거나 방향을 바꾸어야 하는 나라라는 것이 드러난 것입니다. 세월호 사건은 또한 '능동적으로 나쁜 짓을 하는 사람'의 책임과 함께 '점잖게 수동적으로 아무 일도 하지 않는 사람'의 책임을 수면 위로 떠올렸습니다. 기업을 하는 사람이나 정부에서 일하는 사람이나 언론에서 일하는 사람이나 약은 사람이나 착한 사람이나 모두 무고하지 않고 언제든지 타인을 해치는 사람일 수 있다는 것을 보여주었습니다. 사적(私的) 인생에 매달려 먹고 사는 일에 바쁜 우리 국민 모두에게 '국가와 사회의 공공기능이란 무엇인가? 나의 공적(公的) 책임은 무엇인가?'라는 질문을 던져준 것입니다.

무능한 정부에 대한 비판이 대통령에게 집중되자, 궁지에 몰린 대통령은 2014년 6월 지방선거를 며칠 앞두고 TV 화면을 쳐다보면서 눈물을 흘렸습니다. 기이하게도 지방선거는 '세월호의 눈물을 닦아주자'는 구호와 '대통령의 눈물을 닦아주자'는 구호의 대결로 진행되었고 사실상 무승부로 끝났습니다. 보수의 입장에 있는 사람들은 다소 멋쩍게 다행이라 여기고, 진보의 입장에 있는 사람들에게는 무척 당황스럽고 화가 나는 결과였습니다. 믿을 만한 대안을 제시하지 못한 야당의 한계도 한몫을 했습니다. 국가기능의 최대 무능력이 나타난 세월호 사건 직후의 지방선거는 여느 때의 선거보다 훨씬 심각한 선거였습니다. 적어도 커다란 실정(失政)을 범한 정부여당이 참패를 하고 엄중한 경고를 받는 것이 상식에 맞는 일이었습니다. 그럼에도 불구하고 장년층과 보수 표가 총결집을 해서 무승부를 만들어내고, 대통령의 눈물을 닦아 주었습니다. 실질적으로는 '박근혜의 눈물'이 '세월호의 눈물'을 이긴 것입니다. 평상시에 나오던 50% 정도의 보수표가 최악의 실정 하에서도 거의 차이 없이 나왔습니다. 정부가 아무리 큰 잘못을 했어도 그냥 그 정부가 유지되는 편이 낫다고 손을 들어준 것입니다. 거기에서 더 나아가 세월호 사건 3개월 뒤인 2014년 7월 말 실시된 국회의원 재, 보궐선거에서는 여당이 압승을 거두기까지 하였습니다. 한동안 궁지에 몰렸던 보수의 반격이었습니다. 여기에서 또 하나의 심각한 질문이 던져집니다. '도대체 보수(保守)란 무엇인가?' '왜 어떤 사람들은 보수적이고 어떤 사람들은 진보적인가?' '보수의 힘과 진보의 한계, 진보의 정열과 보수의 이기심을 어떻게 이해하여야 할 것인가?'

2. 욕먹는 기독교를 믿는 평신도의 고민과 질문

• 긍휼 없는 기독교 (No Mercy Christianity)

세월호 사태는 사람의 생명보다 돈을 중시하는 사적 영역의 탐욕과, 권력만을 바라보며 국가기능을 마비시킨 공적 영역의 오작동과 무능을 보여주었습니다. 여기에 더하여 세월호 사건의 와중에서 등장한 욕먹는 목사님들과 욕먹는 장로님의 발언은 공감능력을 상실한 한국 개신교의 초월적(超越的) 영역에서의 냉혹함을 드러내 보여주었습니다.

욕먹는 목사님들의 세월호 발언은 모두 '고통 받는 사람들에 대한 긍휼이 없는 태도'로 인한 것이었습니다. 총리 후보자였던 문창극 장로의 교회 내 및 교회 외 발언에 대해서는 교회 안팎에서 많은 정치적 및 신학적 논란이 벌어졌지만, 그가 교회의 외부에서 그리고 교회의 내부에서 비판을 받는 발언들의 핵심적인 공통점은 '고통에 대한 공감의 결여'이었습니다. '위안부에 대한 사과가 필요 없다'는 그의 말이 욕을 먹는 이유는 위안부의 고통에 대한 공감의 결여 때문입니다. '일제 식민지배에 하나님의 섭리가 있다'는 그의 교회 강연 내용이 비판을 받는 이유는 하나님의 섭리에 관한 신정론 때문이 아니라 그가 강연에서 우리 민족의 게으른 피와 DNA를 국외자처럼 강조하고 굳이 친일파 윤치호의 주장을 여러 차례 원용하면서 공감을 표시하는 등 그의 발언에서는 '식민지 시대 우리 민족의 뼈저린 고통에 대한 진심어린 공감'이 느껴지지 않는다는 점 때문입니다.

비판받는 발언들에 대한 신학적 논란과 정치적 논란을 통해서는 절대적인 옳고 그름이 확정되지 못할 가능성이 큽니다. 말로는 두 가지 변론이 모두 굴복하지 않을 것입니다. 문제는 옳고 그른 것이 아니고, "긍휼 없음(No Mercy)"입니다. 틀려도 긍휼 있는 말은 욕을 안 먹을 수 있고, 맞아도 공감이 없는 말은 욕을 먹습니다. "긍휼히 여기는 자는 복이 있나니 그들이 긍휼히 여김을 받을 것이다"(마태복음 5:7)라는 성경 말씀에 따라 '타인을 긍휼히 여기지 않는 자가 타인으로부터 긍휼히 여김을 받지 못하고 욕을 먹는 것'은 당연한 일이고 억울할 것도 없습니다.

"긍휼 없는 기독교(No Mercy Christianity)"가 나타나는 이유는 무엇일까? 이것이 욕먹는 기독교를 바라보는 평신도 입장에서 제기하게 되는 첫 번째 질문입니다. (i) 문제된 목사님이나 장로님의 개인적 일탈인가? (ii) 기독교의 본질적인 문제인가? (iii) 신학의 문제인가? (iv) 기독교 신앙이 기독교인의 삶과 결합되는 과정에서 나온 왜곡인가? 개인적 일탈로 보기에는 문제가 너무 빈발하고 보편적입니다. 기독교의 본질로 보기에는 성경과 예수님이 억울합니다. 신학의 문제에서, 두 가지 상반된 신학적 견해는 이미 소개한 바와 같습니다. 저는 평신도의 입장에서 가장 전문성이 있는 분야, 「기독교 신앙과 기독교인의 삶이 결합되는 과정에서 발생하는 왜곡(歪曲)」이라는 점에 착안해 보려고 합니다.

- 정치적으로 편파적인 기독교 (Politically Biased Christianity)

다음으로 욕먹는 기독교와 관련하여 저와 같은 평신도들이 많이 느끼는 고민과 질문은 정치적 견해와 교회의 가르침 간의 충돌로 인한 부대낌입니다.

우리나라에는 약 50%의 보수정당 지지자들과 약 50%의 자유주의 내지 진보정당 지지자들이 있습니다. 당연히 교회를 다니는 사람들 중에도 보수정당 지지자와 진보정당 지지자가 다 들어 있습니다. 그러니 만일 하나님이 한쪽 정당만의 편이라면 기독교 신자들의 입장에서는 큰 문제가 발생합니다. 하나님이 단호하게 보수주의만을 편드신다면 자유주의·진보정당 지지자들은 지지정당을 바꾸거나 하나님 믿는 일을 포기해야 할지도 모릅니다. 그 반대의 경우도 마찬가지입니다. 더 큰 손해는 오히려 하나님 쪽에 생길 수 있습니다. 하나님은 어느 쪽이든지 한꺼번에 절반의 신자를 잃게 될 위험에 놓이게 되니까요.

그럼에도 불구하고 과거 20년 가까이 우리나라 개신교단의 대표적 연합체를 자임했던 한기총은 선거철마다 거의 반(半)공개적으로 보수정당의 후보를 지지한다고 얘기해 왔습니다.[10] 그때마다 하나님을 진지하게 믿는 민주당이나 진보정당 지지자들은 모두 시험에 들었습니다. 급기야 세월호 사태의 와중에 한기총 부회장이라는 사람은 "박근혜 대통령과 함께 울지 않는 사람은 백정이다."라고 극단적인 정치적 발언까지 했습니다. 1970년대에 빈민목회를 하고 가장 서민적이고 개혁적인 목회자의 상징처럼 존경받던 김 아무개 목사님은 10년쯤 전부터 예언자적 사명감을 가지고 우리나라 뉴라이트 정치연합의 대장이 되었습니다. 깊이 존경하던 이 분이 극우단체 대표들과 함께 서서 종북좌파 척결의 구호를 외치는 사진을 보는 것은 매우 당혹스러운 일이었습니다.

모든 교단은 아니지만, 우리나라 개신교의 교단 및 교계 지도자 중의 다수(Majority)가 진보진영을 반대하고 보수정당을 지지한다는 것은 엄연한 종교적 및 정치적 현실로 보입니다. "하나님의 뜻은 보수주의에 있다?" 이 명제에 교회 안에서 진보정당을 지지하는 기독교인들은 신앙적으로 시험에 들고 보수정당을 지지하는 기독교인들은 신앙적으로 안일해집니다. 또한 이 명제에 교회 밖에서 진보정당을 지지하는 비기독교인들은 기독교를 정치적으로 불편해 하고 보수정당을 지지하는 비기독교인은 기독교를 정치적 동맹군처럼 친근하게 여깁니다. 2014년 6월 당시 전 국민적 논란을 야기한 문창극 장로 사건은 하나님의 뜻과 보수주의와 진보주의의 갈등, 그리고 이를 둘러싼 교회 안팎의 동맹관계를 가장 극명하고 현실적인 모습으로 드러내 주고 있습니다.

"정치적으로 편파적인 기독교(Politically Biased Christianity)", 이것이 평신도들이 자주 시험에 드는 두 번째 질문입니다. 이제는 더이상 시험에 들고 싶지 않습니다. 한기총 같은 연합단체가 뭐라 하든 저명한 목사님들이 뭐라고 하시든지 하나님의 뜻이 보수주의에만 있을 리는 없다고 생각합니다.

그렇다고 그 반대로 하나님의 뜻이 진보주의에만 들어있을 것 같지도 않습니다. 보수의 입장에서 진보는 불안하고 순진하다면 진보의 입장에서 보수는 이기적이고 악합니다. 보수 입장에서 아무리 좌파척결을 외쳐도 진보가 없어질 수 없고, 진보 입장에서 아무리 보수타파를 외쳐도 완강한 보수를 이겨내기는 쉽지 않습니다. 그러니 하나님이 청군이든 백군이든 한쪽 편에 끼어들어 이어달리기를 하실 것 같지는 않습니다.

따라서 '하나님'과 '보수주의'와 '진보주의', 서로 차원이 다르지만 다른 차원 간에 서로 영향을 주고받는 이 문제에 대해서는 목사님들과 신학자들뿐만 아니라 시민으로 살아가는 평신도들도 적극 참여해서 우리 모두가 좀 더 뚜렷하고 지혜로운 논의를 벌일 필요가 있습니다. 하나님을 땅 아래의 보수주의와 진보주의 싸움에 그대로 끌어내리는 것도 잘못이고, 하나님을 하늘 위에서 구경만 하는 분으로 놓아두는 것도 잘못입니다.[11] 기독교인 평신도들이 가지는 장점은 땅의 일에 대한 전문성입니다. 우리 평신도들은 인생의 거의 전부를 차지하는 먹고사는 생업의 복잡함과 무거움을 알고 사회 속에서 이웃들과 부대끼고 싸우고 협력하는 사적·공적 업무의 구체적인 담당자입니다. 따라서 하늘에 대한 지식과 땅에 대한 지식을 결합시키는 노력에 기독교 평신도들이 보다 적극적으로 참여하는 것이 현실 속의 '편파적인 기독교' '욕먹는 기독교'를 극복하는데 있어서 매우 절실한 일이라고 생각합니다.

 • **사생활에 치우친 '성도의 생활원리' - 개인주의 기독교**
다음으로 세월호 사태와 욕먹는 기독교를 통하여 가지게 되는 평신도의 고민은 「그동안 평신도들이 교회에서 배우고 실천해 온 '성도(聖徒)의 생활원리'가 과연 충분하고 적절한가?」라는 질문입니다.

세월호 사건의 구조와 처리과정에서 나타난 우리나라 국가기능의 오작동과 마비에는, 다스리는 일의 권한과 책임을 맡았으나 얌전하게 위의 권력만 바라보고 책임감 있게 자기의 공적 의무에 임하지 않은 수많은 얌전하고 착한 사람들의 잘못이 들어 있습니다. 그 중에는 도덕적으로 큰 하자 없는 점잖고 독실한 기독교인들이 상당한 비중을 차지할 것입니다.

이번에 세월호 사건에서 나타난 국가기능 마비의 중요한 원인 중 하나는 전반적으로 공적 임무가 사적 이해관계에 압도당한 것입니다. 자기의 일을 소신 있게 잘 하는 것보다 최상위 권력에 잘 보이는 것이 공무원이나 언론인의 신상에 더 중요하게 됨으로 인하여 생긴 심각한 왜곡입니다. 당파적인 권력이 비당파적인 정부기능을 당파적인 목적으로 이용하고 왜곡시킬 때 나타나는 현상입니다. 공공기능을 담당하고 당당하게 책임져야 할 사람들을 당파적 간신(奸臣), 점잖은 간신, 아부형 간신이나 생존형 간신으로 만드는 것이지요.[12] 국가기능에서 공(公)과 사(私)가 혼동되어 사(私)가 공(公)을 압도한 것입니다.

같은 맥락에서 사(私)생활에 치우친 성도의 생활원리는, 공(公)생활에 관한 성도의 생활원리를 왜곡시키거나 부정적인 영향을 주게 됩니다. 이것이 '개인주의적 기독교(Privatized Christianity)' '이기적인 기독교'라는 비판의 원인이 되었을 가능성이 매우 큽니다.

그동안 우리가 교회에서 배우고 생활에 적용하고 나누어온 평신도의 삶은 주로 사생활(私生活) 위주의 비사회적인 성도의 생활원리에 치우쳐 있습니다. 그러니 막상 기독교인의 구체적인 공공생활에 있어서의 사회적 책임에 관한 문제에 임하면 전혀 무력하거나 왜곡된 모습들이 나타납니다. 여기에는 공적이든 사적이든 잘못과 책임에 대해서 '너무 편안하게 회개를 하고 너무 쉽게 용서를 받는' 기독교(개신교)적 참회기도의 남용도 한 몫 했을 가능성이 매우 큽니다.

교회에서 독실한 장로, 집사로, 직장에서 사생활 차원에서 착하고 잘 참고 사람들하고 화평하게 지내는 것만으로는 우리의 기독교적 삶이 충분하지 않습니다. 전도하고 봉사하고 구제하는 것만으로는 이웃을 사랑하는 사회적 책임이 완성되지 않습니다. 이웃사랑은 내 인생에서 쓰고 남은 잉여(剩餘)를 나누어주는 부업(副業)의 자리에서보다, 자기 삶의 본업(本業)의 자리에서 사회적, 공적 책임을 다하는 것으로 이루어져야 합니다.

「사회적이고 정치적이고 공공적으로 이웃을 사랑하고 이웃에 대한 책임을 지는 것이 도대체 어떤 것인지」 기독교인의 구체적이고 현실적인 공적 책임에 관한 '성도의 공생활 원리'가 필요합니다. 그런데, 우리는 교회에서 이것을 별로 배운 적이 없습니다. 그러니 이제 우리가 새로 만들어야 합니다.

여기에는 물론 추상적이고 거시적인 공공정의의 관념뿐만 아니라, 구체적이고 현실적인 조건 하에 미시적으로 관철시켜 낼 수 있는 공적 책임의 세밀한 내용이 함께 필요합니다. 사(私)와 공(公)의 간격을 촘촘히 채우지 않으면 현실적인 힘을 만들어 낼 수가 없기 때문입니다. 정치인이나 사회운동가만 할 수 있고 시민이나 생활인은 참여할 수 없는 공적 책임은 또다시 대부분의 사람을 구경꾼으로 남겨놓게 됩니다. 그러니 최대한 추상성을 넘어서 현실성을 획득하는 것, 당파적 공익과 비당파적 공익을 다 함께 고려하는 것이 중요합니다.

기독교인들이 배우고 적용하는「성도의 생활원리」에「성도의 사생활(私生活) 원리」뿐만 아니라「성도의 공생활(公生活) 원리」를 실질적으로 보충하는 것, 여기에 교회의 지도자들뿐만 아니라 세상 속에서 살아가는 평신도들이 적극적으로 참여하는 것, 이것이 '개인주의적 기독교' '이기적인 기독교'를 극복하는 길이라고 생각합니다.

• 평신도의 시청자적 수동성 - 구경하는 기독교

마지막 질문은 이러한 세상적·신앙적 고민을 가지고 살아가는 많은 기독교인들, 세상 속의 평신도들이 교회와 세상에서 도대체 무엇을 하고 있고 무엇을 할 수 있는가 하는 '무기력감'의 문제입니다. 우리들 대부분의 기독교인 평신도들은 교회와 신앙에 관해서 대체로 시청자적 구경꾼 같은 태도를 가지고 있습니다.

오랫동안 한국 개신교의 평신도들은 신앙적인 문제에 대해서 귀로 듣기만 하고 머리를 쓰지 않는 수동적인 태도를 일관해 왔습니다. 그러니 성인(成人)으로서 세상의 일, 먹고 사는 일과 정치적 사회적 다툼에는 생사를 걸고 치열하게 임하던 사람들이 이상하게도 신앙의 일, 신앙을 삶 속에 구현시키는 문제에 대해서는 대충대충 넘어가고 교회에서 먹여주는 밥만 떠먹는 미성년자(未成年者)의 태도를 일관해 왔습니다. 평신도들의 수동적 신앙태도가 바뀌지 않는다면 개인주의적 신앙관을 따르거나 공공적인 지향의 신앙관을 따르거나 그 실질적 결과에는 별 차이가 나지 않을 것입니다.

여기에는 한국의 개신교회 시스템이 절대적인 개교회(個敎會) 체제로 되어있는 점도 중요한 원인 중의 하나입니다. 개별교회는 평신도가 신앙을 얻고 기도와 봉사와 신앙생활의 훈련을 받으면서 신앙을 유지하는데 가장 중요한 공간이지만, 대체로 평신도를 초등학교 내지 중학교 수준의 초보 내지 중급 단계 신앙에 묶어 놓고 그 이상의 비전을 제시할 수 없는 한계 속에 있습니다.

과거 한국의 개신교회가 성장하고 한국교회의 급속성장이 세계적인 자랑거리가 될 때에는, 대부분의 평신도들도 전도하고 봉사하고 양육하며 자기가 속한 개교회의 성장 발전에 봉사하는 일을 자신의 신앙적 비전의 중심으로 삼으면서 자랑스러운 신앙생활을 영위할 수 있었을 것입니다. 그러나, 이제 그렇게 성장한 한국의 세계적 대형교회들이 재정비리와 무리한 건축과 목회세습과 윤리적 실족 등으로 오히려 하나님의 영광을 가리고 있는 현실 하에서, 개교회만을 중심으로 하는 평신도의 신앙적 비전은 유통기간이 지났거나 한계에 직면한 것으로 느껴집니다.

이론적, 신학적으로는 평신도의 교회생활에 대해서는 여러 가지 견해가 있겠으나, 현실적인 느낌으로 생각해 볼 때 평신도가 개별교회에서 할 수 있는 신앙적 일에는 한계가 있고 다소간 절제가 필요한 것이 솔직한 현실입니다. 그러나, 평신도가 세상에서 할 수 있는 신앙적 일에는 한계가 없고 훨씬 능동적일 수 있습니다. 기독교인 평신도의 주된 활동장(playground)은 교회가 아니고 자기 삶의 현장이기 때문입니다. 교회에서는 예배를 드리고 설교를 듣고 기도하고 성도들의 교제를 즐기며 에너지를 얻은 후, 직장과 세상 속의 싸움이 벌어지는 자기 삶의 자리로 나가서 기독교 신앙의 원리를 사적·공적 인생 속에 녹여내어 자기를 살리고 이웃을 살리기 위해 씨름하는 평신도의 적극적인 신앙 비전이 필요합니다.

교회에 앉아서 설교만 듣는 평신도 신앙의 '수동성(受動性)'은, 평신도들로 하여금 자신들의 사적 생활과 공적 생활에 기독교 정신을 치열하게 적용하는 일에 매우 태만해지게 해서, 한국 기독교(개신교)의 실질적인 내용(contents)을 매우 빈약하게 만들었습니다. 또한 교회의 울타리에만 국한된 평신도 신앙생활의 '제한성(制限性)'은, 개별교회 안에 신자들이 가지고 오는 세상의 사적 욕망과 공적 왜곡들까지 모두 집중시키고 농축(濃縮)시킨 결과, 오늘의 기독교 신앙이 여러 가지로 왜곡되는 현상을 만든 가장 큰 원인 중의 하나가 되었습니다.

결론적으로, 소극적인 평신도들의 '구경하는 기독교'야말로 욕먹는 목사님들과 욕먹는 장로님의 문제 이상으로 욕먹는 기독교가 발생되고 유지되는 더 중요한 이유입니다. '가만히 있지 말라!'는 것이 세월호의 가장 큰 교훈이었습니다. 이제는 평신도들도 '가만히 있는' 신앙의 구경꾼 위치를 벗어나는 방법을 스스로 찾아야 하고, 교회도 평신도들을 신앙의 구경꾼 자리에서 벗어나게 만드는 방법을 제시해야 합니다. 개별교회가 이 일을 하는 것이 어렵다면 '교회 전체(universal church)'가 교회 건물의 울타리를 넘어서 이 일을 함께 하는 방법을 찾아야 합니다.

4장
욕먹는 기독교의 원인

'사(私)'와 '공(公)'과 '초월(超越)'의 혼동

1. 인생의 세 가지 요소 – 「사적 영역, 공적 영역과 초월적 영역」

우리는 삶 속에서 동시에 세 가지 얼굴(정체성)을 가지고 살아갑니다. 생활인(직업인), 시민(공민), 그리고 신앙인(종교인 또는 비종교인)으로서. '생활인'의 정체성은 나와 가족의 생활을 위해 일을 하고 돈을 벌어야 하는 인생의 사적 영역을, '시민'의 정체성은 사회 속에서 이웃과 다투고 협력하며 함께 살아가야 하는 인생의 공적 영역을, 그리고 '신앙인'의 정체성은 삶과 죽음의 한계를 보면서 그 너머의 초월적이고 영원한 것을 고민하는 인생의 초월적이고 영적인 영역을 의미합니다.

모든 사람의 삶에는 사(私), 공(公), 초월(超越), 세 가지 삶의 요소가 다 들어있습니다. 그리고 이 세 가지 요소는 모든 사람의 사고와 행동에 의식적인 작용과 무의식적인 영향을 줍니다. 각 분야마다 서로 다른 원리가 작용하고, 사람들은 각 분야에서의 위치에 따라 다양한 컴비네이션(조합)의 신조를 가지고 행동합니다. {① 직업적 위치 (고용주/자영업/피고용인) × ② 정치적 신조(보수/자유주의·진보) × ③ 종교적 신념(개신교/천주교/불교/유교/무종교)}

기독교인의 삶과 신앙에도 이 세 가지 요소가 다 들어있습니다. 기독교인들은 기독교 신앙의 '초월'이 그의 '사'와 '공'을 거룩하게 규정하기를 희망하지만, 사실은 그의 개인적 '사'와 '공'이 그의 기독교 신앙관을 규정하고 왜곡시킬 수 있습니다. 기독교인의 '초월'이 '사'와 '공'을 이기면 기독교가 욕먹을 일이 없겠지만, 기독교인의 '사'와 '공'이 '초월'을 오염시키면 욕먹는 기독교가 발생합니다. 이러한 문제의식에서, 이하 '사'와 '공'과 '초월', 인생의 삼대 요소의 성격과 상호 관계 및 그 혼동에 관한 문제들을 검토해 보겠습니다.

2. '사私'와 '공公', 보수와 진보

1. '사(私)'의 힘

'사람은 누구든지 빵이 없으면 살 수가 없습니다.' 누구나 자기 손으로 땀을 흘려 일하고 돈을 벌어야 자신과 가족의 생존과 생활을 유지할 수 있습니다. 먹고 사는 '사'의 일은 모든 인생의 기본이자 숙명입니다. 이 세상을 떠나기 이전에는 누구도 이 '사'의 영향권에서 자유롭게 벗어날 수가 없습니다. 이것이 인생의 사적 영역이 가지는 압도적인 힘의 근거입니다. 인생의 사적 요소는 땅에 바짝 붙어있는 현실적인 욕망의 영역입니다. '사'는 개인주의적이고 이기적이며 선악의 경계가 분명하지 않은 성악설적 세계입니다.

우리나라 인구 5천만 명 중 경제활동인구는 약 2,500만 명 정도입니다. 그 중 90% 이상 대부분의 사람들은 '사농공상(土農工商)'의 네 분야 중 농공상, 물건이나 서비스를 만들고 판매하는 사적 생업에 종사합니다. 사농공상 중 '사(土)'는 다스리고 가르치는 사람들입니다. 약 100만 명에 달하는 공무원과 정치인/언론인/교육자 등 공(公)적 기능을 다스리는 직업과 초월적인 일을 다루고 가르치는 종교인/성직자들이 있습니다. 이들도 당연히 그가 하는 공적이거나 영적인 일을 통해서 돈을 벌고 가족의 생활을 영위해야 합니다. 그러므로, 공(公)적 기능에는 그 일을 하는 사람의 사(私)적 이해관계가 암암리에 반영됩니다. 그리고 원활한 공적 기능의 수행은 그 일을 하는 사람들의 사적 생존과 생활의 직업적 보장이 없이는 뒷받침되기 어렵습니다. 초월(超越)적인 종교인의 직업에도 사(私)가 숨어있고 그 결과 종교의 초월적 가르침은 종교인이나 종교기관의 사적 측면에 의해서 오염되거나 왜곡될 수 있습니다.

2. '사(私)'와 '공(公)'의 관계 - 보수와 진보

① '공'의 중요성과 '사'의 규정력 - 보수와 진보의 방정식

사(私)적으로 살아가는 사람들은 모여서 '공(公)'을 만듭니다. '사람은 누구도 사회의 공적 기능과 공적 정의의 보호 없이는 살 수가 없습니다.' 사회의 공적 기능과 공적 정의는 (i) 사람의 생존의 조건을 제공하고 (ii) 사람 사이에 재화를 재분배하며 (iii) 각 사람의 인격적 자유와 존엄성의 수준을 규정합니다. 그러므로, '사적'으로 먹고 사는 일에 힘쓰는 사람들에게도 정치의 '공적' 영역은 결코 무관심의 대상이 될 수 없습니다. '공'이 '사'를 보호하지 못하는 경우, '공'이 '사'를 부정하는 경우, '공'이 '사'에 압도당해서 무력화된 경우에는 공동체적으로 사람들의 인생이 무너지고 비참해집니다. '사'만으로 '사'가 지켜지는 것이 아니고, '공'을 통해서 '사'가 지켜집니다.

(i) 우리 민족 전부가 다른 민족의 종이 되어 짓밟히며 살아야 했던 일제

식민시대, (ii) 포탄과 총탄 앞에 생명이 부초(浮草)와 같았던 분단 전쟁시대, (iii) 사람들의 눈과 귀와 입가 모두 막히고 팔과 다리의 자유가 묶였던 군부독재시대는 '공'이 '사'를 보호하지 못하거나 억압하는 경우였습니다. (iv) 소비에트 공산주의는 모든 사람이 '공(公)'만으로 살 수 있다는 착오로 '사(私)'의 영역을 전부 금지했다가 되돌아온 '사'의 반란으로 무너진 제도이고, (iv) 미국의 2008년 리만 경제위기는 '사'에 압도당한 '공'이 '사'에 대한 규제를 포기했기 때문에 발생한 참사였습니다. 인생의 공적 요소는 땅에서 조금 떨어져 대기 중에 떠 있는 현실과 이상 사이의 중간 영역입니다. '공'은 '사'보다는 다소 공동체주의적이고 이타주의를 주장하며 선악에 대한 다툼이 치열하게 벌어지는, 성선설적인 세계와 성악설적인 세계가 혼합된 공간입니다.

사회의 공적 기능에는 '협력하는 공(公)'과 '다투는 공(公)'이 있습니다. 비당파적이고 협력적인 공(公)은 사람들의 생명을 보호하고 사적 생활의 환경을 제공합니다. 당파적이고 다투는 공(公)은 사회의 재화를 재분배하는 문제와 사람들의 인격적 자유와 자율의 수준을 확대 또는 축소하는 문제를 두고 치열하게 다툽니다. 사적 생업에 힘쓰는 사람들도, 공동체 수준의 생존과 자유가 억압되는 식민지배와 독재에 대해서는 비당파적으로 민족 내지 국민 단위의 공동체적 항쟁을 벌입니다. 공동체적 생존과 자유가 어느 정도 보장되는 민주주의 선거 제도가 굴러갈 때에는, 시민들이 각자의 경제적 이익이나 정치적 신념에 따라, 때로는 온건하게 때로는 격렬하게, 선거철을 중심으로 보수정당이나 자유주의·진보정당 중 한편을 지지하면서 당파적인 정치적 의사표시와 행동을 전개합니다.

인생의 사적 측면과 공적 측면이 관계를 맺는 방식은 일면 단순한 것 같으면서도 매우 복잡하고 미묘합니다. 국가나 민족 간의 분쟁에서는 기본적으로 공동체와 공동체 간에 '공적(公的)' 대립전선이 형성됩니다. 여기에서 약한 공동체의 구성원 중 자신들의 사적(私的) 이익을 추구하여 강한 공동체로 투항하는 자가 나옵니다. 이것이 우리 역사에서 일제 식민지배에 협력한 친일파의 경우입니다.(그 결과 점령한 민족의 강경보수파는 민족주의 성향이 완강한데 점령당한 민족의 강경보수파는 민족의식이 박약한 현상이 나타납니다.)

한 사회 내부의 정치적 공적 논쟁은 보통 보수와 진보 간의 대립으로 나타납니다. '보수'와 '진보'에 대해서는 여러 가지 정의가 있지만, 이하 이 글에서는 통용되는 관념에 따라 「보수(保守)는 현재의 상태가 변하지 않기를 바라는 입장」, 「진보(進步)는 현재의 상태가 변하는 것을 바라는 입장」으로 이해합니다. 보수는 대체로 개인의 '사'적 이해관계가 사회의 '공'적 개입에 의해 간섭되지 않기를 바라고. 진보는 개인의 '사'적 이해관계가 사회의 '공'적 개입에 따라 규제되고 조정되는 것을 바랍니다. 사람의 정치적 공적 신조가 보수와 진보로 나누어지는 것은 하나의 변수(x)만을 가지고 더하기 빼기로 판명되는 일원방정식(一元方程式)이 아니며 여러 가지 변수가 복잡하게 섞여 있는 다원방정식(多元方程式)입니다.

사람을 보수와 진보로 가르는 첫 번째 차원의 공식은 '현재의 부(富)의 양(x)'에 따라서 '사'적 영역에서 많이 가진 사람은 보수적이 되고 적게 가진 사람은 진보적이 된다는 계급투표적 공식입니다. 가장 기본적인 원리이지만 절대적이지는 않습니다. 세계에서 가장 부유한 사람 중 하나인 미국의 워렌

버핏이 민주당 오바마 대통령을 지지했던 것과 한국이나 미국이나 다수의 중하층 서민들이 보수정당을 적극 지지하는 반계급투표의 양상이 이 공식의 한계를 보여줍니다.

두 번째 차원의 공식은 '사'적 영역에서 생활인으로 지낸 시간(y)이 길수록 점점 보수적이 되고 그 기간이 적을수록 진보적이 된다는 공식입니다. 이 공식은 최근 우리나라에서 장년층 노년층은 압도적으로 보수정당을 지지하고 청년층은 압도적으로 진보정당을 지지하는 연령투표 현상으로 나타납니다. 연령적 보수화는 나이가 들수록 경제생활을 통한 자기생존과 가족 부양의 무거움과 책임을 더 크게 느끼는 것을 반영합니다. 첫째 공식과 둘째 공식을 종합하면 사람이 지키려고 하는 '사(私)'적 이해관계의 면적(面積)을 [현재의 경제적 부(x)] × [경제활동의 기간(y)] 으로 계산할 수 있습니다. 젊을 때 개혁적, 진보적이었던 사람들이 나이 들면서 보수적으로 변화하는 것, 진보적인 80년대 학생운동 세대 중 일부가 50대가 되면서 보수정당으로 넘어가는 것도 이 공식으로 이해할 수 있는 현상입니다. 부유한 젊은이가 진보주의를, 가난한 노인이 보수주의를 지지하는 것은 이 면적 공식을 통해서 납득이 됩니다.

세 번째 차원의 공식으로 생각해 볼 수 있는 것은 변화에 대한 수용능력 내지 수용의지, 변화수용성(z)입니다. 생활의 변동성이 작고 조그만 변화가 그 생존조건을 위협할 수 있는 농업이나 전통적인 산업 종사자가 보수정당을 지지하는 것, 반대로 IT산업과 같이 새로 발전하는 산업 종사자들이 진보정당을 지지하는 것, 상대적으로 부유하고 심리적 여유가 있는 미국 동서 연안지역 대도시의 민주당 지지 현상 및 우리나라의 강남좌파 현상 등이 이 공식과 연관이 있습니다. 현 상태에서 취업이나 자기실현의 돌파구를 찾기 어려운 청년세대가 절실하게 사회의 변화를 요구하는 것도 이 공식에 포함됩니다. 여기까지의 세 가지 공식을 합하면 사람이 보수주의와 진보주의를 선택하게 하는 '사(私)'적 이해관계의 부피는 [현재의 경제적 부(x)] × [경제활동의 기간(y)] × [변화수용성(z)]의 삼차원 공식이 됩니다.

자신의 사적 이해관계로부터 비교적 자유롭게 보수와 진보적 지향을 가르는 네 번째 차원의 항목은 개인의 사상적 신조 내지 신앙적 관점이라는 초월적 요소(ict)[13]를 생각해 볼 수 있습니다. 이 초월적 요소는 부유한 기업가를 혁명운동에 참여하게도 하고 가난한 실업자를 극우파로 만들기도 하며 서민층 교회 신도들을 정치적 보수주의 집회에 동원하기도 합니다.

'보수'는 '사(私)'를 중시하는 성격이어서 이해관계에 밝고 손해 보는 것을 별로 좋아하지 않고 정의 관념이 약하고 때로는 너무 약아 보입니다. 그러나, 보수는 사람들이 먹고 사는 '사'적 현실 자체를 '그대로 유지하자'는 매우 강력한 어젠다.(agenda)를 가지고 있습니다. '현실에 가장 가깝다'는 이 장점이 경제생활을 하는 사람들 가운데 보수의 지지기반을 탄탄하게 만듭니다. 보수정당이 쉬운 점은 사실 '뭐를 하겠다.'는 얘기를 많이 할 필요가 없다는 것입니다. 그래서, 보수정당이 이런저런 '개혁을 하겠다.' 고 마음에 없는 거짓말을 해도 세상이 그냥 변하지 않기를 바라는 보수주의 지지자들은 무슨 얘기인지 다 알아듣고, 그냥 찍어줍니다.

'진보'는 '사'를 제한해서 사회를 변화시키는 '공(公)'을 중시하는 성격이므로, 이기주의를 제한해서 서로 나누는 것을 좋아하고 비교적 정의 관념이 강하며 다소 이상주의적입니다. '현실의 힘겨운 사적 인생에 만족하기 어려운 사람들이 많다'는 것이 진보의 근거입니다. 그러나, 진보는 사람들이 먹고 사는 '사'적 현실을 「고치자」는 것이므로 항상 '무엇을 어떻게 바꾸겠다.'는 개혁의 어젠다를 만들어 제시해야만 하는 부담이 있습니다. 보수정당의 어젠다인 '현실'은 눈앞에 있는 것이어서 알기 쉬운데 진보정당의 어젠다인 '개혁'은 눈에 보이지 않아서 알기가 어렵습니다. 이것이 진보정당이 가지는 가장 어려운 점입니다. 그래서, 진보정당이 '이런 이유로 저런 개혁을 하겠다.'고 정의감과 열정으로 아무리 진심을 담아 얘기를 해도 사람들은 '과연 그것이 가능할까? 나한테 손해는 오지 않을까?' 하고 의구심을 가지거나 불안해합니다. 진보의 입장에서 볼 때에는 나쁜 짓을 수도 없이 하는 보수를 지지하는 사람이 50%나 된다는 것이 분통이 터지는 일이지만, 다른 시각에서 본다면 현실을 움직여 바꾸겠다는 진보를 지지하는 사람이 무려 50% 가까이 된다는 것이 오히려 대단한 일이라고 볼 수도 있습니다.

정의보다 양식을 구하는 일에 더 집착하는 보수와 양식을 구하는 일보다 정의와 분배에 더 강조점을 두는 진보는 양쪽 다 사회 속에 필연적으로 존재하는 이해할 만한 존재이지, 처단하고 제거해야 할 악의 진영, 사탄의 진영은 아닙니다. 문제는 다른 생각을 가진 사람들의 존재와 사고를 부정하고 제거하려는 극우와 극좌입니다. 극우는 세상은 '공'이 없는 '사(私)'로만 이루어져야 한다는 생각이고, 극좌는 '사'가 없이 '공(公)'만으로 세상이 굴러갈 수 있다는 생각입니다. 두 가지 극단 모두 '사'와 '공'이 모두 필요한 인간의 현실에 맞지 않는, 이웃을 심하게 해치는 위험한 생각입니다.

② '보수'의 한계와 '진보'의 약점 – '공'이 없는 '사'와 '사'를 모르는 '공'

민주주의를 존중하고 진보의 존재를 인정하는 합리적인 보수는 사적 생활의 안정적인 지속을 위해서 필수적인 존재이고, 민주주의를 존중하고 보수의 존재를 인정하는 합리적인 진보는 사회의 변화를 통한 존속과 발전을 위해 필수적인 존재입니다. 아래 도해와 같이, 정상적인 보수는 '사'를, 정상적인 진보는 '공'을 강조하고 더 원하지만, 교집합에 해당하는 '비당파적 국가기능'은 다 같이 인정하고 상대방이 가지는 당파적인 입장의 독립적인 존재를 인정합니다. 그래서, 이러한 보수와 진보는 죽어라고 욕을 하면서 싸워도 자동차의 좌우 두 바퀴, 새의 두 날개처럼 사회가 굴러가게 하는 필수재입니다.

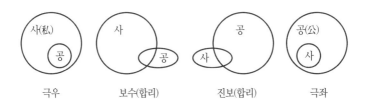

극우　　　　　보수(합리)　　　　진보(합리)　　　　극좌

'공'이 없는 '사(私)'는 위험합니다. 위 그림 제일 왼쪽 동심원과 같이 극우적인 성향은 사(私)로 공(公)을 지배하고 사(私)로 공(公)을 소유하려고 합니다. 극우적인 성향은 당파적인 이익을 위해 사회의 생명과 안전을 보장하는 국가의 비당파적 기능까지도 사적으로 소유하고 동원하려고 합니다. 이것이 세월호 사건에 나타난 권력 눈치 보기로 인한 국가기능 마비의 원인입니다. 그리고 극우적인 성향은 자기 원 바깥의 진보라는 존재 자체를 아예 부정하고 배제하려고 합니다.(종북좌파 척결의 구호) 그러면, 인구 중 절반만 존중받는 국민이 되고 나머지 절반은 투명인간처럼 비국민 취급을 받는 반쪽 나라가 됩니다. 이것이 2014년 강경우파 문창극 총리후보 논쟁의 본질입니다. 극우적인 성향은 사(私)를 절대화하므로 사적 이익을 위해서 공동체(민족)의 공적 이익을 버릴 수 있고 이것을 잘못이라고 생각하지 않습니다. '사적 이익의 극대화'를 위해서는 일본의 식민지배가 나쁘지 않았다는 식민지근대화론-친일사관이 나타나는 이유입니다. 극우적인 성향은 사(私)적 경제활동의 극대화를 위해 공적 조정과 규제를 철폐하려고 하다가 미국의 리만사태와 같은 경제적 재앙을 낳았습니다. '사'를 절대화하여 '공'을 잃어버린 극우적인 성향은 결국에는 사회에 파탄을 내고 사람들을 위험에 빠뜨립니다.

보수주의의 위험은 '극우로 경도되기 쉬운 경향성'입니다. 사회 전체가 보수와 진보로 당파를 나누어 청군 백군으로 싸울 때에 극우와 합리적인 보수(온건 우파) 간의 차이와 경계선은 애매해집니다. 자기편의 지지를 얻기 위해서 강경론을 펴거나 싸우다보니 성질이 나서 폭주하기도 합니다. 그러니 진정한 보수주의자들에게 가장 위험한 적은 상대편인 진보진영이 아니라 '사'로 '공'을 소유하고 파괴하려는 자기편의 극우적 경향입니다.

'사'가 없는 '공(公)'는 비현실적입니다. 위 그림 제일 오른 쪽 동심원과 같이 극좌적인 성향은 공(公)으로 사(私)를 지배하고 사(私)적 영역 전부를 없애려고 합니다. 이것이 사적 경제를 폐기하고 전적으로 공적인 경제체제를 만들었던 공산주의 실험의 본질입니다. 공으로 사를 없앨 수 있다고 생각했지만, 오히려 공의 절대자로 자임한 공산당과 지도자에 권력이 '사'적으로 귀속되었습니다. 그 극단적인 경우가 북한의 '왕정(王政) 공산주의'라는 역사적 희비극입니다. '공(公)'이라는 원(圓) 하나만을 인정하기 때문에 그

원 바깥에 있는 사람들을 모두 없애려는 잔인한 폭력이 발생했습니다. 결국 무리하게 금지되었던 '사'의 반란으로 공산주의 체제는 모래성처럼 무너졌습니다. '사'가 없는 '공'만의 세계는 존재할 수 없다는 역사적 결론이 내려진 셈입니다.

　공산주의의 몰락으로 사실 지금 세상에는 이념적으로 극좌파가 없어졌습니다. 진보정당 사회주의정당도 모두 사적 시장과 자본주의 경제체제를 인정하는 온건좌파, 개량주의적 진보에 지나지 않습니다. 현재 온건 좌파 진보진영의 문제점은 극좌파가 될 위험성이 아니라, '사'와 '공'의 사이에서 어떤 개혁과 진보를 하자는 것인지 분명한 답안을 제시하기가 어렵다는 것입니다. 불평등의 심화현상에 대해서 강력한 복지와 재분배 의제를 제시했다가는 세계적 자본주의의 생존경쟁을 보게 되면 자신감을 잃고 시장과 기업의 드라이브에 힘없이 끌려갑니다. '공'적 지향과 '사'적 현실 사이에 끼어서 확신 없이 우왕좌왕하는 것, 이것이 진보의 가장 큰 문제이자 어려움입니다. 진보가 왼쪽으로 가면 현실적인 자신감을 잃고, 기가 죽어서 오른쪽으로 가면 진보인지 보수인지 색깔도 없고 냄새도 없고 이 소리도 저 소리도 아무 소리도 나지 않는 '용각산(龍角酸)'이 되어버립니다. 진보의 약점은 '사'를 잘 다룰 줄 모르는 것입니다. 절대적인 힘을 가지는 '사'적 요소를 잘 다루면서 '사'적 영역에서 살아가는 생활인들을 납득시킬 수 있는 '현실적인 변화'의 의제를 만드는 것이 사회 전체를 위한 진보의 숙제입니다.

3. 한국교회, '사私'와 '공公'과 '초월超越'의 혼동 문제

1. 기독교인의 사적/공적 인생과 초월적 신앙의 관계

　기독교인의 삶에도 마찬가지로 먹고 사는 일을 하는 사적인 영역과 시민으로서 정치적 사회적 활동에 참여하는 공적 영역, 그리고 하나님(신)에 대한 지식을 추구하는 초월적 신앙적 영역이 들어 있습니다. 기독교인의 인생에도 사와 공과 초월의 세 가지 요소가 있다는 것은 성경을 통해서도 볼 수 있습니다. 예수님은 마가복음(12:29~31)에서 하나님을 사랑하고 네 이웃을 네 자신과 같이 사랑하라고 하셨습니다.(Love the Lord your God. Love your neighbor as yourself) 이 말씀 속에는 기독교인의 사랑의 대상이 세 가지 들어있습니다. '하나님 사랑(God)'과 '이웃 사랑(neighbor)'과 '자기 사랑(self)'입니다. 여기에서 자기 사랑은 인생의 사적 측면에, 이웃 사랑은 인생의 공적 측면에, 하나님 사랑은 인생의 초월적 측면에 각각 해당됩니다.

　기독교인의 인생에서 초월적 신앙의 영역은 인생의 사적 영역과 공적 영역의 한계가 드러나는 곳에서 시작됩니다. 끝없는 생업과 노동과 경쟁과 성취욕에 지친 사람에게 초월적 신앙은 허리를 펴고 하늘을 바라볼 수 있는 여유를 주고, 세상의 성공과 성취에 대한 끝없는 경배가 무의미한 것임을 일깨워줍니다. 정치적 이상과 쟁투의 한계에 부닥쳐 허무감을 느끼는 사람에게 신앙생활은 보다 영속적인 이상과 소망의 가능성을 제시합니다. 그래서, 신앙의 초월적인 요소에는 우리의 세속적인 사적 인생이나 공적 인생보다 더 크게 우리를 매혹시키고 위로해 주는 면이 있습니다.

　문제는 인생의 사와 공을 뛰어넘는 초월적인 기독교 신앙의 세례를 받았다고 해도, 기독교인이 그 초월 속에서 영원히 머물러 있을 수 있는 것이 아니라 다시 세상의 사적 인생과 공적 인생 속에서 살아가야 한다는 점입니다. 따라서 '초월'만으로는 기독교인의 인생이 다 설명될 수 없습니다. 다시 이 글의 관심인 인생의 사적 영역과 공적 영역으로 돌아가서, 기독교인의 인생에서 초월적인 영역이 기독교의 인생의 사적 영역 및 공적 영역과 어떤 방식으로 관계를 맺는지를 살펴보려고 합니다. 세 가지의 관계 유형이 있습니다. 첫째는 「'초월'로부터 독립적인 기독교인의 '사'와 '공'」, 둘째는 「'초월'의 거룩함에 영향을 받는 기독교인의 '사'와 '공'」, 셋째는 「거꾸로 '초월'을 압도해서 초월에 영향을 주는 기독교인의 '사'와 '공'」입니다.

첫째는 '초월과 독립적인 기독교인의 사와 공'입니다. 기독교 신앙의 초월적인 면에 의해서 별로 영향 받지 않고 그 자체의 독립적인 작동원리에 따라 영위되는 기독교인의 사적 인생과 공적 인생을 의미합니다. 우선 먹고 살기 위한 사(私)적 생업을 봅니다. 사실적인 측면(Sein)에서, 이런저런 직장과 직업에 종사하면서 살아가는 사적 생활의 현실적 조건과 형태와 원리는 기독교인에게나 비기독교인에게나 기본적으로 차이가 없습니다. 시험에 합격하려면 공부를 열심히 해야 하고 일을 잘 하려면 성실하게 땀을 흘려야 합니다. 규범적인 차원에서(Sollen), 기독교인이 비기독교인보다 사적인 경제생활에서 더 양심적이고 더 희생적인가? 현실은 '글쎄!'입니다. 아주 착하고 헌신적인 기독교인도 있지만 얄미울 정도로 약고 영리한 기독교인도 많기 때문에, 더하고 빼면 평균은 비슷하지 않을까 싶습니다.

'기독교인의 공(公)적 인생, 정치적 관점과 실천이 하나님의 초월적인 뜻에 의한 것인가 각 사람의 사회적 입장과 가치관에 따른 것인가?'라는 문제가 있습니다. '상호독립성'에 주목하는 입장에서는, 어느 기독교인이 보수정당이나 진보정당을 지지하는 이유에서 신앙의 '초월'적인 면에 의한 것보다 그의 시민적 관점에서의 '공'적 판단이 더 크게 작용한다고 봅니다. 현실적으로는 교회를 다니는 사람도 신앙인이라는 정체성보다는 그의 시민적 정체성과 가치관에 근거하여 정치적 입장을 결정하는 측면이 더 강한 것으로 보입니다. 그의 '사'적 조건에 영향을 받아 '사'가 강한 사람, '공'을 싫어하는 사람은 보수를 지지하고 '사'가 약한 사람, '공'을 좋아하는 사람은 진보를 지지하는 것이지요. 보통 믿기 전에 야당이던 사람은 예수를 믿고도 야당이고, 원래 여당인 사람은 예수를 믿고도 여당인 경우가 많습니다. 색깔이 조금 옅어지거나 짙어질 뿐입니다. 성경에도 열심히 예수를 믿는 사람이면 마땅히 보수정당을 지지해야 한다거나 독실한 기독교인은 반드시 진보정당을 지지해야 한다는 율법이나 종교적 계명은 없습니다.

우리가 공적/정치적 영역에서의 선택에 대해서, 기독교 교리가 아닌 공적 영역의 일반 원리에 따라 기독교인의 다양한 사고와 행동을 인정하면, 기독교인들에게도 정치적 자유를 주고 하나님께도 정치적 자유를 드릴 수 있습니다. 저는 기독교인의 신앙(초월적인 영역)과 기독교인의 사적/공적 인생 간에 다른 원리로 움직이는 독립적인 영역이 있다는 점을 인정하고 존중하는 것이, 우리 기독교인들의 건강한 인생과 기독교 신앙의 생명력 있는 전개를 위해서 매우 중요하다고 생각합니다.

둘째는 '초월적인 영역에 의해 영향을 받는 사적/공적 영역의 인생'입니다. 시험을 잘 보려면 공부를 열심히 해야 하지만, 신앙과 기도는 왜 공부를 하는지 이유를 더 분명하게 하고 마음을 평안하게 해서 시험을 잘 보는 것을 도와줄 수도 있습니다. 생업에서 성공하려면 열심히 일을 잘 해야 하지만,

신앙과 기도는 사람들과 좋은 관계를 가지고 잘 참고 견디는 것을 가능하게 해서 직장생활의 성공을 도와줄 수 있습니다. 사회적 부정의와 불의를 없애기 위해서 공적으로 노력하는 기독교인에게 신앙과 기도는 자기의 연약함과 흔들림을 이기고 끝까지 분투할 수 있도록 격려해 줄 수 있습니다.

좋게 얘기하면 이런 내용인데, 정색하고 생각해서 "'자기를 부인(否認)하고 자기 십자가(十字架)를 지고 나를 따르라'는 예수님의 말씀이 있는데, 기독교인이 사적 인생과 공적 인생에서 잘 먹고 잘 살고 성공하고 형통하는 것을 기도하고 그에 대한 하나님의 도움(응답)을 받는 것이 과연 기독교 신앙의 초월적인 지향에 부합하는 것이냐?"라는 질문이 나오면 이 문제는 어려워집니다. 나의 사적, 공적 인생에 대한 세상적 욕구에 하나님을 동원하고 이용하지 말아야 한다는 신앙적 명제와, 나의 실제 인생에서 주어지는 눈앞의 사적, 공적 과제를 놓고 괴로워하면서 도대체 고상한 기도만 하는 것이 가능하냐는 현실적인 항변 간의 씨름이 끊임없이 전개되는 영역입니다.

기독교 신앙의 초월적인 원리를 '자기부인과 십자가'로 세상의 이익과 성공에 대한 자랑과 욕망을 억제하라는 것으로 본다면, 지금 한국교회(개신교)의 현실에서 기독교 신앙의 '초월'은 기독교인의 '사'와 '공'에 대해서 거룩한 억제력을 거의 발휘하지 못하고 있다고 느껴집니다. 기독교 신앙의 초월적인 기능을 '인간의 실존적 불안과 고통에 대한 위로와 격려'로 본다면 기독교 신앙의 초월은 기독교인의 사적, 공적 인생에 상당한 도움을 주는 것이 사실입니다. '공(公)'적인 공의의 하나님은 우리의 사적 욕망과 기도를 엄격한 눈으로 바라보시는 것 같고, '사(私)'적인 사랑의 하나님은 우리의 사적 욕망의 연약함을 너그럽게 이해하고 언제든지 용서해 주시려는 것 같이 보입니다. 그래서, 현실적으로 우리 기독교인들의 체감적 신앙은 거룩한 하나님의 '초월' 중 인간에게 자기부인을 까다롭게 요구하는 공(公)적 속성의 하나님보다 인간의 자기사랑을 친절하게 인정해주는 사(私)적 속성의 하나님을 더 가까이 합니다.

셋째는 '초월적인 영역에 거꾸로 영향을 주는 사적/공적 영역의 인생'입니다. 주로 기독교인의 인생에서 '사'적인 영역이 의식적, 무의식적으로 '초월'적인 영역을 압도하는 경우입니다. 나의 '사적' 성공을 축복해주는 '초월'은 본질적으로 기독교의 본령은 아닙니다. 개인적인 차원에서 기독교인들은 한편으로는 자기의 욕망을 누르려고 애쓰기도 하지만, 인간의 연약함과 현실의 압도적인 힘으로 인해서 우리의 개인적 기도제목은 대부분 나의 '사'적 성공입니다. '기독교인의 인생에서 사적 욕망이 기독교의 초월보다 더 큰힘을 쓰고 있다'는 것은 객관적인 현실이라고 생각합니다. 예수를 믿는다고 해서 인간의 연약하고 이기적인 본성이 바뀌는 것은 아니므로 이 현실은 쉽게 달라지기도 어렵습니다.

문제는 '기독교인의 사(私)가 초월(超越)을 압도하는 현실'을 '심각한 문제로 인정하는가? 심각한 문제로 인정하지 않는가?'에 대한 기독교인의 반응에 달려있습니다. 이 현실을 인정하면 기독교인의 '사'도 겸손하게 되고 기독교인의 '초월'도 겸손하게 됩니다. 내 신앙을 소중히 여기지만 또한 쉽게 만족하거나 자만하지 않고 자기부인과 자기사랑 사이에서 심각하게 씨름하는 인생을 살게 됩니다. 이 현실을 인정하지 않거나 인정해도 심각한 신앙문제로 인식하지 않는 경우에 문제가 생깁니다. '기독교의 초월'은 거룩한 것이지만 실제로는 '현실적인 기독교인의 초월'이 아직 '사에 제약되어 거룩함에 도달하지 못하였음에도 불구하고, '사'에 압도되거나 사로 왜곡된 초월'을 「'온전한 초월'과 '거룩한 사'」라고 주장하는 신앙적 착오와 오만이 발생합니다. 현실을 인정하면 '겸손한 사와 겸손한 초월'이 되지만 현실을 인정하지 않으면 '교만한 사와 오염된 초월'이 발생하는 것입니다.

'사'적 요소가 '초월'을 압도하고 왜곡시키는 현상은 기독교인 개인의 신앙생활 차원뿐만 아니라, 절대적인 개별교회 중심(개교회주의)의 자유시장 경쟁체제로 굴러가는 한국 개신교의 교회구조 차원에서도 심각하게 나타난다고 느껴집니다. 가톨릭 천주교회와 비교하면 한국 개신교회의 '사(私)'적 성격은 뚜렷하게 나타납니다. 한국 천주교의 경우에는 약 5천명의 사제가 하나의 교단 3개의 대교구(서울, 광주, 대구)에 약 1,700개의 성당에서 약 580만 명의 교인과 함께 신앙생활을 한다고 합니다.(2017년 한국 천주교회 통계) 성당은 교단의 소유이고 사제들은 교단에서 임명되어 보수를 받고 임지를 발령받습니다. 한국 개신교의 경우에는 10만 명이 넘는 것으로 추정되는 목회자들이 200개가 넘는 교단으로 나뉘어 5만개 이상의 교회를 운영하면서 8백 수십만 명의 신도와 함께 신앙생활을 합니다. 개신교의 목회자들은 일부 교단을 제외하고는 교단이 아닌 개별교회로부터 보수를 받고, 교회들도 대부분 개별교회의 경제적 자립구조로 운영됩니다. 천주교의 교회 구조가 '사'적인 면보다 '공'적인 면이 강하다면, 개신교의 교회 구조는 지극히 '사'적 개별적이고, '공'적인 면이 거의 없습니다. 이 문제는 쉽게 해결되지는 않겠지만, 한국교회(개신교)가 공교회성 보편교회성을 회복하고 신앙의 공적 성격을 회복하는 데에 가장 큰 어려움 중의 하나로 작용할 가능성이 큽니다.

2. '공'과 '초월'의 혼동 - 정치적으로 편파적인 기독교

① '초월'과 '공'의 관계 - '하나님'과 '보수'와 '진보'

사람들의 삶은 '사'적 영역과 '공'적 영역의 교차를 통해서 구성됩니다. 사를 좀 더 중시하는 보수주의자와 공을 좀 더 중시하는 진보주의자들이 함께 다투고 협력하며 사회를 유지하고 변화시켜 나가는 것이 양쪽 모두에게 유익한 일입니다. 국민 전원이 보수주의자가 되어 화석처럼 굳어버린 사회와 국민 전원이 진보주의자가 되어 매일매일 지축이 흔들리는 사회는, 진보주의자에게도 좋지 않고 보수주의자에게도 좋지 않고 하나님에게도 좋지 않습니다.

하나님은 보수주의자도 아니고 진보주의자도 아니지만, 하나님의 뜻은 보수주의에도 들어있고 진보주의에도 들어있습니다. 성경에서 세상을 다스리는 권세에 복종하라는 로마서 13장은 사회를 존속시키고 유지하는 '이웃 사랑'의 공적 메커니즘에 해당하는 비당파적인 국가기능(사법/조세 기능)을 존중하라는 말씀으로, '보수의 필요성을 인정하는 성경적 근거'에 해당합니다. 그러나, 로마서 13장을 불의한 독재 권력에도 무조건 절대복종하라는 극우적인 렌즈로 읽으면 오만하고 불의한 권력을 규탄하는 구약성경의 모든 예언서와 세상의 권력에 맞서 돌아가신 예수님의 십자가가 아무 의미가 없게 됩니다.

굶주린 자에게 먹을 것을 나누어 주고 헐벗은 사람을 입혀주며 압제받는 이들을 석방하라는 이사야서 58장의 하나님 말씀과 누가복음 3장에서 이를 원용한 예수님의 첫 번째 회당 설교는 진보주의의 정의감을 뒷받침하지만, 이 것이 곧바로 진보주의의 혁명적 의제로 넘어가는 것은 아닙니다. 감히 생각건대 하나님은「제대로 된 보수」와「제대로 된 진보」와「양자 간의 제대로 된 싸움과 협력」을 원하십니다. 그러니 기독교인이 보수를 지지하거나 진보를 지지할 때에는, '초월'적인 신앙에 의지해서 한쪽을 찍는 것보다는 자신의 '공'적인 시민적 입장과 양심에 따르는 것이 더 건강하고 하나님의 뜻에도 맞을 가능성이 크다고 생각합니다.

한국의 개신교가 '공적' 의견에 있어서 보수 쪽에 치우친 양상을 보여주는 것에는 개교회주의로 운영되는 한국 개신교의 '사'적 성격이 무의식적으로 반영이 된 면이 있습니다. 앞서 본 바와 같이 '사'적 요소가 강해지면 자연적으로 '보수'적인 성향이 강해집니다. 하나의 교회가 성장해서 '사'가 지극히 강해지니 교회 차원에서 공적이고 정치적인 문제에 '보수'적인 성향을 가지게 되는 것입니다. 하나님이 보수적이신 것이 아니고 교회가 보수적이 된 것입니다. 어떤 기독교인 개인이 보수주의자인 것이 문제될 일이 아니고 교회 지도자 개인이 정치적으로 보수적인 입장을 가지는 것도 개인의 시민적 권리로서 문제 삼을 것은 없습니다. 그러나, 문제는 과거 한기총의 경우처럼 정치적 보수가 하나님의 이름으로 선포되는 경우입니다. 이 때에는 하나님이 정치적으로 편파적인 분으로 알려지고 교회가 세상의 당파적 이익에 이용되며 교회 속의 절반의 신도가 마치 정치적 보수만을 지지하는 하나님과 거리가 멀어지게 되는 것처럼 불필요한 시험에 들게 되는 것입니다.

② '초월(超越)'을 통한 '공(公)'의 보완
 - 보수와 진보의 전투적 공존, '공적 자기부인'과 '공적 이웃 사랑'
각자의 입장과 관점과 이익에 따라 사람들이 보수와 진보로 나뉘어 '다투는 일'은 사람들의 몫이고 사람들이 잘 하는 영역입니다. 그러나, 보수와 진보로 나뉜 사람들이 서로 상대방의 존재와 필요와 요구를 조금이라도 인정하며 함께 토론하고 살아가는 일은 사람들이 잘 하지 못하는 영역입니다. '악(惡)'하기 때문입니다. 여기에 기독교 신앙의 초월적인 면이 큰 도움을 줄 정치의 영역이 있습니다.

우선 '이웃을 사랑하라'는 계명은 진보주의자가 보수주의자의 완고함을 이해하고 보수주의자가 진보주의자의 아우성을 이해할 수 있는 가장 강력한 무기로 이해할 수 있습니다. 예수님의 말씀에 따르면 우리가 사랑해야 할 '정치적 이웃'에는 같은 뜻을 가진 정치적 동지들 뿐 아니라 다른 뜻을 가진 정치적 반대파도 포함되기 때문입니다.[14] 그러니까 기독교 신앙의 '이웃을 사랑하라'는 계명은 사적인 전도와 구제와 봉사활동에만 국한되는 것이 아니고, 가장 치열한 사회적 정치적 싸움이 벌어지는 공적(公的) 현장에서 힘을 쓸 수 있는 하나님의 '정치적 계명'이 되는 것입니다.

보수와 진보 양 진영 간의 전투적인 협력에는 예수님의 산상수훈 중 8복 가운데 일곱 번째 복인 '화평케 하는 자에게는 복이 있나니 저희가 하나님의 아들이라 일컬음을 받을 것이다'(마태복음 5:9)라는 말씀이 무기가 될 수 있습니다. 사회적 고통과 어려움을 현실적으로 해결해 나가기 위해서는 「안정(보수)적인 변화(진보), 변화(진보)를 통한 안정(보수)」을 가능케 하는 '화평케 하는 자'들의 존재와 노력이 필요합니다. 다른 사람과 다른 생각의 존재를 배척하고 증오하고 저주하는 '공'적인 영역에서의 극우와 극좌는 기독교 신앙의 '이웃을 사랑하라'는 명제와 '화평케 하는 자'가 되는 복에 정면으로 배치됩니다.

기독교 신앙의 십계명 중 '나 이외의 다른 신을 너희 앞에 두지 말라'는 첫 번째 계명도 극우와 극좌의 극단을 배척하는 기독교의 정치적 원리입니다. 인생의 '사'적 요소, 경제적 이익의 추구를 모든 것의 근본원리로 삼는 극우는 경제적 이익을 신으로 숭상하는 물신주의(物神主義)를 기초로 하고, 인생의 '공'적 요소, 공공이익을 위해 사적 욕망이 사라질 수 있다고 꿈꾸었던 극좌 공산주의는 인간의 선함을 신적으로 믿었던 셈이기 때문입니다. 또한 선악을 판단하는 나무의 과실(선악과)을 먹지 말라는 창세기의 원시(原始) 계명 또한 사람이 정치와 이념의 영역에서 '극우의 자리에 앉아서 진보와 좌파 모두를 악하다고 심판하고 정죄하지 말 것'과 '극좌의 자리에 앉아서 보수와 우파 전부를 악인으로 심판하고 정죄하지 말 것'에 대한 엄중한 경고였습니다. 기독교인은 하나님을 믿는 것이지 기독교인이 하나님의 자리에 앉으려고 하면 안 된다는 계명입니다.

하나님의 신적 '초월'은 세상의 '공'적 영역에서의 보수와 진보의 싸움에 직접 뛰어들어 어느 한쪽 편을 들지는 않습니다. 그러나, 하나님의 '초월'은 사람들이 공적 영역에서 싸우고 다툴 때에, 각 진영이 자기의 이익과 감정을 어느 정도 '부인(否認)'하고 상대방 진영의 이야기를 이해하고 화평을 도모하면서 건강한 '공'을 형성하는 정치적 원리로 능력을 발휘할 수 있으며, '공'의 영역에서 함부로 선악을 판단하며 정죄하는 극우와 극좌를 정죄합니다.

③ 정치적으로 편파적인 기독교 - 개인의 '공'적 의견과 하나님의 '초월' 적 뜻의 혼동

기독교인도 누구든지 시민으로서 자기의 개인적인 정치적 견해를 밝히고 실천할 수 있는 자유가 있는 것은 분명합니다. 그러나, 그 정치적 의견과 관점이 '하나님의 이름'으로 선포되고 '하나님의 뜻'으로 주장되는 많은 경우에는, 개인의 '공'적 의견과 하나님의 '초월'적 뜻을 혼동하는 왜곡이 나타납니다. 이것은 "하나님의 이름을 망령되게 부르지 말라 (출애굽기 20:7)"는 십계명 중 두 번째 계명의 위반에 해당합니다. 극우나 극좌적인 입장에서 다른 사람의 존재와 다른 사람의 생각을 정죄하고 심판하려는 종교적 태도는 하나님의 명령에 반하여 '선악과를 상시 과다 복용하는' 선악과 중독증상일 가능성이 큽니다. 예언자적 자부심으로 반대진영의 정치적 생각을 가혹하게 몰아붙이는 태도에는 이웃과 동료를 '시험(temptation)에 들게 하는 악(evil)'이 들어 있습니다. 이것은 "우리를 시험에 들게 하지 마옵시고 다만 악에서 구하옵소서 (마태복음 6:13)"라는 주기도문 여섯 번째 기도를 정면으로 위반하는 것입니다. 정견이나 처지가 다른 사람들을 하나님의 뜻에 반하는 사람, 하나님의 뜻을 모르는 사람이라고 판단하고 멸시하고 공격하는 태도에서 공감능력을 상실한 '긍휼 없는 기독교'가 나타납니다.

3. '사(私)'에 오염된 '초월(超越)', '공(公)'이 사라진 교회
① '초월'과 '사(私)'의 관계 – '자기 사랑'과 '자기 부인(否認)'의 갈등

사람은 하나님이나 이웃보다 자기를 더 사랑합니다. 가족을 사랑하는 것은 자기를 사랑하는 것의 연장입니다. 자기를 사랑하고 사적 존재와 생활을 위해서 노력하는 것은 하나의 생명 개체로서 사람에게 당연한 일입니다. 기독교인의 인생에서 신앙, 즉 초월적 영역은 인생의 사적 영역의 한계가 드러나는 곳에서 시작됩니다. 먹고 사는 일은 그렇게 쉽지가 않습니다. 공부를 하고 시험을 보면서 돈을 벌 준비를 하는데 수십 년이 걸리고, 막상 취직을 해도 다른 사람 밑에서 참고 시키는 일을 하는 것은 쉽지가 않고, 경영자가 된다고 해서 세상이 쉬워지는 것이 아니라 오히려 사업의 성패의 위험으로 인생이 아슬아슬해 집니다. 돈을 못 버는 고통은 말할 것도 없고 돈을 꽤 버는 사람도 사적 인생의 갈증과 긴장은 끝이 없습니다. 그러다가 사업이 망하거나 직장이 흔들리거나 집안에 우환이 생기거나 애가 속을 썩이거나 병이 나서 아프거나 그렇게 하다가 나이를 먹어서 한 인생이 끝납니다.

사적 인생의 한계가 보이는 자리에서 만나게 되는 초월적인 신앙은, 땅에 붙어서 끝이 없는 생업과 노동에 지친 사람에게 눈을 돌려 하늘을 바라볼 수 있는 여유를 줍니다. 그리고 인생의 사소한 일들에 막힌 정신에 삶과 죽음의 한계를 넘어서 더 커다란 일을 생각하고 꿈꾸는 고상한 소망을 줍니다. 사(私)적인 인생은 힘들지만, 초월적이고 영적인 신앙은 기쁨과 안식을 줍니다. 그래서, 저를 포함해서 기독교인들은 교회를 열심히 나가고 성경을 열심히 읽고 여러 가지 신앙생활에 애를 씁니다.

문제는 신앙의 '초월'을 통해서 우리의 정신과 영이 고양되어도, 우리의 몸은 이 땅에서 매일매일 일용할 양식을 구하기 위하여 땀을 흘리며 주변 사람들과 씨름을 하며, 돈을 벌기 위해 머리를 쓰고 애를 쓰고 속을 썩이며 살아가야 한다는 것입니다. 그러니까 우리의 영이 사적 인생의 영역을 넘어 초월적 영역을 맛보았어도 우리의 인생은 사적 영역에서 인간의 욕망을 충족시키면서 살아가는 일에 목숨이 다할 때까지 종사를 해야 합니다. 그래서, 기독교는 '우리에게 일용할 양식을 주시옵고(Give us this day our daily bread),'라는 주기도문(主祈禱文) 네 번째 기도를 통해서 우리 인생의 사적 요소를 부분적으로 인정하고 있습니다.

'초월'과 '사'의 관계는 기독교인에게 익숙한 주제입니다. 초월을 믿는 기독교인이 하는 대부분의 기도제목은 세상에서 살아가는 '사'적 인생의 과제와 목표들입니다. 학업과 취업과 직장과 기업과 사회에서 고통을 겪지 않고 원하는 것을 이루면서 살아가는 것이 기도의 내용들입니다. 엄격하게 말하면 '자기 사랑'의 기도입니다. 그런데, 기독교 믿음의 대상인 예수는 세상에서 학업과 취업과 직장과 기업과 사회에서의 사적 성공을 구하지 않고 젊은 나이에 십자가에서 목숨을 잃었습니다. 그러니까, '사'적 이익을 추구하지 않은 예수님에게 우리의 '사'적 이익을 구하는 기도를 하는 것은 조금 맹랑합니다. 예수는 제자들에게 '자기를 부인(否認)하고 자기 십자가(十字架)를 메고 나를 따르라'고 가르쳤는데(마태복음 16:24), 우리 기독교인들은 사실 세상에서 '자기를 인정(認定)받고 자기 등의 십자가(十字架)를 벗고 싶다'는 기도를 하고 삽니다. 기독교인의 사(私)적 인생은 '자기 사랑'을 주장하고 기독교인의 초월적인 신앙은 '자기 부인'을 주장하며 서로 맞섭니다. '초월'은 '사'를 제한하려고 하지만 '사'는 '초월'을 이용하고 '사'의 욕망으로 '초월'을 오염시키려고 합니다. '초월'이 '사'를 제한하는 곳에서는 기독교 신앙의 힘이 나타나지만, '사'가 '초월'을 이용하는 곳 초월이 사에 의해 오염된 곳에서는 기독교 신앙이 욕을 먹고 수치를 당하게 됩니다.

② '사'에 오염된 '초월', '공'적 기능이 없는 교회

명성교회 세습사건, 사랑의교회 사건, 삼일교회 사건, 여의도순복음교회

사건 등 일련의 교회 스캔들에는 공통된 특징이 있습니다. 한국 기독교(개신교)의 대표적 교회, 교단연합체 및 문제된 목사님들의 행동과 사고가 한국 사회에서 시민(공민)들의 '공' 생활이 규율되는 원리와 그 수준에 엄청나게 못 미친다는 것입니다. 한국 개신교의 압도적인 현상인 개교회주의는 자연적으로 논리적으로 한국 개신교에 세상의 '사적(私的)' 요소를 깊숙이 심을 수밖에 없습니다. 개별교회는 경제적으로 하나의 경영단위로서의 성격을 가지고 있기 때문입니다. 여기에서 오히려 본의 아니게 '초월'이 긴밀하게 '사적'인 것과 결합되는 양상이 벌어집니다. 한국의 초대형교회 창립자의 가족들이 재벌그룹의 창업자 가족과 같은 행동양식을 나타낸 것이 그 극렬한 예입니다. 이 사례에서는 확실히 '초월'이 '사'에 압도당한 것으로 보입니다. 하나님을 찾는 '초월'적인 교회, 신도들이 모인 '공'적인 교회가 '사'적인 소유재산처럼 자녀에게 상속되는 교회세습 또한 초월이 사에 압도된 모습입니다. '공'이 '사'에 압도된 북한의 세습 공산주의와 '초월'이 '사'에 압도된 남한의 세습 기독교는 본질의 훼손이라는 점에서 공통점이 있습니다.

'초월'과 '공'의 관계에서 한 가지 특기할 만한 것이 있습니다. 개인의 이익과 욕망이 주도하는 '사'적 요소의 극단적인 전개를 경계하고 제한하는 '초월'의 자기부인 원리는, 사실 개개인의 신앙적 양심이나 주관적(主觀的) 각오보다도 개인의 '사'적 이익을 공동체적으로 제한하는 객관적(客觀的)인 사회의 '공'적, 정치적 기능에 의하여 더 잘 실현되고 있다는 것입니다. 공법(公法)의 처벌이 있으니 계명을 어기는 죄를 범하는 일이 무섭고, 공적(公的) 세금이 있으니 욕심 많은 개인의 지갑에서 고아와 과부를 돕는 사회의 복지 비용이 나오는 것이 '사'를 제한하는 '초월'과 '공'의 협력을 보여줍니다. '초월'과 '공'이 힘을 합하여 가장 힘이 센 '사'와 맞서는 셈입니다. 그러므로, '공(公)'의 활발한 협력 없이는 '초월'이 '사'를 제한하는 것이 사실상 불가능할 수 있습니다. 이 점은 '사'적 요소가 너무 강하고 '공'이 거의 무력해진 한국교회에서 '사'가 '초월'에 의한 제한을 받지 않고 오히려 '초월'이 '사'에 의하여 제약을 받는 현상과 연결됩니다.

만일 한국 개신교가 교회 내에서 보편교회(universal church)로서의 '공'적인 기능을 유지했다면 적어도 여의도순복음교회/삼일교회/사랑의교회/명성교회 사건과 같은 경우에 세상의 공적 기준에도 못 미치는 치리(治理)는 되지 않았을 것입니다. 당사자들과 개별교회는 신앙적 고난과 시험이라는 '초월'로 변명을 하지만, 당사자들이 아닌 사람들은 기독교 교인이거나 교인이 아니거나 모두 그것이 '사'적인 욕심의 문제라는 것을 다들 압니다. 결국 욕먹는 기독교(개신교)의 가장 큰 원인 중 하나는, 현재의 기독교(개신교)에 '공'이 없고 너무 팽배해진 '사'에 의해 기독교의 초월적 신앙이 오염된 것이라고 생각합니다.

맺음말 : 사와 공의 초월, 모든 영역에서의 회개

평신도의 입장에서 한국교회의 문제점에 대해서 말을 하는 것은 정말 조심스럽습니다. 첫째는 내가 잘 모른다는 생각 때문이고 둘째는 평신도 입장에서 무엇을 할 수 있겠는가 하는 막연함 때문입니다. 그러나, 한편 기독교 평신도들이 평소 세상의 먹고사는 일에 대해서는 각자 뚜렷한 소견이 있고 정치적 논쟁에 대해서도 치열한 정견을 표명하면서도, 교회와 신앙의 문제에 대해서만 아무 것도 모르는 사람처럼 침묵하는 것은 우리의 인생과 신앙에 대해서 너무 태만한 일이라는 생각이 들었습니다. 문제를 지적하는 것만으로는 의미가 없을 것이고, 뭔가 해결의 방향이 있어야 할 것입니다. 욕먹는 기독교에서 '욕하는 외부'를 대항하고 방어하는 것에 집중하는 것보다는 '욕먹는 내부'의 문제점을 확인하고 그것을 고치는 길을 찾아보는 것이 유익하다고 생각합니다.

자동차에서 옆에 오는 차를 보지 못하는 사각지대(死角地帶)처럼, 우리 기독교인들이 스스로의 문제점을 보지 못하는 블라인드 사이드(blind side)가 있습니다. 한국교회의 블라인드 사이드는「한국교회 및 기독교인들의 신앙이 '사(私)'에 치우쳐서, '공'적 감수성을 상실하고, 신앙의 '초월'적인 면을 왜곡하고 있다」는 것입니다. 이것이 이기적인 기독교, 사생활에만 집중하는 기독교, 정치적으로 편파적인 기독교, 공감능력이 약한 '긍휼이 없는 기독교'의 양상을 만들어 내고 있습니다.

여기에는 우리 기독교인 모두가 책임이 있습니다. 욕먹는 기독교의 문제를 야기한 목사님이나 장로님이나 교회들도 문제가 있지만, 침묵하며 따르며 신앙을 소비(消費)하는 800여만 평신도 모두의 책임이 더 클 수 있습니다. 기독교 지도자들은 신앙의 '초월'로 세상과 인생의 '사'와 '공'적인 문제들을 다 알고 있다는 판단에 대해서 조심스러울 필요가 있습니다. 특히 교계의 지도자들과 교회연합단체들은 일상적으로 정치적인 측면에서 한쪽으로 편향된 입장을 보이는 것이 수십만 수백만 기독교 평신도들을 시험에 빠뜨리고 하나님께 큰 손해를 야기할 수 있는 일이라는 것을 진지하게 고민해야 합니다. 평신도들은 자본주의적 소비자 신앙의 행태를 벗어나야 합니다. 수

많은 교회 중 맛있는 교회를 상품처럼 골라 설교와 신앙 서비스를 소비하며 사생활(私生活)에만 적용하는 소비적 신앙생활, 자기부인의 껄끄러운 씨름보다는 자기사랑의 응답에만 매달리는 사(私)적 신앙생활에서 벗어나는 길을 찾아야 합니다.

한국의 개신교회는 그동안 몇 십 년 간 교단의 세포분열과 일부 교회의 폭발적 성장을 따라 고착화된 한국의 개교회주의의 심각성을 인정해야 합니다. 교회의 건물이라는 벽을 넘어서 한국 개신교의 공교회성 보편교회성을 회복하기 위해서는 목사님들이나 교단들의 노력도 필요하겠지만 교회 운영과 교회 제도의 부담에서 비교적 자유로운 평신도들의 적극적인 분발과 연대가 필요합니다. 평신도들의 신앙은 개별교회 건물의 울타리를 벗어날 필요가 있습니다. 우선은 신앙의 주된 현장을 일요일/교회가 아니고 평일/자기의 생업의 현장으로 생각하는 사고의 전환이 필요합니다. 그리고 평신도들도 개별교회의 틀을 넘어 한국교회를 전체로서 바라보는 차원에서 서로 연대하고 진지하게 고민을 나누는 보편교회적 신앙실천의 길을 새로 개척해내는 것이 필요한 때입니다.

문제가 많이 나타나는 것은 사실 문제가 숨겨져 있는 것보다는 더 좋은 일입니다. 문제가 애매하면 고칠 수도 고치지 않을 수도 없지만, 문제가 분명해지면 고장 난 곳을 발견해서 고칠 수가 있기 때문입니다. '회개하라 천국이 가까이 왔다'는 예수님 말씀처럼, 기독교(개신교)인들에게 전면적인 회개와 회심이 필요합니다. 이 회개는 주관적이고 관념적이어서 잠깐 고양되었다가 조금 지나면 아무 차이가 없는 그런 회개가 아니고, 현실과 신앙을 종합해서 현실적으로 변화를 가져오는 객관적이고 구체적이고 진지한 회심이어야 한다고 생각합니다. 일시적 주관적 회심을 넘어서기 위해서는 기독교인의 '초월'적인 영역과 '사'적 영역과 '공'적 영역, 인생의 세 가지 영역 모두에서의 회개와 회심이 필요합니다. 각각 '하나님 사랑(초월)'과 '이웃 사랑(공)'과 '자기 사랑(사)'의 진정한 방향이 무엇인가에 대한 철저한 고민을 요구합니다.

'초월'적인 면에서의 회심이 필요합니다. '기독교인들의 자기사랑'에 너무 너그러운 편안한 기독교에서 '기독교인들의 자기부인'을 강력하게 요구하는 조금 불편한 기독교로 움직일 필요가 있다고 생각합니다. 기독교의 제1계명은 '하나님의 사랑을 받는 것'이 아니라 '하나님을 사랑하는 것'이기 때문입니다.

'공'적인 면에서의 회심이 필요합니다. 기독교인의 '공생활(公生活) 원리'를 새로 만들어서 서로 배우기 시작하는 일이 절실하게 필요한 시점입니다. 사(私)적인 '이웃 사랑'을 넘어 공(公)적인 '이웃사랑'의 영역으로 움직여야 합니다. 점잖고 착한 크리스천은 세월호 사고에서 무능하고 무책임한 담당자와 공직자로 귀결됩니다. 나의 삶과 직업을 통해서 이웃의 삶과 안전과 자유를 지킬 수 있는 공적 이웃사랑이 '하나님의 뜻을 이 땅에 이루는' 주기도문의 실천이 될 것입니다.

'사'적인 영역에서의 회심이 필요합니다. 이것이 가장 어렵습니다. 모든 사람을 지배하고 규정하는 '자기사랑'을 어떻게 다루는가 하는 문제이기 때문입니다. 사람이 먹고사는 일인 '사'의 힘, '자기 사랑'의 힘은 마치 '날뛰는 호랑이'처럼 너무 세서 기독교 신앙의 '초월'조차도 기독교인의 '사'의 고삐를 잡아 통제하는 것이 어렵습니다. 그러므로, **기독교인과 교회에서 '사'적**

자기사랑이 '초월'적 자기부인을 이기고 있다는 사실(事實) 그 자체를 인정하는 것이 '사'적 회심의 출발점이라고 생각합니다.

사적(私的) 기독교를 지향하는 보수적 태도는 마치 '날뛰는 호랑이(사적 욕망)를 너무 사랑하다가 그 호랑이에게 잡아먹히는' 것과 같습니다. 반면 공적(公的) 기독교를 지향하는 진보적 태도에도 '날뛰는 호랑이(사적 욕망)의 힘을 무시하다가 그 호랑이에게 잡아먹히게 되는' 위험과 한계가 있습니다. 사적(私的) 기독교를 극복하려는 공적(公的) 기독교 지향이 먹고사는 경제생활에 종사하는 대다수의 '사적' 기독교인들의 고민과 갈등을 담아내지 못하면 다시 '다수의 사적 기독교인과 소수의 공적 기독교인'이라는 기성의 체계를 고착화시킬 수도 있습니다.

욕먹는 기독교를 만든 것은 '사'와 '공'과 '초월' 사이의 혼동이고, 이 혼동은 특히 '공'과 '초월'을 압도한 '사'-자기사랑의 힘으로 인한 것입니다. 그러므로, 욕먹는 기독교를 극복하고 기독교 신앙의 '초월'과 '공'과 '사'의 관계를 재정립하기 위해서는, 모든 문제를 야기한 가장 강력한 요소인 인간의 자기사랑 즉 인생과 교회의 '사'적 측면을 어떻게 잘 다룰 것인가 하는 문제에 대한 진지하고 정확한 연구와 노력과 실천이 필요한 상황입니다.

5장
기독교인들 신앙의 현실 – 위로받는 신앙의 과잉(過剩)

평신도의 믿음 – 위로받는 믿음 vs. 씨름하는 믿음

　기독교인의 대부분을 차지하는 우리 평신도들의 믿음에는 '위로받는 믿음'과 '씨름하는 믿음'이 있습니다. 우리의 믿음은 '위로받는 믿음'에서 시작해서 '씨름하는 믿음'으로 나아갑니다. 오늘날 한국교회(개신교) 평신도 신앙의 가장 핵심적인 문제점은 '위로받는 믿음'만을 구하고 '씨름하는 믿음'을 찾지 않는 것입니다. 그리고 오늘 한국교회의 가장 큰 문제점 또한 '위로받는 믿음'만을 가르치고 '씨름하는 믿음'을 가르치지 않거나 가르칠 능력이 부족하다는 점으로 느껴집니다.

　'위로받는 믿음'은 거친 세상의 풍파 속에 갇혀서 절망하는 인간을 보며 슬퍼하고 손을 내밀어 구원해 주는 예수님의 사랑을 표현합니다. '씨름하는 믿음'은 그렇게 구원된 사람을 십자가와 자기부인(自己否認)의 길로 이끌어, 여전히 풍파가 이는 세상의 압도적인 힘과 가치관에 휩쓸려 살아가지 않도록 믿는 사람의 팔과 다리와 머리의 힘줄을 더욱 강하게 만들어 주는 예수님의 '더 큰' 사랑을 표현합니다. 그러니 위로받는 믿음은 예수님의 십자가 아래 평안히 누워 쉼을 누리는 기독교인의 모습을, 씨름하는 믿음은 예수님의 뒤를 따라 일어서서 자기의 십자가를 지고 자기의 인생을 씨름하며 살아가는 기독교인의 모습을 보여줍니다.

만일 우리들의 신앙이 계속 위로받는 신앙에서 시작하여 위로받는 신앙만을 반복하여 추구하는 상태로 머물러 있게 된다면, 한국교회는 생기와 자부심과 존경을 잃고 제 때에 열매를 맺지 못하는 무화과나무처럼 시들어갈 것입니다.

그러나, 이제 겨우 백 수십 년의 역사밖에 갖지 않은 젊고 팔팔한 한국 기독교가 이대로 시들어 버린다면 우리도 억울하고 하나님도 억울합니다. 수많은 문제점과 스캔들과 답답함과 분열과 지리멸렬과 압도적인 이기주의에도 불구하고, 한국교회에는 아직도 이제 막 구원받은 사람들의 감격과 기쁨의 에너지가 강력하게 살아있습니다. 이 강력한 믿음의 에너지가 안타깝게도 지금 『'예수님이 주시는 평안'을 타고 '세상이 주는 평안'을 추구하는』 '위로만 받으려는 믿음'의 울타리, '위로받는 믿음'의 감옥(監獄)에 갇혀 있는 것으로 보입니다. 한국교회의 에너지가 강력하니 그것이 왜곡되게 발현되는 이기적 양상도 강력하고 폭발적입니다. 잘못된 방향으로 묶이고 갇혀 있는 신앙 에너지의 해방(解放)이 필요합니다. 우리들의 신앙이 '위로만 받는 신앙'에서 '씨름도 하는 신앙'으로 방향을 전환할 수 있다면, 우리는 우리 믿음과 교회의 자랑과 자부심을 되찾을 수 있을 것이라고 저는 믿습니다.

이 일을 위해서는, 목회자들뿐만 아니라, 그동안 '가만히' 있었던 평신도들 입장과 관점에서의 적극적인 고민과 토론과 연구와 연대와 행동이 필요합니다. 그 이유는 첫째 한국교회의 평신도들이 계속하여 위로만 받는 신앙을 추구한다면 목회자 등 교회 지도자들이 그 어떤 노력을 한다 해도 아무 소용이 없을 것이기 때문이고, 둘째 세상 속에서 살아가는 한국교회의 평신도들이 세상 속에서 '씨름하는 신앙'의 구체적인 모습과 내용을 만들어내는 일에 앞장서서 나서지 않는다면 목회자와 신학자들의 노력만으로 그것을 대신 만들어내기가 어렵기 때문이며, 셋째 목회자들만이 주도하고 평신도들은 수동적으로 따라가기만 하는 사제주의적 신앙생활의 행태는 확실히 성경의 가르침에도 맞지 않고 만인제사장주의를 주장한 개신교(프로테스탄트)의 출발 이념에도 맞지 않으며 현실세계의 신앙적 조건에도 맞지 않는 것으로 보이기 때문입니다.

평신도 신앙의 현실 분석
– '위로받는 믿음'의 과잉(過剩)과 '씨름하는 믿음'의 결핍(缺乏)

1. 평신도 신앙의 두 국면Phase – '만나는 신앙'과 '살아가는 신앙'

① 평신도 믿음 생활의 첫 번째 국면 – 고독한 인간이 하나님을 만나는 신앙

세상은 거칠고 악하고, 인간은 연약하고 또 이기적입니다. 그래서, 인생은 고독하고 힘이 듭니다. 무한 경쟁의 세상은 사람들을 이리저리 몰아대면서, 삶을 고통스럽게 만듭니다. 삶의 고통과 고독은 빈부귀천을 가리지 않습니다. 가난한 사람은 삶의 고통을 좀 더 솔직하게 직면하고, 부유한 사람은 삶의 고통을 세상의 자랑으로 덮어버리려고 하지만, 이것도 만족이 불가능한 쉬지 않는 갈증에 지나지 않습니다. 연약하고 불완전한 인간은 남녀노소를 가리지 않고 끊임없이 서로에게 상처를 주고 상처를 받습니다. 사람들

은 술집에서 노래방에서 끊임없이 인생의 고독과 고통에서 자기를 구원해줄 '사랑'을 애타게 노래합니다. 그러나, 사람은 누구에게도 다른 사람을 구원해줄 만한 실력이 없습니다. 모두가 다른 사람의 완전한 사랑을 받고 싶어하지만, 누구도 다른 사람을 완전히 사랑해 줄 능력이 없습니다. 결국 모든 사랑 노래는 오히려「오지 않는 사랑」의 안타까움과「떠나버린 사랑」의 슬픔만을 애절하게 노래합니다. 우리는 세상에서 사람에게 위로받기를 원하지만, 온전한 위로를 받는 것은 거의 불가능합니다. 물론 우리는 서로 해치기만 하는 것이 아니라 서로 돕기도 합니다. 그러나, 이것이 수시로 우리를 더 힘들게 합니다. 거칠고 차가운 눈초리가 난무하는 세상에서 뜻이 통하는 친구들과 나누는 다정한 시간과 부모자식 간의 살가운 보살핌, 그리고 부부간, 남녀간의 친밀한 동행관계가 없다면 사람은 아예 숨을 쉬고 살아가는 것 자체가 불가능할 것입니다. 그러나, 이 모든 우정과 애착관계는 영원하거나 온전하지 않고, 마치 양날의 칼처럼 우리를 심하게 할퀴고 넘어지게 하기도 합니다. 가장 강력한 사랑의 원천이자 인생의 존립 자체를 가능하게 만드는 가족관계는 동시에 인생의 가장 깊고 오래가는 상처들을 만들어 내는 갈등과 고통의 생산 공장(工場)이기도 합니다. 같은 뜻으로 통하여 서로를 기뻐하던 동료와 동지들도 시간이 흐르면 점점 뜻이 갈라져 부딪치고 싸우는 비난과 논쟁의 대상으로 변합니다. 내가 극도로 힘들어지면 다정한 친구들도 나를 도와줄 능력이 없고, 친구가 극심하게 힘들 때 우리는 벗에게 손을 내어줄 자신이 없습니다. 그러니 이 세상에는 우리가 넘어지고 부러지고 무너질 때, 우리를 도와주고 우리를 일으켜 세워줄 힘이 있는 사람이 없습니다.

바로 이 때에 우리는 하나님을 만나고 예수님을 만나고 성령을 경험하니다. 고독한 인생의 실존(實存)이 하나님을 만나서 '위로받는 믿음'은 '(세상에서) 죽었던 내가 (믿음으로) 살아나는' 감격과 기쁨을 줍니다. 더이상 사람에게서 불완전한 위로를 받으려고 애쓰고 기댈 필요가 없어집니다. 하나님에게로 나와서 강력한 평안과 위로를 받을 수 있다는 자신감과 해방감이 있기 때문입니다. 그래서, 하나님을 만나서 위로받는 믿음은 우리 믿음의 출발점이 되고, 우리가 교회로 모이는 이유가 됩니다. 하나님을 만나서 위로받는 믿음의 분량은 첫 만남의 일회적 감격과 기쁨만으로 충분하지가 않습니다. 고독하게 살아가던 인생의 기간과 무게만큼 상당기간 반복적인 하나님의 위로를 경험하는 것이 필요합니다. 그래야만 우리 인생의 깊고 누적된 고독과 상처가 치유를 받고 건강한 영혼을 회복할 수 있게 됩니다. 처음 믿음을 가진 후 초심자 시절 몇 년 동안 우리가 전혀 지루해 하지 않고 (미친 듯이) 열심히 예배와 기도와 성경 말씀에 매달리는 이유는 바로 이것입니다. 떡을 먹는 것보다 말씀을 먹는 것이 더 달콤합니다. 이 기간 중 우리는 세상에 있어도 우리의 마음은 세상에 있지 않습니다. 하나님을 믿는 감격만이 중요하고 세상이야 어찌되었든지 별 상관이 없다는 생각으로 살아가게 됩니다. '나와 세상은 간 곳이 없고 구속(救贖)한 주(主)만 보이는' 우리 신앙의 첫 번째 국면입니다.(새찬송가 288장)

② 평신도 믿음 생활의 두 번째 국면 - 믿는 자로 세상에서 다시 살아가는 신앙

이제 하나님을 알고 믿음으로 많은 위로를 받은 기독교인이 되었습니다. 그런데, 아무리 하나님의 사람이 되었어도 세상에서 먹고는 살아야 합니다.

혼자서도 먹고 살아야 하고 가족이 생기면 먹고 사는 부담이 더 커집니다. 원하는 학교에도 진학해야 하고 취직도 해야 하고 장사도 해야 하고 주변 사람들과 경쟁도 해야 하고 직장에서 승진도 해야 합니다. 거룩한 일에 바치는 시간보다 세상에서 먹고사는 일에 바치고 투자하는 시간이 훨씬 많습니다. 그러지 않고는 나와 내 가족의 생활을 영위하는 것이 불가능합니다. 이것이 하나님을 믿는 평신도의 인생입니다.

믿음을 가지고 세상에 나갑니다. 변한 사람이 되어 변하지 않은 인생을 살아갑니다. 이제는 '세상도 돌아오고 나도 돌아온 상태에서 구속한 주님을 보아야' 합니다. 이것이 우리 평신도 신앙의 두 번째 국면입니다. 이제 믿음의 황홀경은 지나갔습니다. 온탕과 냉탕을 오고 갑니다. 신앙의 상태가 좋아졌다 나빠졌다 합니다. 세상과 교회 사이에서 끼어 삽니다. 말씀으로만 사는 것이 아니라 떡도 있어야 삽니다.

믿는 사람이 되고 나서 세상의 일을 하면, 안 믿을 때보다는 덜 고독하고 더 평안하고 안정감이 생기는 것은 분명합니다. 그러나, 인생의 고통과 고독과 풍파는 다시금 믿는 사람에게도 어김없이 닥칩니다. 우리를 괴롭히고 몰아대는 세상은 믿기 전이나 믿은 후에나 변함이 없고, 연약하고 이기적인 우리의 기질도 믿기 전이나 믿은 후에나 큰 차이는 없기 때문입니다. 그래서, 우리는 믿은 후에도 세상과 부딪히고 아내와 싸움질을 하고 자녀들을 몰아대고 친구와 직장의 동료와 세상의 정적(政敵-정치적 반대파)들을 미워하고 감정적으로 대립합니다. 믿는 사람이 되었기 때문에 덜 힘들기도 하지만, 믿는 사람이 되었기 때문에 더 한심하기도 합니다. 믿기 전의 인생은 고통스러웠지요. 믿은 다음의 인생도 비슷하게 고통스럽습니다. 믿기 전의 인생은 고독했습니다. 믿은 후의 인생도 (하나님을 만나는 시간을 빼놓고는) 거의 고독합니다. 믿기 전의 세상은 우리에게 가혹했습니다. 믿은 후의 세상도 우리에게 여전히 냉정합니다. 믿기 전의 나는 불안하고 위험했습니다. 믿은 후의 나도 불안하고 위태롭습니다. 뭔가 '바뀐' 것은 분명한데 세상의 풍파와 인생의 힘겨움은 별로 변하지 않습니다. 한마디로 말해서 믿기 전에도 사는 것은 매우 힘들지만 믿은 후에도 사는 것은 아주 힘이 듭니다. 그래서, 우리에게는 하나님을 만나 '위로받는 믿음'이 죽을 때까지 지속적으로 필요합니다. 이것이 없이는 우리가 살아가기가 어렵습니다. 믿기 전에도 눈물을 흘렸고, 믿을 때에도 눈물을 흘렸지만, 믿은 뒤에도, 아주 오래 믿은 후에도 우리는 눈물을 흘리게 되기 때문입니다.

대부분의 믿는 이들에게는 바로 이 '위로받는 믿음'의 간증이 차곡차곡 쌓여 있습니다. 그러므로, 거칠고 악한 세상 속에 사는 연약하고 불완전한 인간에게 '위로받는 믿음'은 믿음의 시작이자 필수적인 실존적 믿음의 원천으로 됩니다. 지금 아무리 한국교회가 욕을 먹어도, 지난 백 수십 년간 땀과 기도와 헌신으로 쌓아올린 한국교회(개신교)에는, '망국(亡國)과 식민지와 분단과 전쟁과 독재와 가난'이라는 인간사(人間事)의 모든 괴로움을 한데 모아 극단적으로 고통스러웠던 우리 현대사(現代史)와 동행하면서, 그 속에서 무너지고 넘어지고 쓰러지고 절망하고 지치고 몸부림치며 울부짖는 수많은 사람들의 손을 잡아주고 눈물을 닦아주고 하나님을 아는 기쁨으로 인생을 감당하게 해 준 '위로받는 믿음'의 위력과 공덕(功德)이 있습니다. '위로받는 믿음'의 일탈이나 부작용에도 불구하고, 우리가 신앙의 출발점이자 기반(base)인 '위로받는 믿음' 그 자체를 경시하거나 부정하게 되면, 우리의 믿음은 너무 건조(dry)해지고 물이 빠진 시들은 가지처럼 에너지를 잃고 비틀거릴 가능성이 있습니다. 자, 이 점을 분명히 해두고! 이제 '위로받는 믿음'의 지나친 반복과 재생으로 인한 왜곡과 부작용에 대한 검토로 넘어가 보겠습니다.

2. '위로받는 믿음'의 과잉으로 인한 왜곡 ①-'세상의 위로'를 구하는 평신도 신앙

모든 좋은 것에는 악이 달라붙습니다. 의도적인 잘못이 있든지 의도적인 잘못이 없든지, 우리를 살리는 좋은 것은 잠시 긴장을 푸는 사이에 나와 우리를 죽이는 악을 만들어냅니다. 항생제는 바이러스로부터 우리 몸을 지켜주지만, 너무 많은 항생제는 우리 몸의 면역체계를 무너뜨립니다.

우리가 경험하는 '위로받는 믿음'은 그 속성상 '하나님'과 '나'와의 만남이라는 개인적 성격을 강하게 가집니다. 세상에서 무너진 사람이 믿음으로 다시 살아나 하나님의 품에 안긴 아이처럼 위로를 받는 우리 믿음의 첫 번째 국면(1st phase)에서는 당연히 '위로받는 믿음'의 개인적 요소가 절대적입니다. 마땅히 믿음의 젖을 먹고 믿음의 걸음마를 배우고 서서히 믿음의 이유식을 먹고 세상으로 나갈 준비를 하는 기간이 필요합니다. 어린 아기에게 세상에 나가서 돈을 벌어오라거나 세상과 삶의 부조리와 싸우라는 것은 비현실적이고, 어린 아이에게 자기를 부인하고 자기 십자가를 지라고 얘기해도 도대체 무슨 얘기인지 알아먹기가 어렵기 때문입니다.

이제 믿음을 가지고 다시 세상으로 나아가 세상 속에서 부대끼며 살아가는 평신도 믿음의 두 번째 국면이 문제로 됩니다. 믿는 자의 인생도 힘겨우므로 믿음을 가진 후에도 '위로받는 신앙'이 계속 필요하다는 점은 앞에서 살펴본 바와 같습니다. 문제(問題)의 핵심은 이 단계에서도 우리들 평신도 신앙의 대부분은 '위로받는 믿음'만을 끊임없이 반복하여 구하는 무한재생의 양상을 보인다는 것입니다. 믿음의 유아기를 지나면 믿음을 가지고 세상에 나가서 세상의 물결에 맞서 씨름하고 싸워야 하는데, 믿음의 청장년기, 믿음의 성년기에도 싸우지는 않고 자꾸 세상에 얻어맞고 돌아와 하나님께 위로해 달라고만 합니다. 여기에서 아름답고 좋은 '위로받는 믿음'의 남용과 오용으로 인한 문제점과 신앙의 왜곡이 나타납니다.

우리가 '위로받는 믿음'만을 계속 추구하면, 우리 평신도들이 신앙으로 구하는 위로의 내용이 갈수록 그 질이 떨어지고 세상적인 가치로 가득 채워지게 됩니다. 사람이 처음 하나님을 만날 때 평신도 믿음 생활의 첫 번째 국면에서 얻는 위로는 '하나님의 존재' 그 자체입니다. 이 위로에는 한 사람 인생의 고통과 고독 그 전부의 중량이 담겨 있습니다. 마치 '존재(存在)'의 혁명과도 같습니다. 이 위로는 고상하고 거룩하고 아름답고 결정적입니다. 이구원의 위로에는 인생의 세세한 내용과 요구와 이익이 별로 끼어들지 않습니다. 이것이 사람과 하나님 사이의 아름다운 첫사랑입니다.

이제 평신도 믿음 생활의 두 번째 국면에서는, 이 위로의 내용에 조금 변화가 생깁니다. 믿음으로 살아난 사람이 다시 세상에 나가서 남들과 똑같이 일하고 먹고 가르치고 다투면서 살아갑니다. 믿음은 결정적인 약이지만 만병통치약이 아니기 때문에, 우리는 취직과 학업과 직장과 사업과 사회생활과 건강상으로 여전히 힘들고 답답하고 어려운 일들을 경험합니다. 아버지(하나님)가 없었을 때에는 혼자서 울고 몸부림쳤었는데 이제 믿을만한 아버지가 있으니 교회로 와서 기도를 하면서 이 세상적 어려움들에 대한 하나님의 위로를 구합니다. 믿음을 시작한 처음에는 세상의 것들을 허무하게 여기고 하나님만을 구했습니다. 그러나, 이제는 서서히 세상의 것들을 다시 찾아서 십자가에서 돌아가신 예수님의 이름으로 하나님에게 구합니다. '취직과 성적을, 재물과 안정을, 직장과 사업의 성공'을. 어떤 사람은 노골적으로, 어떤 사람은 조심하면서, 그리고 어떤 사람은 하나님의 영광을 드러내기 위한 것이라고 하면서…….

솔직하게 말해서, 우리가 아무리 어마어마한 믿음을 가졌다 하더라도 우리 삶의 현실적 실존적 과제들을 가지고 하나님께 나와 기도하고 구하는 것 자체를 비난하기는 어렵습니다. 어떻게 우리가 고상하고 우아하고 (다소 가식적인) 기도만 하고 살 수 있겠습니까?

그러나, 우리가 정색을 하고 따져 보아야 할 문제는, 과연 '우리의 현실적 과제와 세상적 소망에 대한 기도를 하나님께서 들어주셔야 하는가?' 라는 질문입니다. 기도를 하는 것은 우리의 자유(自由)이지요. 기도를 들어주시고 말고는 원칙적으로 하나님의 자유입니다. 하나님께서 들어주실 필요가 없는 것에, 우리가 매달리고 하나님의 은혜를 억지로 끌어오려는 것은 어리석고 잘못되고 참람한 것입니다. 이 질문은 우리들이 교회와 신앙모임과 개인 기도의 시간에 수없이 반복해서 물어보는 것이지만, 사실 그 대답은 성경에 거의 100% 분명하게 제시되어 있다고 생각합니다. 자기의 독생자를 세상의 모든 영광을 버리고 십자가에서 비참한 사형수로 돌아가시게 한 하나님께서, 그 예수님의 이름으로 우리의 세상적인 성공과 자랑과 명예에 대한 요구를 무조건 들어주실 필요나 의무는 존재하지 않는다는 것입니다. 예수님을 믿는 우리는 세상에서 분투하고 실패하고 갈등하고 싸우고 좌절하고 다치고 아프다가 병들어 죽을 것입니다. 이것이 우리 신앙이 직면할 현실입니다. 하나님의 힘으로, 예수님의 이름으로 우리가 이 일들을 쉽게 회피할 수 있다는 생각은? 기독교 신앙이 아니라고 생각합니다.

이것은 조금 어렵고 빡빡한 얘기지만, 원칙적으로 '믿음은 믿음이고 취직은 취직'이며, '믿음은 믿음이며 성적은 성적'이고, '믿음은 믿음이고 생업은 생업'입니다. 하나님의 전지전능이 '나'를 위해서 동원되어야 하는 것은 아닙니다. 믿는 사람이 눈물로 기도한다고 해서 하나님이 특정한 일자리에 믿는 사람을 취직시켜야 하는 것은 아닙니다. 기도 많이 하고 신앙 좋은 사람이라고 해서 좋은 성적을 받고 세상과 직장에서 잘 풀리게 만드셔야 하는 것도 아닙니다. 착하고 봉사하는 기독교 신자라고 해서 그가 대통령과 국회의원 선거에서 이기도록 밀어주셔야 하는 것도 물론 아닙니다.

세상의 사적 경제생활과 공적 사회정치생활에는 각각 그 자체의 고유한 작동원리와 운동법칙이 존재합니다. 우리는 예수님께서 가르쳐주신 주기도문에 따라 '우리에게 일용할 양식을 주옵소서.'라고 짧게 기도를 하고 곧바로 세상에 나가 세상의 법칙에 따라 내 팔과 내 다리와 내 머리를 쓰면서 착실하게 일을 해야 합니다. 일의 산출물이 많거나 성과가 좋으면 감사하고 일의 산출물이 적거나 성과가 좋지 않으면 감당해야 합니다. 개인적으로는 열심히 일하고, 사회의 구조적 잘못은 집단적으로 다투고 고쳐야 합니다. '결과가 좋은 것-세상의 자랑이 많아지는 것'은 원칙적으로 하나님의 축복의 결과가 아니라 하나님이 조심하라고 경계하신 세상사랑('the boasting of what you have and what you do'-요한일서 2:16-17)으로의 유혹입니다. '결과가 안 좋은 것-세상의 자랑이 적어지는 것'은 하나님의 저주나 무관심의 결과가 아니라 오히려 하나님의 나라의 정신(spirit)에 더 가까이 다가가게 하는 가난한 사람의 복(누가복음 6:20)입니다. 서점의 기독교 코너에 넘쳐나는 축복과 성공의 간증 스토리들 중 상당수는 '먼저 하나님 나라와 그의 뜻을 구하는' 스토리가 아니라 '먼저 자기 나라와 자기의 뜻을 구하는' 성공담들입니다. '하나님의 영광스러운 일을 위하여 나를 세상 속에 높이 들어 올리셨다.'는 주장은 대부분 거짓말이거나 자기기만일 가능성이 큽니다. 미안한 이야기지만, 쓰는 사람도 거짓이고 파는 사람도 거짓이고 사는 사람도 거짓이고 읽는 사람도 거짓일 가능성이 높습니다. 그냥 '내가 열심히 공부해서 좋은 대학에 갔다' '내가 열심히 일을 해서 돈을 많이 벌었다'라고 얘기하는 것이 솔직하고 정확합니다. 내가 하나님께 열심히 기도해서 좋은 대학에 갔고 열심히 교회 봉사해서 사업에 성공했다는 것은 기독교신앙의 간증이 아니라 성공신앙의 간증입니다.

기독교인이건 기독교인이 아니건, 주어진 사회와 인생의 조건에서 잘 먹고 잘 살기 위해 애를 쓰는 것, 우리가 좋은 학교에 가고 좋은 직장을 얻고 경제적으로 성공을 이루고 사회적 명예를 얻기 위해 노력하는 것 그 자체가 잘못된 것인지, 그것을 금지하고 억제하는 것이 가능한지, 또 그것을 억제하는 것이 바람직한 것인지는, '솔직히' 잘 모르겠습니다. '사람은 그것을 원하지만, 하나님은 그것을 경계하신다는 것', 이 문제에 대한 '사람의 이해관계와 하나님의 이해관계가 다르다'는 것까지는 알 것 같습니다. '인간의 자유'와 '하나님의 자유'라는 관점에서 본다면, 세상적 성공과 안정을 바라고 기도하는 것은 어느 정도 우리들의 자유이고, 그런 기도들을 무시하거나 무관심하거나 배척하시는 것은 하나님의 자유입니다. '하나님이 우리를 세상으로부터 자유롭게 해방시켜 주셨던 '위로받는 믿음'의 시작이, 그 과잉된 재생 반복을 통하여 거꾸로 '우리가 하나님을 세상적 욕망에 비끄러매어 끌어당 기려는' '위로받는 배신(背信)'으로 끝날 수 있습니다. 저를 비롯해서 세상의 모든 진지하고 착한 기독교 평신도들은 이 점을 심각하게 고민해야 합니다. 우리가 잘 믿는다고 하면서 하나님을 만만하게 생각해서는 안 된다고 생각 합니다.

3. '위로받는 믿음'의 과잉으로 인한 왜곡 ② - '세상과 화합하는 평신도 신앙'

'위로받는 믿음'의 과잉은 우리의 신앙을 '하나님을 만나는 거룩한 위로' 에서 '하나님께 구하는 세상적 위로'로 변질하게 만들었습니다. 평신도 믿 음의 첫 번째 국면의 위로는 '세상의 헛됨을 알고 하나님을 구하는 것'이었 는데, 두 번째 국면의 위로는 '세상의 헛된 것을 하나님께 구하는 것'으로 역 전되어 버렸습니다.

이것이 자연스럽고 논리 필연적으로 세상과 완벽하게 일치하고 화합하 는 기독교 신앙, 세상에 대해서 아무런 긴장과 갈등도 느끼지 않는 평신도의 신앙을 만들어냅니다.

첫 번째 위로에서는 하나님과 세상이 혁명적으로 대립하였는데, 두 번째 위로에서는 하나님과 세상이 사이좋은 동맹관계로 변했습니다. 마치 물이 포도주로 변하는 것 같은, 아니 정확하게 말한다면 포도주가 물로 변하는 것 같은 놀라운 기적입니다. (이것은 신학적인 차원이 아니라, 평신도의 체감적 신앙 차원에서의 진술입니다.) 이 기적의 결과 '우리가 하나님을 믿는 신앙' 과 '우리가 세상을 따라 구하는 모든 것들' 사이에 존재했던 긴장은 거의 다

해소되어 버립니다. 한량이 없으신 하나님의 '사랑'이 이것을 가능하게 한다는 오해가 일어나고, 여기에 '축복'이라는 단어가 주문(呪文)처럼 사용됩니다.

세상이 우리에게 요구하는 것이자 우리가 세상에서 구하는 모든 것, 즉 사적·경제적 생활영역에서의 성공과 공적·정치적 생활영역에서의 성공, 좋은 점수와 진학과 좋은 직장에의 취직과 경제적 성공과 사회적 성공과 명예와 권력은 모두 갈등 없이 우리의 기도 제목이 되고 사랑이 많으신 하나님이 우리에게 부어주시는 축복의 대상이 되었습니다. 하나님의 축복으로 믿는 자들이 물질적 성공을 누리고 세상의 큰 사람이 됩니다. 의식적이든 무의식적이든 아주 교묘하고 정교한 개념조작을 통하여 우리는 '하나님의 영광을 위하여 세상의 영광을 구하고' '하나님의 일을 하기 위하여 세상의 영향력을 추구합니다.' 하나님을 믿는 기독교 신앙과 세상을 믿는 맘몬 신앙의 완벽한 통일이요 일치요 화합이요 통합이요 화목이 이루어집니다. 우리 신앙의 이러한 변질과 왜곡에 대한 책임은 첫째 '입으로 시인하고 마음으로 믿어 구원을 받았어도' 여전히 남아있는 우리 평신도들의 이기적인 본성과 연약한 종교성 탓일 것이고, 둘째는 이러한 이기심과 종교성을 방조·조장해온 한국 교회와 강단의 잘못이라고 생각합니다.

세상과 기독교의 이 완벽한 통일을 가로막는 단 하나의 장애는, '세상의 형통 때문에 하나님을 믿지 않는 것' '세상의 형통 때문에 하나님을 덜 열심히 믿는 것'입니다. 이 장애를 피하는 것은 일차원적으로 간단합니다. 세상의 형통을 누려도 계속 하나님을 믿고 교회를 열심히 다니기만 하면 됩니다. 이것은 쉽고 논리적으로도 자연스럽습니다. 하나님의 축복으로 세상의 축복을 받았으니 하나님께 감사하고 더 열심히 하나님을 믿고 전도하고 구제하고 봉사하지 않을 이유도 없습니다. 조금 시니컬하게 말한다면 '하나님이 1등, 세상이 2등'이라고 마음으로 믿고 입으로 시인해서 순서만 바꾸지 않으면 안전합니다.

정의(definition)가 모호하고 열린 개념(open concept)인 '축복(祝福)'이라는 말은 블랙홀(Back Hole)처럼 하나님과 세상, 기독교의 믿음과 세속적 욕망을 모두 빨아들여 뜨거운 열로 용해시키고 하나로 합일시켜 버립니다. 이렇게 보면 얼핏 이상해 보이는 일들도 전혀 이상한 일이 아닌 것으로 이해가 됩니다. 하나님의 축복을 사모하고 자랑하는 사람들이 한국경제의 성장이라는 축복의 주역으로 박정희 대통령의 초상화를 모시고 찬양하는 예배를 드리는 것도 이상한 일은 아닙니다. 어찌 되었든지 하나님을 믿기만 하면 됩니다. '우리에게 물질적 축복을 내려주신 하나님'을. 기독교 지도자들이 한국경제의 축복을 자랑하며 자본주의를 절대시하는 것도, 경제성장에 더 초점을 두는 보수정당을 격렬하게 지지하는 것도 같은 맥락의 일입니다. 개별교회가 누리는 인적 성장과 물적 성공의 영적 축복은 세상에서 사람들이 누리는 물질적 성장과 사회적 성공이라는 경제적 정치적 축복과 다분히 닮은꼴입니다. 기독교를 탄압하지만 않으면, 교회가 이 세상의 권력과는 싸울 일이 없습니다. 독재정권이라도 기독교의 활동과 선교와 전도에 협조적이기만 하면, 교회는 이 세상의 권력을 축복하고 격려하고 친근하게 동맹하고 동행합니다.

이상합니다. 이상하지 않습니까? 이상해야 합니다! 세상은 예수님을 십자가에 매달아 처형했는데 예수님을 믿는 우리가 세상을 이렇게 편안하게 사랑해도 되는 것은 이상합니다. 예수님은 우리더러 자기를 부인하고 각자 자기의 십자가를 지고 예수님을 따르라고 하셨는데, 기독교를 탄압하지 않는 대한민국에서는 뭐 우리가 지고 갈만한 마땅한 십자가가 없습니다. 교회 일에 열렬히 봉사하는 것, 믿는 일에 최대한의 시간을 내는 것, 이 정도가 그나마 평신도가 쓸 만한, 기독교인들이 질 만한 십자가입니다. 그러나, 솔직하게 말해서, 이것은 믿는 자로서 그렇게 힘든 일은 아닙니다. 교회 일 믿는 일에 열심을 내는 것은 주고받는 기브앤테이크(give and take) 식의 계산으로도 우리에게 별로 손해가 나는 일이 아니기 때문입니다.

세상과 화합하는 믿음은 예수님과 성경의 어려운 말씀들을 모두 쉽게 만들어서 희석해 버립니다. '회개하라'는 말씀은 불신자에서 돌이켜 예수님을 믿으라는 의미로만 해석합니다. '하나님 나라'는 '믿는 사람들이 모여 있는 곳, 즉 교회당'으로만 생각합니다. 그러니 교회를 다니기만 하면 됩니다. '세상을 사랑하지 말라'는 요한일서의 말씀은 '세상을 너무 사랑하지 말라'는 말씀으로 제한해석하고 조금씩 자제하면 됩니다. 이건 너무 쉽습니다. 믿음이 이 정도로 편안한 일이라면 예수님이 왜 십자가에 매달려 온갖 수모와 고통을 받으면서 피를 흘리며 돌아가셔야 했는지, 조금 억울하지 않습니까?

하나님과 세상의 완벽한 일치와 화합, 세상과 갈등하고 긴장하지 않는 편안한 믿음은 성경이 가르쳐주는 기독교 신앙의 내용이 아닙니다. 세상과 화합한 믿음은 세상의 길에서 돌이켜 '회개하라'는 예수님의 말씀을 이해하려고 하지 않습니다. '세상을 사랑하지 말라. 육체의 정욕과 안목의 정욕과 이생의 자랑을 추구하지 말라'는 성경의 말씀(요한일서 2:16-17)도 진지하게 따르고 싶어 하지 않습니다. 자기를 부인하는 일보다는 자기를 인정받고 싫어 하고, 자기의 십자가를 지기보다는 자기의 십자가를 벗어버리려는 소원을 갈구합니다. 십자가에서 돌아가신 예수님을 믿는다고는 하지만, 그 믿음에는 무슨 실질적인 내용물이 별로 들어있지 않아 보입니다.

이렇게 얘기한다고 해서, '우리가 세상의 일들, 세상의 가치들에 대한 집착과 욕망을 완전히 벗어나서 살 수 있다, 완전히 벗어나야 한다.'고 주장하는 것은 아닙니다. '긴장이 필요하다'는 것입니다. 세상의 법칙과 원리에 적응해서 따라 살면서도 하나님의 원리와 법칙으로 그것을 재해석하고 부대낌을 경험하며, 세상이 주는 시험을 하나님의 원리로 받아넘기고, 힘을 내서 반격하여 다투는 믿음의 씨름과 긴장이 필요하다는 것입니다. 이것이 없다면 우리 믿음은 '맛을 잃은 소금' 처럼 땅에 떨어져 밟히게 될 것입니다. 아니 이미 세상과 너무 일체화된 기독교, 세상의 가치와 사이좋은 동맹관계를 맺은 우리 한국교회(개신교)는 벌써 세상에 의해 고통받는 사람들, 세상에 대해서 고민하는 사람들로부터 욕을 먹고 배척을 당하기 시작했습니다. 이것은 우리가 탄압을 받는 것이 아니고 우리가 욕을 먹어도 싼 것이며, 우리의 반박이 필요한 것이 아니고 우리의 회개가 필요한 상황입니다. 지금 우리 개신교 평신도들은 잘못을 저지른 일부 교회의 목사님들 때문에 억울하게 욕을 먹는 것이 아닙니다. 우리가 그동안 가지고 살아온, 세상을 사랑하고 세상과 일체화된 우리 자신의 평신도 신앙 때문에 스스로의 책임과 잘못으로 욕을 먹고 있는 것입니다.[15]

세상의 위로를 구하는 평신도 신앙, 세상과 화합하는 평신도의 믿음은 다음으로 '교회의 울타리에 갇힌 평신도 신앙'과 '세상일에 무관심한 평신도 신앙'을 만들어냅니다. 이 일들은 서로 무관하거나 상충되는 것 같지만,

논리적으로 오히려 긴밀하게 상호 연결되어 있습니다. '세상의 위로를 구하는 신앙'이 평신도의 발걸음을 주로 교회로 이끌게 되는 것은 당연한 일입니다. '세상의 가치와 화합하는 신앙'은 평신도들로 하여금 세상과 갈등하면서 씨름할 만한 일 자체가 없어지게 만들어 버립니다. 그러니까 평신도들은 세상에서 딱히 할 만한 신앙적 활동이란 것이 없어지고, 자신의 신앙적 열정을 교회 봉사에만 집중하게 됩니다.

세상과 화합하는 신앙은 또한 '신앙과 세상의 대립과 갈등, 인생과 믿음의 모순과 긴장'에 관한 평신도의 신앙적 고민을 없애거나 편안하게 만들어 줍니다. '거룩함'을 세상에서 추구할 필요가 없게 되고, 하나님의 거룩함은 세상과 구별된 '교회'에만 있다고 생각합니다. 그러니, 열심히 믿는 사람은 액면(額面)상 교회의 일만 생각하고 세상의 일에 대해서는 관심이 없이 초월한 듯한 태도를 보이게 됩니다. 이것은 참 묘(妙)합니다. 세상을 무시하는 것과 세상에 항복하는 것이 서로 아귀를 맞춘 듯이 딱 들어맞기 때문입니다. 신앙과 인생의 통합이라는 숙제가 이상한 세트(set) 메뉴로 달성됩니다. '성(聖)과 속(俗)의 외면적 단절(斷絶)을 통한 내면적 통합(統合)'이라는 모습으로.

4. 위로받는 신앙의 과잉으로 인한 왜곡 ③ – '교회 상품을 소비하는 평신도 신앙'

교회의 구조와 관련된 문제입니다. 수백 개의 교단으로 갈라지고 수만 개의 개별교회(x)와 수백만 명의 개별 신자(y)의 일대일 대응 함수(x↔y)로 조직되고 작동하는 한국교회는 현재 「객관적(客觀的)으로」 세상의 자본주의적 상품시장의 원리에 지배당하고 있는 것처럼 나타나고 있습니다. 목회자들도 이것을 인정하고 싶지 않으실 것이고, 평신도들도 이 말에 불편함을 느끼겠지만, 이것은 엄연한 현실인 것으로 보입니다. 누구도 이것을 진지하게 의도하지는 않았다고 생각합니다. 그러나, 현재의 결과는 그렇게 되어버렸습니다. 고통스럽지만, 현실을 직시(直視)해야 한다고 생각합니다. 한국교회와 기독교인들이 이것을 인정하지 않으면, 우리는 한 발짝도 앞으로 나가지 못할 것입니다.

완전자유경쟁 체제의 한국 기독교(개신교) 시장에서, 평신도들은 소비자(消費者)가 되었고 개별교회와 목사님들은 소비자의 선택을 받는 상품(商品)처럼 되었습니다. 이 상품의 질을 결정하는 것은 목사님의 설교와 교회의 건물입니다. 시장은 포화되었고 공급은 과잉상태입니다. 목사님들은 소비자인 평신도들이 '듣기 좋은 설교-위로의 설교'만을 원하므로 '정확한 설교-자기부인의 설교'를 하기 어렵다고 하소연하고, 평신도들은 목사님들이 공급하는 설교와 말씀이 달면 삼키고 쓰면 뱉고, 은혜를 받다가 서서히 지루해 합니다. 교회시장이 성장할 때에는 공급자(목회자)와 소비자(평신도)가 모두 웃었는데, 시장이 정체하고 후퇴하면서 공급자가 먼저 힘들어하고 소비자도 답답해합니다. 근본적으로 교회의 예배와 설교가 자유경쟁 체제를 통하여 '판매(販賣)되고 있다'는 사실이 심각한 문제들을 만들어냅니다.

(상품시장에는 금전적 거래가 있지만, 교회 시장에는 금전적 거래가 없다는 반론이 있을 수 있습니다. 그러나, 교회의 소비자들은 직접적인 형태의 대가 지급이 아니라 간접적인 형태의 헌금으로 교회시장의 경제적인 유통을 가능하게 합니다. 보도에 의하면 개신교 교회 전체의 연간 운영자금은 3조원대이고[16], 교회 건축을 위한 한국교회의 전체 금융권 대출 규모는 9조

원대라고 합니다.[17] 헌금은 거룩한 것이지요. 그러나, 헌금은 현실적인 것이기도 합니다. 최근 우리나라의 제일 큰 교단에서는 '십일조를 하지 않으면 교인의 자격이 박탈되어 공동의회의 결의권과 투표권이 중지된다.'는 교단 헌법 개정안을 교단 총회에 제출했다가 철회한 적도 있었습니다. 억지로 헌금을 내지 말라는 바울 사도의 헌금원리(고린도후서 9:6-7)에도 어긋나고 조금 어이가 없는 일이기도 하지만, 이런 움직임은 오히려 교회의 상품경제성, 세속적 경제성에 대한 솔직한 고백일 수 있습니다.)

우선 소비자화된 평신도의 신앙적 조건을 봅니다. 평신도들은 목사님의 설교와 교회의 종교서비스를 통해 영적, 정신적 위로를 수동적으로 소비하는데 만족하고(TV에서 엔터테이너의 퍼포먼스를 보면서 웃고 울며 힐링을 얻는 시청자와 비슷합니다), 스스로 신앙의 주체, 신앙의 생산자가 되려는 생각을 전혀 하지 않게 됩니다. 평신도 본인에게도 이것이 편하고, 교회의 시스템도 평신도의 지나친 활동성을 별로 좋아하지 않습니다. '신앙의 소비자는 계속 소비자로 남아있는 것'이 공급자나 소비자 모두에게 편안하고 체계를 흔들지 않습니다. 평신도가 계속 신앙의 구매자로 남아있기만 하면 됩니다. 교회의 상품경제에서 평신도의 신앙적 발전은 '평신도를 깨워서 개별교회의 유지·발전에 헌신적으로 봉사하게 하는 정도'이면 충분합니다. 개별교회에는 평신도에게 그 이상 복잡하게 머리를 쓰거나 고민할 것을 요구할 필요가 거의 없습니다.

다음으로 이 문제에 대한 목회자들의 곤혹스러운 입장을 생각해 봅니다. 하나님의 '초월(超越)'을 위해 세상의 '사(私)'를 버렸는데, 세상의 '사(私)'는 (교회의 자유경쟁시장이라는 메커니즘을 통해서) 슬그머니 거룩한 초월 사역의 중심을 차지해 버렸습니다. 무슨 '사업'을 하려고 하나님께 헌신한 것이 아닌데, 교회 운영을 위해서 사람들(평신도)에게 나의 '사역'을 어필해야 합니다. 직장생활을 하려고 하나님께 헌신한 것이 아닌데, 직장(교회)에 취직하기 위해서 노력해야 합니다. 세상의 영화와 성공을 포기하고 하나님께 헌신했는데, 교회의 영화와 성공을 위해서 열심히 고민하고 애를 써야 합니다. 세상의 자랑을 버렸는데, (교회를 통한) 세상의 자랑에 다시 매달려야 합니다. 하나님의 일을 위해서 세상의 경쟁을 버렸는데, 하나님의 일을 위해서 또 교회의 경쟁을 해야 합니다. 많은 사람들이 의도하지 않았던 상황에 빠졌습니다. 구조적으로 문제가 생겼습니다. 교회의 자유시장 경제체제는 종교적 헌신이 헌신자의 생활적 이해관계와 연결되는 현실을 만들었습니다. 이것은 종교적 헌신자, 신앙을 가르치는 사람들의 신앙을 왜곡시킬 수 있는 커다란 위험입니다. 세상(시장)을 떠나서 다시 (교회)시장에 들어온 현실, 이것은 '아무의 잘못이 아니더라도, 모두가 회개할 문제'입니다.

'특정한 조건과 내용과 형태의 신앙적 위로'를 선택한 소비자(평신도)들의 모임인 현실적 개별교회에서 주로 다루어질 수 있는 신앙의 내용은 '위로받는 신앙'입니다. '씨름하는 신앙', '자기 십자가와 자기부인의 신앙'은 교인들이 교회를 선택하는 구매 욕구의 내용 속에 들어있지 않을 가능성이 큽니다. 이것이 우리 평신도들이 교회에서 '위로받는 신앙'만을 반복하고 '씨름하는 신앙'을 배우거나 고민하지 못하는 주요한 원인 중의 하나입니다. '위로받는 신앙'에 치우친 평신도들의 신앙적 소비 지향은, 평신도 신앙의 발전에도 큰 걸림돌이지만 이를 극복하려는 목회자들의 진지한 노력을 '계란으로 바위치기'처럼 만들어버리는 커다란 진입장벽이기도 합니다.

개별교회 간의 '완전자유경쟁시장'이 되어버린 한국교회의 상품구조와 평신도들의 소비적 신앙행태에 대한 책임이 목회자 쪽에 있는지, 평신도 쪽에 있는지는, 잘 모르겠습니다. 양쪽 다 전적인 책임을 묻기는 어렵고, 양쪽 다 상당한 책임이 있을 수 있습니다. 이도 저도 아니고 목사님도 잘못이 없고 평신도도 잘못이 없는 태생적 현실이라는 성격도 있습니다. 자본주의 체제의 국가에 태어난 책임이나 공산주의 체제의 국가에 태어난 책임을 그 본인에게 묻기가 어려운 것과 마찬가지입니다. 그러나, 어떤 체제로 인한 고통을 겪게 된 책임은 본인에게 없더라도, 그 고통스럽고 왜곡된 체제 속에서 **계속 살아가는 책임**은 본인에게 있습니다. 오늘 한국교회의 평신도와 목회자들이 진정 회개하고 회심해야 할 핵심 내용은 '표면적인 악(惡)', 즉 의식적인 차원에서 우리가 윤리적으로 도덕적으로 양심적으로 '착하게 사는' 문제가 아니라, '구조적이고 이면적인 악(惡)', 즉 무의식적인 차원에서 각자의 고의나 악의 없이 '상품화된 교회와 소비자화된 평신도의 시장구조' 속에 살면서 '하나님을 믿는 신앙을 (자기도 모르게) 사고 팔고 있는 일'이 아닌가? 한국의 기독교인들은, 우리들 자신에게 냉정하게 도전해 볼 필요가 있습니다.

평신도 신앙의 허상

1. 기독교인의 선함과 교회의 의로움에 대한 오해와 과대평가: '선악과善 惡果를 먹는 평신도 신앙'

믿음은 선한 것입니다. 그러니 믿는 사람은 선하다는 생각이 따라옵니다. 하나님은 의로우신 분입니다. 그러니 하나님을 믿는 교회는 의롭다는 생각이 따라옵니다. 믿는 사람이 선하면, 믿지 않는 사람들은 악해집니다. 교회가 의로우면 교회가 아닌 곳은 불의합니다. 더 많이 믿으면 더 많이 선해지고, 교회가 부흥하면 하나님의 의로우심이 증명됩니다. '좋은 나라'와 '나쁜 나라', 교회는 좋은 나라이고, 교회 바깥은 나쁜 나라입니다. 기독교인은 좋은 나라의 선한 백성이고, 비기독교인 불신자는 나쁜 나라의 악한 백성입니다. 교회를 위한 일은 좋은 일이고 교회에 손해가 가는 일은 나쁜 일입니다. 가르치는 목회자들은 평신도들보다 더 의롭고, 배우는 평신도들은 목회자들보다는 덜 의롭지만 그래도 불신자들보다는 훨씬 의롭습니다. 이것이 한국교회와 평신도들이 오랫동안 가져온 체감적 신앙 상식(religious common sense)입니다.

신학적 논의를 떠나서 이것이 사실이 아니라고 생각합니다. 성경적으로나 현실적으로나 마찬가지입니다. 성경에 의하면 모든 사람은 죄인입니다. 하나님을 믿지 않는 사람도 죄인이고 하나님을 믿는 사람도 죄인입니다. 우리들은, 하나님을 믿지 않는 사람의 죄는 용서받지 못하고 하나님을 믿는 사람의 죄는 매주 용서를 받으니, 똑같은 잘못을 해도 불신자는 계속 죄인으로 남고 신자는 의인이 되었다고 생각합니다. 그래서, 안 믿는 죄인은 부끄러움을 느끼지만 믿는 죄인은 당당합니다. 교회에는 하나님의 은혜가 머무르고 그 밖의 세상에는 하나님의 심판이 머무르니, 교회의 죄는 용서를 받고 교회 밖의 죄는 용납을 받을 수 없다고 합니다. 이것이 진실이고 이것이 현실일까요? 가능성과 현실성을 혼동하는 것은 아닐까요? 영화 '밀양'의 배우 전도연과 가수 김추자는 이것을 두고 '거짓말이야~'라고 노래를 불렀습니다.

'하나님'은 선하고 의롭지만, 하나님을 믿는 '사람'과 현실의 '교회'는 100% 선하고 의롭지 않습니다. 믿는 사람은 선한 일도 하지만 악한 일도 계속 벌이고 현실 교회는 의로움도 추구하지만 불의도 지속적으로 야기합니다. 선하지 않은 신자가 선하다고 생각하고, 의롭지 않은 사람들이 스스로 의롭다고 주장하고 죄인이 스스로의 한계를 인정하지 않는 것이 하나님 앞의 가장 큰 죄입니다. ("만일 우리가 죄 없다하면 스스로 속이고 또 진리가 우리 속에 있지 아니할 것이다.": 요한일서 1:8)

최근 십수년 간 한국교회가 욕을 먹고 교회 지도자가 비판을 받을 때, 신자들과 교회는 불의한 세상이 의로운 교회를 핍박하는 것이라고 우리 자신을 옹호했습니다. 그러나, 최근 들어서는 워낙 많은 일들이 벌어지다보니 아예 교회가 욕을 먹고 지도자가 실족하고 한국 개신교가 비판을 받는 일에 대해서, 스스로 옹호하고 변론할 자신도 용기도 사라져가는 것 같습니다. 2014년 여름 인간적이고 다정다감하고 불의를 규탄하는 프란체스코 교황이 한국에 다녀갈 당시 세상의 불신자들조차도 그를 즐거워하는데, 오직 독선과 이기주의로 브랜드화된 한국 개신교만 '휘청'거리는 것 같이 느껴지기도 했습니다.

그러나, 씩씩하게 생각해 보면, 선하지 않은 것이 선하지 않은 것으로 드러나고 의롭지 않은 것이 의롭지 않은 것으로 드러나는 것이 괴로운 일이기는 하지만, 우리의 회개를 독촉하고 구원에 이르게 하는 근심을 촉발하는 우리 믿음의 돌파구일 수 있습니다.("하나님의 뜻대로 하는 근심은 후회할 것이 없는 구원에 이르게 하는 회개를 이루는 것이라": 고린도후서 7:1) 우리의 오랜 신앙 습관과 소망과는 달리 한국교회는 그리 의롭지 않고 한국교회의 평신도들은 마냥 의롭고 선한 하나님의 백성이 아닌 것으로 드러나고 있습니다. 당황스럽지만 현실입니다. 아닌 것이 아닌 것으로 드러난 것은 좋은 일입니다. 이제는 한국교회 전체가, 한국교회의 평신도 전체가 회개를 해야 합니다. 어떻게 회개를 할 것인가, 이것이 문제입니다.

선한 기독교인, 의로운 교회의 환상은 하나님이 먹지 말라고 금하신 '선악과'를 수시로 따먹어온 교회와 신자들의 죄라고 생각합니다. 하나님의 자리에 앉아 선과 악을 판단하는 죄를 더 범하지 않는 것, 이것이 우리의 첫 번째 회개의 길이 될 것입니다.

에덴동산 가운데 '선악을 알게 하는 나무의 열매'를 먹은 아담과 이브의 행동이 인간을 하나님으로부터 분리시킨 원죄입니다.(창세기 3:6) 하나님만이 옳고 그른 것을 판단하실 수 있고, 인간이 하나님 대신 선과 악을 판단하는 심판자의 지위에 오르려고 하는 것이 인간의 본질적인 죄악이라는 성경의 가르침으로, "인간은 선악을 판단할 능력이 없다!"는 것은 우리 모두가 인정하는 성경의 기본적 진리입니다.

그렇다면 "믿는 사람들은 선악을 판단할 능력과 지위를 가지고 있는가?"라는 질문을 제기하게 됩니다. 믿는 사람들에게도 당연히 선과 악을 온전히 판단할 능력은 없습니다. ("우리는 부분적으로 알고 부분적으로 예언하니 온전한 것이 올 때에는 부분적으로 하던 것이 폐하리라.": 고린도전서 13:9-10) 그런데, 많은 경우에 믿는 사람들, 그리고 교회들은 마치 선악을 판단하는 심판자의 지위를 가진 것처럼 행동하는 모습을 보여 왔습니다. 특히 사회적으로 보수와 진보, 부자와 가난한 사람들 간에 의견이 대립하는 많은 문제들에 대해서 믿는 사람들과 교회들이 정치적으로 지극히 보수적인 입장만을 지속적으로 견지하는 것에 대해서는, 그것이 과연 하나님 뜻에 맞는 것인지, 성경의 말씀에 부합하는 것인지 심각히 고민할 필요가 있고, 오히려 이것이야말로 믿는 사람들이 믿음의 이름으로 선악과를 따먹는 죄를 범하는 것이 아닌지 의심을 제기해야 합니다.

대체로 세상에는 부한 사람들과 가난한 사람들이 있습니다. 살기가 힘들어서 세상에 대해서 욕하고 삿대질하고 싶은 사람들이 절반 정도, 그리고 그런대로 안정이 되어서 살만한 사람들이 절반 정도 있습니다. 안정된 민주주의 사회에서는 보수적인 사람 (살만하다고 생각하는 사람) 들과 진보적인 사람 (살기가 어렵다고 소리 지르고 싶은 사람) 들의 비율이 절반씩으로 나뉘어서, 선거 때마다 치열한 싸움을 거쳐서 권력을 넘겨주고 넘겨받는 모습을 보여주고 있습니다. 비교적 살만한 사람들이 사회적 안정을 원하는 것이 100% 잘못된 것도 아니고, 살기 힘든 사람들이 소리를 지르고 변화를 요구하는 것도 결코 잘못된 일이 아닙니다. 일부 교회의 지도자들이 살기 힘든 사람들의 아우성에 대해서 쉽게 라벨을 붙이고 비난을 하는 것이 과연 하나님의 이름을 거룩하게 하는 것인지, 아니면 선악과를 따먹고 하나님의 이름을 욕되게 하는 것인지 진지하게 질문을 던지지 않을 수 없습니다. 하나님도 함부로 판단하시지 않으시는 일을 교회와 믿는 사람들이 마구 판단해 대면, 반드시 그 대가를 치르게 될 것입니다.

'교회의 중산층화', 한국의 개신교와 가톨릭에서 공통적으로 나타나고 있는 현상이라고 합니다. 한국사회의 변화에 따라 교회의 구성원 또는 지도층의 다수를 차지하는 중산층적 성향이 교회의 경향과 성격을 지배하는 것을 의미합니다. 문제는 명백히 세속적 본질을 가지는 중산층의 보수적이고 세상적인 이념이 하나님의 이름으로 하나님의 뜻인 것처럼 세상에 선포되고 주장되는 것입니다. 인간의 선악 판단이 하나님의 선악을 가리는 죄악입니다. 이 잘못은 강단 위에 선 목회자들과 강단 아래에서 바라보는 평신도들이 공동으로 힘을 합하여 만들어낸 결과입니다. 목사님들만 욕할 문제가 아니고 평신도들의 회개가 필요한 일입니다.

2. '잘 믿고 있다'는 착각, '열심이 있으나 열심이 없는 평신도 신앙'

마지막으로 살펴 볼 우리들 평신도 신앙 현실의 문제는, 적당한 수준에서 '나는 잘 믿고 있다'고 생각하고 안주하게 되는 믿음의 착각 내지 신앙적 태만입니다. 이것은 각 개인의 수준에서 미분(微分)적으로 이루어지는 신앙 교육과 신앙적 비전 및 신앙실천의 과제들과 연관이 있습니다.

하나님을 만난 감격에서 자연스럽게 이어지는 신앙의 열심은 우리를 이끌어 성경통독과 묵상으로, 전도의 부담과 열성으로, 교회의 봉사와 구역모임 등에서의 양육으로 이어지게 합니다. 성경통독과 묵상은 일평생 이루어져야 할 믿음의 기본활동입니다. 이것은 구역모임 등에서의 양육으로 이어집니다. 그런데, 깊어지는 성경지식은 하나님 앞에서의 겸손과 함께 사람 앞에서의 교만을 낳기도 합니다. 전도와 양육은 하나님 믿는 일의 가장 큰 기쁨 중 하나입니다. 그런데, 이것도 시간이 지나면서 처음의 열정에서 서서히 큰 힘을 들이지 않고도 할 수 있는 습관적인 종교활동으로 바뀔 수 있습니다. 교회에서의 봉사와 섬김은 초기의 부담감만 조금 넘기면 인생의 즐거운 일상이 됩니다. 즐거운 일은 계속 즐겁게 할 수 있습니다. 그래서, 성경통독과 묵상과 기도와 전도와 교회 봉사와 구역모임에서의 양육은 잘 믿고 성실한 평신도 신앙생활의 기본 레퍼토리가 됩니다. 이 레퍼토리들을 합하여 '잘 믿는 평신도'의 모습이 완성됩니다.

이처럼 '잘 믿는 평신도'의 모습이 정착하는 데에 어떤 사람은 4-5년이면 충분하고 어떤 사람은 10년이 넘게 걸리기도 합니다. 여기까지는 평신도 신앙의 발전이 분명히 존재합니다. 문제는 그 뒤의 일입니다. 이렇게 형성된 '잘 믿는 평신도'의 신앙생활은 그 이후에 별다른 변화의 계기(모멘텀)을 갖지 못하는 것 같습니다. 시간이 지나면서 집사가 장로님이 되기도 하고 집사가 권사님이 되는 변화가 있지만, 이것이 신앙의 결정적 질적 변화를 가져오는 것 같지는 않습니다. 어차피 인생에는 별다른 것이 없고 신앙생활에도 별다른 것이 없으니, 반복되는 과정과 실천을 잘 견디고 참고 인내하고 순종하는 것에 신앙의 정수(精髓)가 있는 것으로 이해할 수도 있습니다. 이것이 가장 일반적인 평신도 신앙교육의 내용과 입장이 아닌가 싶습니다. 이것에는 신앙생활에 관한 진리의 일부가 분명히 들어있다고 생각합니다.

문제는 그 결과 잘 믿는 평신도의 신앙생활이 계속 믿음의 초급·중급 수준에만 멈추어 반복되면서 하나님의 입장에서 필요한 발전의 길로 더 나아가지를 못하는 것이 아닌가 라는 질문입니다. 반복되는 성경묵상과 전도양육의 주제는 '마음으로 믿어 의에 이르고 입으로 시인하여 구원에 이르는' 전도폭발, 사영리 (四靈理)의 수준에 멈추어 있는 것이 아닌가 라는 도전을 해봅니다. 믿음의 초심자와 경력자가 피양육자와 양육자가 되어 '믿음의 초등학교·중학교 수준'에서 계속 돌고 도는 것처럼 느껴지는 면이 있습니다.

일대일 성경공부의 내용에는 하나님, 예수님, 성령의 신론과 구원론, 종말론, 전도와 교제와 성경론 등 기본적 교리의 조직신학(systematic theology)이 모두 들어있지만, 성도의 신앙생활에서 '자기의 십자가와 자기부인의 길'을 걸어야 필요성과 방법에 대한 설명은 거의 들어있지 않습니다. 성도의 신앙생활 중 자기의 마음과 분노를 다스리는 '성도의 사생활(私生活) 원리'는 QT 교재와 구역모임과 예배 설교를 통해서 많이 가르치고 배우고 나누지만, 성도의 신앙생활 중 세상의 직장과 생업과 사회와 정치적 영역에서 다른 이웃과 함께 살아가는 일에 관한 '성도의 공생활(公生活) 원리'는 찾아보기가 어렵습니다. 이것을 교회에서 가르치거나 배우는 일도 많지 않습니다. '교회에서는 정치 얘기를 하지 않는다.'는 지혜가 '교회에서는 개인 얘기만 하게' 만듭니다.

예수님이 가르쳐주신 주기도문 중 '하나님 뜻이 하늘에서 이루어진 것처럼 땅에서도 이루어지이다.(Thy will be done in earth as it is in heaven)'는 기도의 뜻이 무엇인지, 하나님의 이 세상에 대한 뜻은 무엇이고 그와 관련해서 우리는 무엇을 해야 하는지, '믿음의 고등학교·대학교 수준'에서의 교육은 커리큘럼도 결여되어 있고, 언급되는 일도 드뭅니다. 하나님의 믿음을 통한 구원과 죄 사함은 매주 예배를 통해 선포되지만, '무엇을 회개할 것인가'는 내용은 다소 모호합니다. 죄의 고백과 회개는 아주 개인적인, 사생활 차원의 것들이 대부분이고, 집단적이고 사회적이고 공적인 차원의 죄 고백과 회개를 하는 일은 거의 없습니다. 그러니까 우리 평신도들의 회개는 아주 짧고 쉽고 편안합니다. 그 결과 '잘 믿는 평신도'의 신앙 내용은 오직 개인적이고 사생활적인 신앙의 내용과 주제로 반복되고, '자기 십자가와 자기부인,

하나님의 뜻을 땅 위에 이루는 것, 공적이고 사회적인 회개'의 내용은 거의 백지(blank)처럼 되어버린 것이 아닌가 싶습니다.

그래서, '잘 믿는 평신도'가 신앙의 기본을 다 아는 것 같이 생각하지만 사실은 많은 것을 모르고 있는 상황이 발생합니다. 그럼에도 불구하고 우리 평신도 리더들은 더 배우는 것이 없으니 '본인이 다 안다'고 생각하는 일이 없는지 스스로 자문할 필요가 있습니다. 한국교회의 열심이 대단한 것은 헌신자들의 열심도 있지만, 평신도들의 엄청난 열심 때문입니다. 평신도들의 이 열심이 초급·중급 수준의 개인적이고 사생활적인 수준의 묵상과 교회봉사에만 묶여 있는 것이 아닌지 도전해 봅니다. 그래서, '잘 믿는다'고 평가받는 평신도들이 사실은 '잘 믿지 못하고 있는 것'이고, '다 안다'고 생각하는 평신도 리더들이 사실은 '많은 것을 모르고' 있는 것이며, '열심히 믿는' 평신도 일꾼들이 사실은 '대충 믿는' 결과가 되어서, 마침내 세계 최고의 열심을 자랑하는 한국교회(개신교)의 자부심과 명예가 땅에 떨어진 오늘의 비극을 만들어 낸 것일 수도 있습니다.

결론 – '개별교회의 평신도'를 넘어 '한국교회의 평신도'로 나가는 평신도 신앙

개별교회의 운영 차원에서는 묵상하고 기도하고 전도하고 양육하고 봉사하는 '잘 믿는 평신도'로 충분할 수 있습니다. 그러나, 한국교회 전체의 올바른 신앙의 회복을 위해서는 '자기를 부인하고 자기의 십자가를 지는 평신도, 하나님의 뜻을 하늘에서 이룬 것처럼 땅에서 이루는 것이 무엇인지 고민하고 자기의 삶에서 실천하는 평신도, 사생활과 공생활과 신앙생활의 모든 국면에서 전면적으로 회개하고 돌이켜 살기 위해 노력하는 평신도'가 필요합니다. 개별교회에서 이루어지는 초등학교·중학교 수준의 신앙 교육을 넘어서 세상과 씨름하고 싸울 줄 아는, 고등학교·대학교 수준의 신앙 교육이 이루어져야 합니다. 이것을 위해서는 개별교회의 울타리에 갇혀 있는 'OO 교회의 평신도'로서가 아니라, 한국교회와 사회 전부를 놓고 교회와 세상에서 함께 고민하는 보편교회(universal church)적인 '한국교회의 평신도'로서 믿고 실천하는 평신도 신앙이 생겨야 합니다.

많이 지쳤지만, 아직도 뜨끈뜨끈한 한국교회의 열정이 있다고 생각합니다. 하나님을 위해 인생을 버린 수많은 헌신자들의 열정이 있고, 세상에서 먹고사는 일보다 하나님 믿는 일에 더 인생을 걸고 사는 수많은 평신도들의 열정이 있습니다. 이 열정이 잘못된 길을 들어서 많이 삐꿋거리고 있습니다. 이 열정이 올바른 길로 돌아서면 됩니다. 포기하지 말고 이 열정을 올바른 길로 돌이켜야 합니다. 돌이키지 않으면 망할 것이고 돌이키면 다시 살아날 것입니다. 교회도 돌아서고 목사님들도 돌아서고 평신도들도 돌아서야 합니다. 특히 오랜 기간 한국교회의 은혜를 편안하게 누려왔던 평신도들이 돌아서야 합니다. '평신도를 깨워서' 교회 일을 시키는 신앙실천이론으로는 부족합니다. '평신도들이 일어나서' 자기의 눈으로, 자기의 머리로, 자기의 삶과 신앙과 세상을 바라보아야 합니다. 우리의 믿음을 교회 안에만 묶어 놓지 말고, 세상 속으로 풀어 놓아야 합니다. 세상의 사람을 전도해서 교회에 집어넣는 것만이 '신앙의 다'가 아닙니다. 믿음이 세상으로 흘러들어가서 세상 속에서 힘을 내고 꽃을 피우는 길을 내야만 합니다. 이것이 광야에 길을

내고 사막에 강을 내는 하나님의 역사입니다.(이사야 43:19)

광야와 사막과도 같은 세상을 두려워하여 교회 속에 숨지 말고, '자기를 부인하고 자기 십자가를 지는 예수님의 도(道)'와 '인간의 연약함과 이기심을 이겨내며 이웃을 사랑할 수 있도록 만들어 주는 성령의 능력'을 가지고 교회에서 나와 세상 속으로 나가는 평신도의 신앙, 세상과 신앙 간의 긴장(緊張)을 잃지 않고 나와 남과 세상을 너무 선하게 낭만적으로 보다가 세상에 넘어지는 바보가 되지도 않고, 그렇다고 나와 남과 세상의 악성에 비관하고 절망해서 쉽게 투항하고 결국에는 세상에 아부하며 살아가는 간신으로 전락하지 않는, 담대하고 강인한 평신도의 인생, 평신도의 신앙을 만들어 내자고 하나님과 이웃과 자기 자신을 사랑하는 한국교회의 모든 평신도 동료들께 제안합니다.

3부
씨름 하는 기독교
- 한국교회 회생의 처방

6장
기독교 신앙의 회개 – 세상과 삶 속에서 씨름하는 신앙

씨름하는 믿음의 내용
– 세상의 원리와 하나님의 원리 사이의 긴장, 인간의 본성적 한계와 자기부인

1. 씨름하는 신앙의 의미 – 한국교회 평신도의 신앙적 회개운동

'위로받는 믿음'의 과잉으로 인한 문제점만을 지적하고, '씨름하는 믿음'의 결핍을 해결할 길에 대해서 함께 논의하지 않는다면 답답한 일이 될 것입니다. 가능한 만큼, 우리가 회복하여야 할 '씨름하는 믿음'의 의미와 내용과 방법, 그 주체와 과제와 성격에 대해서 정리해 보려고 합니다.

먼저 '씨름하는 믿음'의 의미를 생각해 봅니다. '씨름하는 신앙'의 회복은 한국교회를 위한 우리나라 기독교인 평신도들의 신앙적 회개운동으로서의 의미를 가집니다.

'회개하라, 하나님 나라가 다가왔다'는 예수님의 선포는 하나님이 계신 곳으로 우리의 얼굴과 마음과 머리와 몸을 돌이키리라는 것입니다. 우리 기독교인 평신도들의 첫 번째 회개는 하나님을 찾아서 '우리의 허망한 삶과 세상으로부터 교회 쪽으로' 우리의 마음과 영혼을 돌이키는 것이었습니다. 그러나, 이것이 시간이 지나면서 우리가 무소부재하신 하나님을 교회라는 좁은 공간 안에서만 바라보고 세상 속의 하나님은 쳐다보지도, 생각하지도 않는 심각한 부작용과 믿음의 배신을 낳았습니다. 그러므로, 지금 우리 기독교인 평신도들에게 필요한 두 번째 회개는 하나님을 찾아서 '교회 바깥의 세상과 삶 쪽으로' 우리의 마음과 몸과 믿음의 열심을 돌이키는 것입니다. 하나님은 교회에 갇혀 있고 교회 밖의 세상과 교회 밖의 우리 삶은 성공과 경쟁이라는 세상 신의 지배를 당하고 있으며, 오히려 경쟁과 성공의 세상 신이 모습을 바꾸어 교회당으로까지 침입해 들어와 있습니다. '너희 몸을 거룩한 산 제사로 드리라(로마서 12:1)'는 바울 사도의 명제는 하나님께 헌신한 목회자들에게만 적용되는 것이 아니라, 하나님을 믿는 모든 평신도들에게도 적용되는 것입니다.

'산 제사'는 우리 인생의 모든 것을 믿음으로 태우는 것입니다. 일주일에 하루, 몸이 교회에 있을 때, 그리고 우리의 영혼과 심리적인 부분만 하나님께 바치는 것은 우리 인생의 '칠분의 일'만 바치는 것입니다. 우리 인생의 나머지 '칠분의 육', 먹고 살고 다투고 싸우는 인생과 세상의 모든 영역, 우리의 착하고 거룩해 보이는 부분만이 아니라 이기적이고 냉정하고 두려워하고 회의적이고 절망에 빠지는 인생의 모든 부분이 우리 신앙의 주제가 되고 씨름의 영역이 되어야 합니다. '세상과 삶을 향해서 돌이키는' 이 회개의 책임은 남이 아닌 우리 모든 기독교인 평신도들 자신에게 있습니다. '우리가 그동안 잘 믿어 왔는데, 무슨 신앙적 회개가 필요한가?'라는 생각이 그동안 열심히 믿어온 우리 속에 자연스럽게 들어있습니다. 그동안 우리가 아무리 열심히 순전히 믿어왔더라도 지금 우리로 인하여 '하늘에 계신 아버지의 이름의 거룩'이 땅에 떨어졌습니다. 「'우리가 회개할 필요를 느끼지 못하는 것 그 자체'를 회개하는 것」, 이것이 오늘 우리 기독교인들에게 요구되는 회개의 시작이라고 생각합니다.

2. 씨름하는 신앙의 요소 – 세상 원리와 하나님 나라 원리 사이의 긴장

다음으로 '씨름하는 신앙'의 요소를 생각해 봅니다. 세상과 삶 속에서 씨름하는 신앙의 핵심적인 요소는 '긴장(緊張)'입니다.

이 긴장은 '세상 나라의 원리와 하나님 나라의 원리 간의 긴장'입니다. 세상과 하나님 사이의 긴장을 놓치는 것은 어느 쪽의 방향이든지 하나님에 대한 실질적인 배신과 세상의 가치에 대한 투항이 됩니다. 세상의 위로를 구하는 신앙, 세상과 갈등하지 않는 세상과 화합된 신앙은 세상과 믿음 사이의 긴장을 놓아버린 신앙입니다. '축복'이라는 이름으로 우리 마음대로 하나님과 세상을 화해시키는 '신앙적 투항(投降)주의'는 우리의 신앙을 하나님에 대한 신앙이 아니라 세상 신(神)에 대한 신앙으로 바꾸었습니다. 세상 속에서 일하고 먹고 사는 세속 인생은 신앙적으로 의미가 없다고 생각하고, 교회 생활에만 올인(all-in)하고 우리의 삶과 세상에 대한 신앙적 고민과 분투를 경시하는 '신앙적 청산(淸算)주의' 또한 세상과 하나님 간의 긴장을 풀어버린 잘못된 태도입니다. 이것은 세상에 대한 하나님의 주권을 철수시켜 '하나님 뜻이 이 땅에 이루어지는 길'을 막아버렸습니다.

'교인이 세상적인 영향력을 확보하여 하나님의 뜻을 세상에 편다.'는 생각도 하나님의 원리와 세상의 원리 간에 긴장이 있다는 사실을 망각한 착각에 근거합니다. 교인이 세상적인 영향력을 확보하면 하나님의 사람이 되기보다는 그 과정에서 이미 세상의 사람이 되었을 가능성이 큽니다. 믿는 사람이 출세하였다고 다 하나님의 영광이 되는 것은 아닙니다. 믿는 사람을 너무 쉽게 믿으면 안 됩니다.

세상의 원리와 하나님의 원리 사이의 긴장은 굉장히 깊고 팽팽합니다. 이 것을 쉽고 얕게 생각하는 것도 잘못입니다. '세상은 악하고 믿음은 선하다. 세상은 탐욕스럽고 신앙은 순전하다'는 생각으로 이 긴장을 다루면 필패할 가능성이 큽니다. 우리들 대부분의 기독교인들은 세상에서 일하고 먹고 사 는 '나와 가족의 일용할 양식을 구하는 일'에 인생의 거의 모든 수고를 바칩 니다. 생물학적 신진대사를 위해서는 당연한 일이지만, 신앙적인 견지에서 는 이것을 무의미하거나 타협적이거나 죄스러운 것으로 생각하는 신앙적 태도도 많습니다. 그러나, '일용할 양식을 구하기 위한 노동을 하는 것'이 하 나님 앞에 죄스러운 것이라고 생각하는 그 생각 자체가 죄스러운 것일 가능 성이 큽니다. '노동'은 하나님이 주신 인간의 현실이라는 성격이 강합니다. 선악을 너무 빨리 구분하지 말고 천천히 잘 생각해야 합니다.

'일용할 양식을 위한 선한 노동'과 '타인을 이기기 위한 악한 경쟁(성공)' 의 경계가 분명하다는 생각도 낭만적입니다. 원론적으로 내가 먹고살기 위 한 '노동'은 '생활'을 가능하게 하는 인생의 '필연'이고, 남을 이기는 '성공' 은 인생이 넘치는 '과잉'입니다. 그런데, 현실적으로 땅과 물건뿐만 아니라 서비스와 사람까지도 모든 것을 사고파는 상품으로 만들어버린 상공농사 (商工農士)의 현 시대에서, 사람들은 자기를 세상에 상품으로 내어놓아 파 는데(팔리는데) '성공'하여야 '노동'을 하고 생활을 할 수 있게 되었습니다. 이래서 윤리적, 규범적으로 나를 살리는 '노동'과 남을 죽이는 '성공' 사이의 경계가 모호해졌습니다. 인류 사상 물질적으로는 가장 풍요롭고 화려한 현 시대가, 인류 사상 인간에 대해서는 가장 가혹하고 냉정하고 불안하고 쪼들리게 만드는 시대가 되어버린 이유는 여기에 있습니다. '노동'과 '성공' 사이에서 아주 예민한 영적 분별이 필요합니다. 성공을 멀리한다고 노동을 놓아 버리는 것도 신앙적으로 잘못이고, 노동을 열심히 한다고 성공을 향해서 개같이 끌려가는 것도 신앙적인 위험입니다.

'씨름하는 믿음'은 세상을 살아가는 믿음입니다. 이 씨름은 세상에의 투항도 아니고 세상으로부터의 이탈도 아닙니다. 세상과 삶 속에 두 발로 단단히 버티고 서서, 세상이 주는 압박을 견디어내고, 내 삶과 세상 속에서 하나님의 뜻을 찾아내고 이루어나가는 것입니다. 현실을 낭만적으로 보지 않고 믿음을 순진하게 생각하지 않으면서, 둘 사이의 긴장을 끝까지 팽팽하게 유지하는 것이 우리 평신도들에게 요구되는 '씨름하는 믿음'의 핵심적 요소 내지 기준입니다.

3. 씨름하는 신앙의 방법 – 인간의 본성적 한계와 자기부인

'씨름하는 믿음'을 풀어나가는 방법에 대해서 생각해 보겠습니다. 이것은 '인간의 본성적 한계에 대한 이해를 가지고, 자기의 십자가와 자기부인의 길을 찾는 것'입니다.

우리에게는 상충하는 두 개의 신앙적 명제가 있습니다. '인간은 모두 연약한 죄인이다. 믿는 인간도 죄인이다.'라는 명제와 '자기의 십자가를 지고 자기를 부인하면서 예수님을 따라가야 한다.'는 명제입니다. 씨름하는 믿음은 이 두 개의 명제를 두고 그 사이에서 끊임없이 씨름을 해야 합니다. 한쪽만 붙잡으면 절망하고 타협하거나 억지를 부리다가 넘어지게 됩니다.

인간이 악하니까 예수님이 오셔서 십자가에서 돌아가셨지요, 만일 믿는 사람이라고 해서 예수님처럼 완벽하게 선하고 거룩하게 사는 것이 가능하였다면, 예수님께서 굳이 십자가에서 돌아가실 필요가 없었을 것입니다. 우리는 아무리 열심이 있고 아무리 잘 믿는 사람도, 아무리 착하고 의로움을 추구하는 사람이라고 하더라도, 인간의 본성적 한계, 이기적이고 연약하고 편안함을 바라거나 아니면 다른 사람의 칭찬과 명예와 자기 만족감을 바라는 한계를 벗어날 수가 없습니다. 믿는 내가 믿는 나를 볼 때, 믿는 내가 믿는 다른 사람을 볼 때, 믿는 내가 믿는 사람들이 모인 교회를 볼 때, 인간의 근본적이고 지속적인 한계를 잊어버리면 필연 착오와 실패에 빠지게 됩니다. 우리는 '끝까지' 사람을 믿지 않아야 합니다. 예수님께서도 '친히 사람의 속에 무엇이 있는 것을 아시고' 사람에게 의탁하지 않으셨습니다.(요한복음 2:24-25) 남을 욕하자는 얘기가 아닙니다. 사실이 그렇다는 얘기입니다. 자기 자신에 대해서도 절대 믿어서는 안 됩니다. 자기에 대한 믿음은 위선을 낳고, 남에 대한 믿음은 실망을 낳습니다.

'인간은 죄인이다. 인간의 본성적 한계는 해결될 수 없다.' 이 명제는 교묘하게 또 하나의 면죄부로 됩니다. '그러니 어쩔 수 없다. 그냥 하나님을 마음으로 믿고 입으로 시인하는 것 이상 우리가 할 수 있는 것은 아무것도 없다.'는 (편안한) 체념으로, '나는 피를 흘리지 않고' 예수님이 십자가에서 흘리신 보혈을 평생 받아먹고 살려고 합니다. '너희가 자기를 부인하고 자기 십자가를 지고 나를 따라오지 않으면 내게 적합한 사람이 아니다'라고 하신 예수님의 말씀(마태복음 10:38, 16:24)을 우습게 생각하는 것이지요. 이 말씀은 단지 종교적 의무나 강제가 아닙니다. 하기 싫은데 억지로 순종해야 하는 명령이 아닙니다. 하면 좋지만 안 해도 하나님의 하해와 같은 사랑이 우리를 용서해 주니까 '그만'인 예수님의 지나가는 말씀이 아닙니다.

'자기를 부인하고 자기 십자가를 지려고 애쓰지 않으면' 우리는 잘 살 수가 없습니다. '인간이 악하다'는 명제는 우리가 겪는 고통의 원인이지 '인간은 원래 악하니까 그냥 악하게 살아도 된다.'는 허용이자 인간 본성에 대한 축복과 찬양이 아닙니다. 압도적인 세상의 신(神)은 어릴 때부터 죽을 때까지 우리에게 '자기를 인정받고, 자기의 십자가를 벗어던지라'고 설교합니다. 우리는 평생 이 설교를 따라 애태우며 살아갑니다. 안 믿는 사람도 믿는 사람도 마찬가지입니다. 그러나, 경쟁의 세상에서 끝까지 인정받는 것은 불가능하고 우리는 평생 '자기를 인정받는 일'의 종으로 살아갑니다. 세상 신(神)의 설교에 따라 자기의 십자가를 벗어버리려고 애를 쓰면 쓸수록 우리는 세상 신이 우리에게 지우는 '경쟁의 십자가'를 지고 허덕거리면서 '성공의 골고다 언덕'을 올라가야 합니다. 그러므로, 자기를 부인하는 것은 우리를 몰아대는 세상의 드라이브(drive)를 부인하는 것이고, 자기의 십자가를 지는 것은 우리 등에 '세상이 지우는 십자가'를 받아 지는 일을 피하기 위한 방어(defense)의 몸부림입니다.

'자기를 부인'한다고 너무 무리하게 비현실적으로 부인하면, 무리가 억지가 되고 억지가 실패가 되고 실패가 좌절을 낳고 좌절이 실망을 낳고 실망이 포기를 낳습니다. 세상적 욕망의 삶을 부인하고 일을 하지 않으면 결국 다른 사람의 부담이 됩니다. 예수님은 30년간 목수의 아들로, 목수로 사셨습니다. 구약의 구원자 모세도 40년을 광야에서 장인 이드로의 양을 치는 목동으로 살았고, 신약의 구원자 예수님도 공생애 3년을 제외하고는 묵묵하게 담담하게 자기의 손으로 일을 하며 살아가셨습니다.

'자기의 십자가'를 진다고, 급하게 아무 십자가나 막 지는 것은 정답이 아닙니다. 우리가 자기의 인생에서 지어야 할 십자가가 무엇인지는 조금 두고 보아야 합니다. '우리의 인간 본성적 한계와 약점을 분명히 알고 잊어버리지 않으면서, 언제 어떻게 세상과 나의 삶에서 자기를 부인하고 어떻게 자기 십자가를 질 것인가?' 이것이 우리들 평신도들이 살아야 할 '씨름하는 신앙'의 문제입니다.

씨름하는 믿음의 현실적 모색
-삶의 공적 영역과 사적 영역, 전투적 헌신과 현실적인 씨름

1. 씨름하는 신앙의 영역① – 삶의 공적 영역·시민적 영역에서의 씨름

다음으로 '씨름하는 믿음'의 현실적 영역에 대해서 생각해 보겠습니다. 씨름하는 믿음은 우리 삶과 세상의 모든 영역에서 이루어져야 합니다. 운동 경기로서의 씨름이 팔과 다리와 허리와 무릎과 어깨와 심지어 머리까지 인체의 모든 자리를 사용하는 것이나 마찬가지입니다.

우리의 삶에는 일하며 먹고 사는 생업의 '사적' 영역과 사회 속에서 서로 협력하고 싸우는 사회정치적 시민생활의 '공적' 영역, 그리고 하나님을 찾고 하나님을 연구하는 '초월적' 영역의 세 가지가 있습니다. 그동안 우리의 믿음이 '초월'적 영역에서의 씨름에만 치우치고 국한되어서 나머지 삶과 세상의 '사적', '공적' 영역에 대한 믿음의 씨름을 방기(放棄)하고 결국에는 세상의 힘에 거꾸로 압도당하는 믿음을 만들어 냈습니다. 이제는 우리 삶의 사적 영역과 공적 영역에 대한 믿음의 씨름을 시작해야 합니다.

삶의 공적, 시민적 영역에 대한 믿음의 씨름이 시작되어야 합니다. '교회에서 정치 얘기를 하지 말아야 한다.'는 지혜는 여전히 유효할 수 있습니다. 개별교회가 당파적 미움을 촉발시키는 정치적 논의를 감당할 능력이 적기 때문입니다. 그러나, '믿음에 대해서는 정치 얘기를 해야 합니다.' 정치는 인간의 공적 생활과 공적 이웃사랑의 핵심적 논의가 벌어지는 장이기 때문입니다. 성도의 사생활 원리와는 별도로 성도의 공생활 원리가 나와야 하고, 내가 먼저 살고 남는 것을 조금 나누어주는 사적 이웃사랑을 넘어 사회적으로 고아와 과부와 나그네와 가난한 자를 돌보는 공적 이웃사랑의 길이 논의되어야 합니다. 믿음과 이웃사랑의 문제를 모두 사적이고 개인적이고 영적인 문제로 만들어버리는 것은 하나님의 공의적 요구를 경시하는 것이기 때문입니다. 우리의 생활적 지혜를 바꾸어 말하면 '연약하고 깨지기 쉬운 (개별) 교회에서는 정치 얘기를 하지 않는 것이 좋을 수도 있지만, (전체로서의) 한국교회에서는 사회와 정치에 대한 얘기를 해야' 합니다.

믿음에 대한 공적 논의에서는 정치의 필연성인 당파적 대립과 혐오감이라는 요소가 필연적으로 따라옵니다. 하지만 그것이 무서워서 신앙의 공적 영역과 공적 책임에 대한 논의와 씨름을 피해서는 안 됩니다. 그 결과가 바로 2014년 세월호 사건을 통해서 나타난 한국 사회 전체의 공적 책임감 상실입니다. 사적으로 점잖고 잘 믿는 기독교인 평신도들이 사회를 다스리는 자리에 앉아서 '아무 일도 하지 않았습니다.' 한국교회가 가르쳐온 '성도의 사생활원리'의 파탄입니다. 그러니까 듣기 싫고 말썽이 생기더라도 우리의 공적, 시민적 삶에 대한 '믿음의 씨름'이 시작되어야 합니다.

필연적으로 기독교인 내부의 정치적 사회적 논쟁도 세상의 정치적, 당파적 논쟁을 감싸 들여야 합니다. 교회에서 중산층 기독교인도 발언권이 있지만 가난한 기독교인도 발언권을 허락받아야 합니다. 한편으로는 정치적 보수와 진보를 뛰어넘는, 보수와 진보를 공히 뒷받침하는 하나님의 원리에 따른 공적, 시민적 원리를 궁구하는 노력도 필요합니다. 선악과를 따먹지 않는 것이 가장 중요합니다. '내가 절대적으로 옳고 상대방은 절대적으로 그르다'는 선악과입니다. '정치적인 선악을 따지지 말라'는 것은 '더 나쁜 선악과'입니다. 겉(말)과 속(판단)이 다르기 때문입니다. 이것은 '세상과 삶의 불의에 분노하고 하나님이 공의를 추구하려는 거룩한 분노'를 악(惡)한 것으로 판단하고 '세상을 그냥 그대로 두는 것, 세상의 악을 온전히 용납하는 것'을 선(善)하다고 보는 비겁한 심판관의 태도가 들어있기 때문입니다.

인생과 세상의 공적 영역에 대한 '씨름하는 믿음'은, 현실의 불의에 분노하고 맞서 싸우는 것과 함께 인생과 사회와 역사의 깊은 곳까지도 들어가야 합니다. 다수의 사람이 현실적으로 싸우고 다투고 발언하지 않으면, 많은 사람이 겁을 먹고 눈치를 보고 간신 같이 굴면, 당장은 아무 변화가 없는 것처럼 절망적으로 보이기도 하지만, 인류의 역사를 도도히 흐르는 정의와 공의의 역사에는 '져도 이기고, 이겨도 지는' 시간의 무게감이 있고 인간의 선악과 사회의 양면성이 때때로 뒤엉켜 전복되는 깊은 심연이 함께 있기 때문에, 절대로 절망하고 포기할 필요는 없습니다.[18]

2. 씨름하는 신앙의 영역 ② – 삶의 사적 영역에서의 씨름

우리들 대부분의 사람이 살아가는, 일하며 먹고 사는 인생, 우리 삶의 '사적' 영역에 대한 '믿음의 씨름'이 가장 중요합니다. 여기에 대해서는 '가장

할 말이 없다'고 생각하는 듯하지만, 가장 많은 고민과 연구와 모색과 실천이 필요한 부분입니다. 사람들이 빠지는 두 가지 함정이 있습니다. '먹고 사는 일에 빠지는 것'과 '먹고 사는 일을 천시하는 것'입니다. 앞의 문제는 이미 많이 얘기했습니다. 실제로는 '먹고 사는 일을 천시하는 것'이 더 문제입니다. 그래서, 진지한 기독교인 평신도들은 거룩한 일에 헌신한 목회자나 선교사를 보면서 열등감을 느끼고, 정의를 위해서 헌신하는 사회운동가나 공익활동가를 보면 또 열등감을 느낍니다. 그리고는 헌금을 내고 후원금이나 낼 뿐 자기 인생을 하찮게 여깁니다. 그러면서도 그 하찮은 인생을 엄청 열심히 살지요. 여기에는 굉장한 모순과 위악(僞惡)이 들어있습니다.

하나님의 뜻은 거룩한 초월에 헌신한 목회자나 선교사의 삶과 고상한 정의에 헌신한 사회운동가나 공익활동가의 삶 속에만 들어있을까요? 그럴 리가 없다고 생각합니다. 아담이 선악과를 따먹고 하나님의 재판을 받은 후(창세기 3장), 인간의 운명은 '땀을 흘리며 노동하며 먹고 사는 일'에 들어있습니다. 우리의 인생은 '하나님을 찾는 일' 이외에는 이웃과 함께 '일하며 먹고 사는 일'을 몸통으로 하여 구성됩니다. 이것이 우리가 주기도문에서 하나님의 뜻이 이루어지기를 기도하는 '땅'의 본체입니다. 이 '일하고 먹고 사는 삶', 그 자체에서 세상의 원리와 하나님의 원리 간의 씨름을 전개해야 합니다. 이것이 빠진 '거룩'과 '정의'는 자칫 '뿌리 없는 줄기'처럼 될 수 있습니다. 일하며 먹고 사는 삶을 두고 하는 '씨름하는 믿음'은 이론적이라기보다는 실천적입니다.

그 구체화를 위해서 몇 가지 과제들을 순서대로 말한다면, 첫째로는 '내가 일하며 사는 것' 자체의 신앙적 의미를 생각하는 것(몰입하지도 허무하지도 않게), 둘째는 '직장과 일터에서 이웃과 함께 일하고 살아가는 믿음의 원리'를 구체화하는 것(믿음으로 일하는 법-성실하되 악독하지 않고, 충성스럽되 간신이 되지는 않는), 셋째는 '내가 하는 일'의 신앙적 의미를 찾아나가는 것(하나님이 주신 인생의 제도라는 선한 측면과, 세상의 욕망이 사람들 속에서 작동하는 운동법칙의 악한 측면 사이의 긴장을 종합해서) 등이 우리들의 실천적이고 이론적인 숙제로 됩니다.

우리는 그동안 세상의 일은 세상의 일로만 이해하고, 믿음은 교회와 내 마음 속에만 따로 있는 것으로 생각하고, 가끔 아주 가끔 '내가 하는 직업에도 이런 정도 신앙적 의미가 있겠지' 하는 생각을 해 본 정도였지만, 이제는 작심하고 이 문제에 대한 믿음의 씨름을 집단적으로 시작해야 합니다. 이것은 크게 눈에 띄지도 않고 당장 겉으로 큰 변화를 나타내기는 어려울 수 있지만, 우리의 인생과 믿음 생활을 근본적으로 바꾸는 가장 본질적인 평신도의 회개가 될 것입니다.

같은 맥락에서 우리는 '씨름하는 믿음'을 전개함에 있어서 '전투적 헌신'과 '현실적인 씨름'의 관계를 생각해 보아야 합니다. 더 착하고 더 열정적인 사람은 전투적인 헌신의 형태로 믿음의 씨름을 하고, 덜 착하고 덜 열정적인 사람은 현실적인 인생 속에서 믿음의 씨름을 합니다. '소수'의 사람은 전투적인 헌신으로 믿음의 씨름을 하고, '다수'의 사람은 현실적인 인생으로 믿음의 씨름을 합니다. 두 가지 길이 모두 중요합니다. 양자 간에 선악 판단을 하지 않는 것이 중요합니다. '전투적 헌신'은 선봉대의 역할을 하지만, 진정한 힘은 '현실적인 씨름'의 본대(本隊)의 정신과 능력에서 나옵니다. 저는 소수의 '전투적 헌신' 이상으로 다수의 '현실적인 씨름'이 더 중요하고 필요하다고 생각합니다.

씨름하는 믿음과 위로받는 믿음의 협력적 긴장,
교회 속의 신앙과 세상 속의 신앙

1. 씨름하는 신앙과 위로받는 신앙의 협력적 긴장

이 글은 '위로받는 믿음'의 과잉을 한국교회의 평신도 신앙 현실의 문제점과 관련한 핵심적 원인으로 지적했습니다. 그러나, '위로받는 믿음'이 없이는 '씨름하는 믿음'이 존재할 수 없다는 점, 세상과 삶을 향한 평신도 신앙의 회개운동은 '씨름하는 믿음'의 회복뿐만 아니라 '위로받는 믿음'의 진정한 뒷받침이 있어야만 한다는 점을 다시 생각해 봅니다.

'과잉'된 위로받는 믿음은 세상의 위로를 구하고 세상과 화합하고 교회를 소비하는 등 문제들을 낳지만, 믿음의 시작인 '위로받는 믿음'은 '사람'이 '하나님'을 만나는 것입니다. 하나님을 만나서 하나님의 힘을 얻지 않고는 사람의 힘만으로 자기의 삶과 싸울 수도 없고 세상에 맞설 수도 없습니다.

연약한 아이로서의 하나님에 대한 믿음이 있다면, 장성한 청년과 어른으로서의 하나님에 대한 믿음이 있습니다. 연약한 아이일 때 나를 만나서 안아주신 하나님은, 장성한 어른이 된 나에게 나의 인생과 세상에 지지 않고 맞서 씨름할 힘과 지혜를 주십니다. 연약할 아이일 때에는 매주 자신을 찾아오는 나를 반겨주신 하나님은, 장성한 어른이 된 내가 세상이 주는 시험에 지지 않고 하나님의 뜻으로 세상을 시험에 빠뜨리려는 당당함과 패기로 맞서는 것을 기뻐하고 즐거워하십니다. 하지만 여전히 '하나님을 만나는 것'이 가장 중요합니다. 어린 믿음에도 중요하고 장성한 믿음에도 중요합니다. 그래서, 우리는 싸우기도 하고 은혜도 받아야 하고, 둘 다 해야 합니다. 하나만 있으면? 위험합니다.

우리가 추구하여야 하는 것은 하나님 앞에 어린아이처럼 구는 유년기의 믿음이 아니라, 하나님의 힘을 받아 세상 앞에 당당하게 서서 하나님과 함께 세상에서 씨름하는 어른의 믿음입니다. 여기에는 씨름하는 믿음과 위로받는 믿음이 모두 필요합니다. 지금 우리 교회가 아무리 욕을 먹더라도 한국교회는 위로받는 믿음의 강력한 원천입니다. 여기에서 나오는 하나님의 힘과 에너지를 우리가 잘못 받아썼을 뿐입니다. 씨름하는 믿음은 현실적인 교회 생활보다는 교회 밖의 세상에서 더 많이 이루어지는 성격의 것입니다. 장성한 믿음은 교회에서 위로받는 믿음의 힘을 얻어 교회 밖의 세상과 삶에서 씨름하는 믿음을 펴나가야 합니다.

여기에서 우리는 수백 개의 교단으로 갈라지고 수만 개의 개별교회가 단독으로 움직이는 한국교회의 분열 때문에 절망하지 않을 수 있습니다. 교회당이 나뉘어 있다고 해서, 우리의 믿음이 교회 건물에 따라 나뉘어 있을 필요는 없기 때문입니다. 우리는 유형교회와 무형교회를 함께 바라보고 건물로 지어진 교회와 세상에서 움직이는 신도들의 교회를 함께 생각해야 합니다. 이렇게 바라보고 움직인다면, 한국교회는 교회당을 건축하다가 성장이 멈춘 교회가 아니라, 이제 교회의 천장이 막혀 교회 문을 열고 성도들의 삶이 이루어지는 세상으로 나아가는 새로운 길을 열어나가는 교회가 될 것입니다.

2. 전문적 교리 신학과 평신도 삶의 신학

'씨름하는 신앙'의 전개를 위해서는 이제 사영리와 전도폭발, 일대일 성경공부의 한계를 벗어나야 할 때가 되었습니다. 온전하게 '성도의 공생활 원리'를 만들어내야 하고, 성도들이 현실적인 삶과 세상 속에서 어떻게 자기를 부인하고 자기의 십자가를 지는 씨름을 해나갈 수 있는지에 대한 구체적인 길도 제시되어야 합니다. 현실적으로 이루어지는 성도들의 일하며 먹고 사는 생활이 '하나님의 축복으로 그냥 좋은 것도 아니고' '하나님의 저주로 그냥 무의미한 것도 아니라는 점'을 분명하게 확인하고 깨닫는 세상과 인생과 직업과 세상일에 대한 깊고 풍부한 이해와 연구가 필요합니다.

수백 년 수천 년 동안 전개되어 온 기독교의 신학에는 이 모든 내용과 고민들이 각 세대를 통하여 진행되어 왔습니다. 그러니, 일반의 기독교인 평신도들은 목회자와 신학자들로부터 이 내용들을 배워야 합니다. 그러나, 세상 속의 평신도들이 그냥 배우기만 할 것이 아니고 스스로 찾고 만들어내야 할 영역이 있습니다. '실천'과 '경험'을 통한 '현실 세상에 대한 이해'입니다. 법이 무엇인지 의학이 무엇인지 교육이 무엇인지 정치가 무엇인지 노동이 무엇인지 상업이 무엇인지 기업이 무엇인지 다스리는 일(정부)이 무엇인지 평신도들은 세상에서 무궁무진한 실천적 경험을 해왔고 그에 대한 풍부한 지식을 가지고 있습니다. 그러므로, 기독교인들의 신앙적 회개운동으로서 '씨름하는 믿음'이 온전하게 진행되기 위한 이론적 기반과 지침을 확보하기 위해서는 교회 지도자들에 의한 전문적 교리 신학의 발전과 함께 평신도들의 자발적인 노력에 의한 삶의 신학이 함께 발전되어야 합니다. 이것을 위해서도 한국교회의 평신도들의 실천적 지성적 분발이 더욱 필요합니다.

결론 : 우리는 망하지 않을 수 있다.

: 한국교회의 기승전결), 새로운 평신도 신앙운동의 의미와 역할 – "전(轉)"

세월호 사건이 있었던 2014년은 한국 사회에도 엄청난 고통과 문제를 던져주었고, 한국교회(개신교)에도 엄청난 좌절과 실망을 가져다 준 한 해입니다. 그 이후로 지금까지 모든 종교 중에서 가장 긍휼 없는 발언들이 남발되는 종교, 여러 종교 중에서 가장 종교지도자들의 실족과 스캔들이 빈발하는 종교, 세상의 고통에 가장 둔감한 종교, 이것이 마치 한국 개신교의 사회적 이미지처럼 되어버렸습니다. 교회는 자랑을 잃고 평신도는 자부심을 잃고 목회자들도 자신감을 잃은 것 같습니다. 분열된 한국교회는 공적 질서를 잃고 각각 '사람이 각각 그 소견에 옳은 대로 행하는' 사사기 21장 25절의 모습으로 나타나고 있습니다. 더 이상 피할 곳이 없는 외통수(aporia)의 막다른 지점에 이른 것 같기도 하고, 스스로 고칠 능력이 없이 무너져 내리는 구체제, 앙시앵레짐(ancient regime)처럼 느껴지기도 합니다. 그러나, 한국교회는 아직 젊고 한국교회의 교인들은 아직 구원의 기쁨과 열심을 가지고 있습니다. 한국교회는 힘이 빠져 시드는 교회가 아니라 오히려 너무 힘이 넘쳐 힘을 잘못 쓰다가 옆길로 빠진 교회입니다. 한국교회를 비판하는 우리 사회의 이웃들은 아직 예수님을 비판하는 것이 아니라 예수님의 가르침대로 하지 않는 기독교인들을 비판하고 있습니다. 그러니 이 사회는 아직 '반기독교인'이지 '반기독교'가 아닙니다.

한국교회의 기독교인 평신도들의 믿음 생활 현실을, '위로받는 믿음'의 과잉과 '씨름하는 믿음'의 결핍이라는 주제를 가지고 두루 살펴보았습니다.

목사님들이 잘못 가르치고 이끌어온 잘못도 있겠지만, 평신도들이 세상의 위로를 교회에서 구하고 세상과 갈등하지 않는 편안한 신앙을 추구하고 손님처럼 구경꾼처럼 목사님들의 신앙을 구경하는 책임이 있다는 점을 살펴보았습니다. 이 왜곡된 경향이 우리의 믿음을 교회당으로 국한시키고 세상과 삶 속에서의 믿음을 없애 버린 것도 확인했습니다. 저는 한국교회 '평신도들의 회개'가 우리의 믿음을 살리고 한국교회를 살리기 위해 가장 필요한 오늘의 회개운동이라고 생각합니다. 그리고 이것은 가능합니다.

세상의 모든 것은 기승전결(起承轉結)의 구조로 발전합니다. 지금 한국교회는 소멸의 위기에 있는 것이 아니라, 외국 선교사들이 애를 쓴 시작의 '기(起)' 단계를 지나, 목회자들 주도의 노력이 이루어진 성장의 '승(乘)' 단계를 넘어, 주체와 방향을 돌이키는 진정한 발전의 '전(轉)' 단계로 넘어가는 과정이라고 생각합니다. 미리 겁을 먹고 실망하고 절망할 이유가 없습니다. 수십만 수백만 명의 평신도들이 돌이키면 됩니다. 그동안 신앙의 구경꾼으로 잠자던 우리 평신도들, 세상 속 그리스도인들이 회개하고 스스로 믿음의 주인공이 되어, 믿음으로 세상을 감당하고 다투는 믿음의 씨름을 본격적으로 시작하기를 소망합니다.

7장
직장과 신앙의 씨름

믿음으로 사는 법(法)
– 크리스천 직장인의 업무와 직장생활[19]

1. 들어가는 말 – '믿음으로 사는 법法' 서론

1. 저는 20년 가까이 로펌에서 직장생활을 한 변호사입니다. 직장생활 초반기 몇 년 동안 저는 크리스천이 아니었습니다. 직장생활에 적응을 하고 직장에서 살아남는 일은 그 자체가 쉬운 일이 아니었습니다. 직장생활의 중간 무렵에 예수님을 믿게 되고 저는 그 이후 상당히 열심히 믿는 크리스천으로 살게 되었습니다. 처음에는 저의 크리스천이라는 신앙적 정체성을 매일매일 로펌에서 일하는 직장생활과 어떻게 연결을 지을 수 있을지 막막했습니다. 세상의 재산 싸움을 거들어주면서 돈을 버는 변호사 일은 신앙의 거룩한 일과 가장 거리가 먼 직업 중의 하나라고 생각했기 때문입니다. 독실하고 성실한 신앙적 일꾼이 되기 위해서는 기회가 나는 대로 하루빨리 이 바쁘고 세상적 욕망에 가득 찬 로펌을 떠나야 하는 것이 아닌가 생각했습니다.

그러나, 시간이 지나면서, 저는 서서히 저의 직장생활과 직업 속에서도, 직장 동료들 및 의뢰인들과 함께 하면서 나의 신앙을 진지하게 실천해 나갈 수 있다는 것을 발견하게 되었습니다. 이것은 제가 전혀 기대했던 것 이상의 경험이었습니다. 저는 동료들과 직장에서 성경모임을 만들고 매주 만나서 성경을 읽고 직장의 갈등과 직업상의 고민들을 함께 나누었습니다. 세상의 힘은 너무나 강해서 우리는 인생의 현실적 어려움을 겪을 때 사실상 우리의 신앙을 포기하게 되는 경우가 많습니다. 그러나, 우리의 신앙에는 그러한 현실에 당당히 맞서 세상이 주는 시험을 감당하고, 거꾸로 우리 믿음의 원리로 그 세상 자체를 시험에 빠뜨릴 수 있는 힘이 있다는 점을 알게 되었습니다.

어떤 직업을 가지는 것 어떤 직장에 다니는 것 자체만으로 인생의 행복과 의미가 보장되지는 않습니다. 우리가 믿음을 가지고 있다고 해서, 그것만으로 우리의 일과 직장이 금방 하나님 나라의 유쾌함이 가득한 장소로 변화하는 것도 아닙니다. 빡빡하고 답답한 일상(日常)과 업무 속에서, 우리가 가진 믿음은 어디까지 능력을 발휘할 수 있을지, 믿음이 우리 삶과 일의 막연한 의미를 어떻게 채울 수 있는지, 지난 수년간 저희 회사의 성경모임에서 함께 모여 말씀을 공부하고 동료들 간에 직장생활과 직업상의 갈등과 고민들을 함께 나누면서 고민하고 정리해 온 내용들을, 직장과 생업 속에서 씨름하며 살아가는 동료 크리스천들과 함께 나누어 보고자 합니다.

2. 인생을 사는 일은 쉽지가 않습니다. 오늘은 좋은 일이 있어서 웃었는데 내일은 갑자기 마음이 답답하고 먹먹해지는 일이 생깁니다. 가정이 평안하면 회사에서 적응이 안 되고, 회사 생활에 재미가 붙으면 갑자기 가정에 사랑하는 사람에게 아픈 병이 생깁니다. 시험에 합격하거나 취업에 성공하면 잠깐 동안 기분이 즐겁고 행복한 사람이 되지만, 막상 학교에 들어가거나

직장에 출근한 직후부터는 예상외로 일들이 꼬이고 우리는 금방 똥 씹은 표정에 비 맞은 개처럼 기가 죽어서 돌아다니게 됩니다. 일이 너무 많아도 문제이고, 일이 너무 없어도 문제입니다. 세상은 만만한 곳이 아닙니다. 세상에서 살기 위해서, 우리는 끊임없이 일을 하고, 공부를 하고, 돈을 벌고, 사람들이 시키는 일을 하고, 다른 사람 눈치를 보고, 때로는 밤을 새고, 그리고도 일을 잘 못 한다고 욕을 먹거나 무시를 당하기도 해야 합니다. 세상에서 우리가 만나는 사람들은 우리 부모나 형제 가족이 아닙니다. 내가 힘들어도 어리광을 피울 수 있는 대상이 아닙니다. 다 내가 현명하게 감당해야 합니다. 내가 감당하지 못하면 인생이 더 힘들어 집니다.

"남의 돈을 먹는 일에 쉬운 일은 하나도 없다!" 돌아가신 저희 아버님 말씀이 맞았습니다. 많은 공부를 했지만 막상 구체적인 소송사건과 자문업무를 잘 하는 것은 쉽지가 않고, 때로 위험하기도 했습니다. 직장에 취업해서 일을 하는 초기의 수 년 동안, 우리는 인생의 재미도 낭만도 찾지 못하고, 직장상사나 선배들과의 관계에서 많은 상처를 받고, 자신감과 자기확신(self-confidence)도 점점 증발해 버리는 상실(喪失)의 과정을 겪게 됩니다.

이런 상황에서 우리의 믿음은 어떤 힘을 쓸 수 있는가? 복잡한 세상을 살아가는데 믿음이 도움이 되는가, 아니면 거추장스러운 짐에 지나지 않는가? 직장 사무실에서 일할 때에는 믿음을 살짝 옆에 내려놓은 채 일에만 집중하고 믿음은 주일에 교회에서 채우는 것이 불가피한가, 아니면 세상과 일 속에서도 믿음을 붙잡고 씨름하면서 살아가는 것이 도움이 되고 또 가능하기는 한가?

직장 생활 초년병 시절에는 세상일에 적응하고 나날이 다가오는 긴장과 갈등을 소화해내는 것 자체가 만만치 않습니다. 따라서 직장과 믿음의 통합, 일과 믿음의 결합, 이런 얘기들은 모두 장래의 먼 얘기이고 비현실적이며 사치스런 논의라고 느끼기가 쉽습니다. 그러나, 하나님 없는 인생은 허무하고, 하나님 없는 직장인으로서의 성공도 무의미합니다. 전투적인 믿음을 갖지 않으면 세상에 패배하고 주일에 교회로 대피하는 무기력한 크리스천이 됩니다. 하나님의 말씀은 살았고 운동력이 있어 좌우에 날선 어떤 검보다 예리합니다.(히브리서 4:12) 세상과 일은 온갖 무기로 우리를 공격하고 헤매게 하고 쓰러뜨리려 하는데, 우리들이 우리가 가진 믿음의 보검을 써먹지 않고 검집 속에서 녹슬게 만들면서 그저 힘들어하고 슬퍼하고 하냥 없이 괴로워한다면, 이것처럼 바보 같고 억울한 일은 없을 것입니다.

저는 직업상 '민법(民法)'도 잘 알고, '형법(刑法)'도 잘 알고 '민사소송법(民事訴訟法)'도 대충 압니다. 그러나, 민법, 형법, 민사소송법은 우리에게 '밥'을 주지만, 인생 문제를 '해결'해 주지는 않는다는 것을 깨달았습니다. 자, 이제부터 우리들의 일과 신앙이 어떻게 연결될 수 있을지, 민법, 형법, 소송법이 아닌 '믿음으로 사는 법(法)'을 함께 공부해 보았으면 합니다.

2. 신앙과 직업에 대한 기본적인 질문

1. 질문 I : "나는 무엇을 위해 사는가?"

우선 '나는 무엇을 위해서 사는가?'라는 질문을 진지하게 던져볼 필요가 있습니다. 현실적으로 '직장에서 자리 잡고 성공하는 것', '돈을 벌고 안정된 생활을 하는 것,' 이것이 우리의 기본적인 욕구이고 생활의 기본목표가 됩니다. 부인할 수도 없고, 부인해서도 안 됩니다. 조용히 자기 손으로 일을 하고

(데살로니가전서 4:12) 자기 양식을 먹는 것은(데살로니가후서 3:12), 우리 인생의 기본입니다. 그러나, 빵을 만드는 것, 빵을 잘 만드는 능력을 인정받는 것이 우리 인생의 목적과 만족이 될 수는 없습니다. 직업적으로 성공하는 것, 능력 있고 유능한 직장인이 되는 것이 나쁜 일은 아니지만, 이것이 '다'이 거나 이것이 중심'이라면 우리 삶은 하나님이 아니라 빵을 섬기는 인생이 될 것입니다. 빵을 섬기는 인생에는 만족이 없고, 결국 다툼이 남거나 허무해 집니다.

2. 답변 I : "(가급적) 예수에 미치는 것이 좋다" – Crazy for Jesus!

조금 도전적으로 얘기해 보겠습니다. 순한 믿음은 별 힘이 되지 않습니다. 주일성수하고 큐티(QT)하고 정규적인 기도생활을 하는 것은 아주 좋은 일이지만, 세상에 도전하고 세상을 이기는 강력한 힘을 내기는 부족합니다. 조금 독(毒)하게 믿는 것이 좋습니다. '예수 안 믿으면 지옥 간다!'고, 주변 동료들한테 무례하고 독하게 굴자는 얘기가 아닙니다. 내 믿음에 대해서, 내 믿음의 양과 질, 그 깊이와 높이와 넓이에 대해서 독하게 굴 필요가 있다는 얘기입니다. '나는 하나님 믿는 일을 내 인생의 목표로 삼고, 하나님 믿는 일에 미쳤다'고 스스로 생각해도, 막상 우리가 매일매일 하는 일의 대부분은 먹고 살기 위해서 하는 업무와 직장생활이고, 우리는 끊임없는 시험과 갈등 속에서 수시로 헤매고 실수하며 넘어지는 일에서 벗어나지 못합니다.

독하게 마음을 먹어도 이럴진대, 예수를 독(毒)하게 믿지 않고 순하게 믿으면, 끊임없이 세상에 밀리고 타협하며 패배하고 무기력해지는 일을 극복할 수 없습니다. 우리가 가진 '크리스천'이라는 정체성과 '직장인'이라는 정체성 중 '크리스천'은 교회에 있고, 사무실에는 '직장인'만 남게 됩니다. 이러면 하나님 나라는 교회에만 있고, 직장의 사무실은 오직 세상 나라일 뿐입니다. 우리는 교회에서만 하나님 나라 백성이고, 세상(직장)에서는 100% 세상 백성인, 이중국적자가 됩니다. 하나님은 이중국적자를 원하지 않습니다.(십계명 제1계명) 하나님에게 미치지 않으면, 세상은 결코 우리를 중립지대에 놓아두지를 않고, 우리는 결국 세상에 미치게 됩니다.(Crazy for the World) 세상은 우리의 욕구, '육신의 정욕과 안목의 정욕, 이생의 자랑'을 부추깁니다. 우리는 노골적인 욕망에 빠지지 않더라도 우아한 형태의 욕망, 즉 우리가 가진 것과 하는 일을 자랑하는 '이생의 자랑, the boasting of what we have and what we do'에 거의 전 인생과 마음을 쏟아 붓게 됩니다.(요한1서 2:16)

성격이 터프(tough)하고 강한 사람이 있고, 기질과 행동이 부드럽고 온순한 사람이 있습니다. 터프한 사람만 예수에 미칠 수 있고, 온순한 사람은 예수에 미치지 못하는 것이 아닙니다. 두 가지 스타일 모두 예수에, 하나님 믿는 일에 미치는 것이 가능합니다. 오히려 온순하고 부드러운 성격의 사람이 더 꾸준하고 흔들림 없이, 그리고 보다 효율적으로 하나님 믿는 일에 미치는 것이 가능합니다. 하나님 믿는 일에 미치면, 하나님 믿는 일이 재미있고 즐거워집니다. 일단 내가 하나님 믿는 일에 미치면, 적어도 나와 나를 둘러싼 반경 3-5미터는 하나님의 영토가 되고, 우리는 이 영토를 성(城) 삼아서 세상과 나의 업무와 직장생활과 싸울 수 있습니다.

3. 질문 Ⅱ : "내가 하는 직장 일은 세상적인 이익만을 추구하는 악한 일

인가?"

　우리가 인생의 대부분을 차지하는 직장 생활 속에서 우리의 신앙을 적극적으로 적용하고 실현할 엄두를 내지 못하는 가장 큰 이유 중의 하나는, 우리의 직장 일이 돈 버는 일의 성격상 신앙적인 목표나 의미와는 상관이 없이 세상적인 이익만을 추구하는 무의미한 일이라는 선입견과 소극적인 태도입니다. 이런 생각은, 직장 일은 신앙의 거룩함과는 무관할 뿐 아니라, 타락과 탐욕으로 가득한 곳이니 어떻게든 한 주일을 견디어내고, 우리의 신앙을 위해서는 주일에 교회로 달려가자는 다소 청산주의적인 신앙태도를 만들어냅니다.

　제가 하는 업무의 경우에도, 변호사들이 다루는 법과 재판 일은 지극히 세속적이고 실용적인 일입니다. 민사재판에서는 주로 금전과 권리에 대한 다툼이 문제로 되고, 형사재판에서는 죄의 유무와 처벌의 강도가 쟁점으로 됩니다. 변호사들은 돈을 둘러싼 싸움을 대리하고 분쟁 금액의 일부분을 수임료로 받습니다. 돈이 많은 사람이나 기업에게서 더 많은 돈을 벌기 때문에, 보통 우리는 더 많은 대가를 주는 의뢰인의 일을 더 친절하게 열심히 해주게 됩니다. 형사절차에서도 돈이 많은 사람들은 더 좋은 변호를 받고 돈이 적은 사람들은 변호사의 도움을 받기가 어렵습니다. 이것 때문에 '유전무죄(有錢無罪), 무전유죄(無錢有罪)'라는 비난이 생깁니다. 가끔 아주 착하고 정의감이 강하고 하나님의 특별한 부르심을 받은 변호사들이 있어서, 손해를 보면서도 가난한 사람과 나그네를 위한 변론에 투신하고 헌신합니다. 그러나, 대부분의 변호사들은 돈을 버는 사건에 좀 더 매달리고 재정적 안정과 성공을 도모합니다.

이것은 부인할 수 없는 현실입니다. 여기에서 변호사들이 하는 법률 일에 대한 두 가지 잘못된 태도가 발생합니다. 하나는 긴장을 완전히 풀고 세상적인 일과 방식에 푹 빠져버리는 것이고, 다른 하나는 변호사가 하는 일반적인 법률 업무를 악하고 세상적 욕심에 봉사하는 일로 치부하는 것입니다.

4. 답변 II : "내가 하는 직장 일은 하나님 나라와 세상 나라의 싸움터이다!"

결국 거룩함은 교회에만 있고, 세상의 일에는 탐욕과 타락의 위험성만 있는가? 그건 그렇지 않습니다. 세상의 거의 모든 직업은 나의 인생과 내 이웃의 인생을 가능하게 하고 사람들이 살아가는 것을 가능하도록 물품과 서비스를 제공하거나 공동체의 존속에 봉사하는 일입니다. 우리가 사람의 눈으로 직업과 직장을 보면 경쟁과 대우와 불만족과 무의미함이 보입니다. 그러나, 우리가 하나님의 눈으로 직업과 직장을 보면, 하나님의 뜻에 따라 나를 사랑하고 이웃을 사랑하며 크고 작게 세상을 다스리고 세상에 봉사하는 하나님의 심부름들이 눈에 보이게 됩니다.

저는 본래 재산분쟁을 다루는 법률 업무는 하나님의 일과 가장 거리가 먼 직업일 거라고 생각했던 사람입니다. 그러나, 믿음을 가지고 나서 변호사 일을 하면서 지극히 세속적인 변호사 업무 속에서도 하나님의 뜻을 모색하고 실천할 수 있는 영역이 매우 많다는 것을 발견하게 되었습니다.

'사람'은 악하지만, 동시에 하나님의 형상과 구원의 가능성을 함께 가지고 있는 이중적인 존재입니다. '법'과 '재판' 또한 세상 나라의 욕망체계와 인간의 악성을 반영한 죄(罪)의 활동 공간이지만, 동시에 하나님의 공의와 긍휼이 역사하는 하나님 나라의 활동공간이기도 합니다. 그러므로, 법률과 재판업무는, 100% 의롭지도 않지만 100% 악한 것도 아니며, 오히려 선과 악, 죄와 의가 서로 공존하며 싸우는 하나님 나라와 세상 나라의 싸움터에 해당합니다.

구약의 율법(Law)은 인간의 죄로 인하여 하나님이 주신 것이라고 성경은 가르칩니다. 우리가 다루는 현실 세상의 법도 인간의 이기심으로 인한 분쟁과 죄를 다루고, 사람과 사람, 사람과 사회 간의 극단적인 갈등과 충돌을 완충하는 역할을 합니다. 그러므로, 구약에서 하나님이 주신 율법과 우리가 다루는 세상의 법은 매우 유사하고 사실상 거의 동일한 기능을 가지고 있습니다.

구약의 법과 재판제도가 죄와 벌, 공정한 분배를 초점으로 두고 있다면, 신약의 법은 예수님을 통한 죄의 용서와 성령의 조명을 통한 인간의 회심을 강조하면서 '사람의 연약함을 초극하고 생명과 구원에 이르는 원리의 영역'을 새롭게 개척하고 있습니다. 크리스천 변호사가 '분쟁에 휩쓸린 의뢰인을 위하여 대신 변론해 주고 그들의 고민을 위로하고 변호해 주는 것'은 예수님과 성령의 중보와 대언 업무를 함께 하는 것으로 볼 수 있습니다. 하나님의 법정에서 죄인과 연약한 인간을 변호하시는 예수님과, 세상의 법정에서 당사자들과 피고인들을 변호하는 세상의 변호사들은, 사실 동종 업종에 종사하는 동업자들이라고도 할 수 있습니다.

법률 일과 재판업무 속에는 세상적인 욕심과 갈등과 분쟁과 죄가 가득 들어있습니다. 그리고 그 일에 개입하는 법조인들의 마음과 태도와 행동에도 욕심과 이기심과 경쟁심과 호승심(好勝心)의 죄성(罪性)이 충만하게 들어있습니다. 그러나, 그와 동시에, 법률업무와 재판 일은, 하나님이 주신 공의의 법(율법)과 예수님이 주신 위로하고 구원하는 은혜의 법이 함께 역사하는, 의미 있는 '하나님 나라의 싸움터'이기도 합니다.

재산분쟁과 가족분쟁 등 민사 분쟁에 휩쓸려, 억울하게 피해를 당하거나, 그로 인하여 상대방과 세상에 대한 극도의 피해의식과 원망으로 몸부림치거나, 일의 결과가 잘 될까 잘 안될까 극도의 긴장과 두려움으로 잠을 이루지 못하는, 민사 사건의 당사자들이 있습니다. 대부분의 경우 의뢰인들의 입장은 '부분적으로만 정당'하고 '부분적으로만 부당'합니다. 완전히 부당하거나 완전히 정당한 경우는 극히 희박합니다. 이 때 의뢰인들을 위해서, '각자의 일용할 양식'의 공정한 몫을 지킬 수 있도록 도와주고, 한편으로는 의뢰인들이 무리한 욕심이나 오해로 세상과 자기 인생과 하나님에 대한 '시험에 들지 않도록' 도와주는, 민사 변호사의 일은 가치 있고 소중하며 하나님이 기뻐하시는 의미 있는 일입니다.

무죄인 사람이 사법제도의 한계로 유죄 판결을 받으면 인생 하나가 통째로 무너집니다. 사실관계에 대한 오해나 법 적용의 과실로 인하여 죄를 추궁당하고 있는 형사재판의 피고인이 억울함에서 구원을 받을 수 있도록 도와주고, 죄를 저지른 사람의 경우에도 용서를 받거나 형의 감경을 받을 만한 사정(정상)을 대신 변호해 주는 형사 변호사의 변론도, 죄를 미워하는 하나님 나라의 공의와 죄인에 대한 예수님의 구원 역사를 이 땅에서 실현해 나가는, 의미 있는 일입니다.

개별법 분야로 들어가서 한 가지 예를 들어보면, 사업에 실패하고 방만한 채무부담으로 망한 개인이나 기업이 이 세상의 진(陣) 바깥으로 쫓겨나

굶주리지 않도록, 채무면제[20]와 복권(復權)을 통해서 '두 번째 기회(second chance)'를 제공해 주는 파산법 및 회생제도에도 '실패한 자에 대한 하나님의 긍휼과 용서'가 선명하게 깊이 반영되어 있습니다.(마태복음 18:21-35)

이처럼 법률 일은 그저 무의미하고 돈벌이만을 쫓아가는 맹목적인 일이 아닙니다. 죄의 나라와 하나님 나라가 부딪히는 싸움터입니다. 변호사가 하나님의 뜻에 눈 감으면 유전무죄, 무전유죄의 죄성과 편파성이 판치지만, 변호사가 하나님의 뜻과 긍휼을 따라 행하면 재판과 변론 속에 보혜사 성령의 역사가 판칠 수도 있습니다. 변호사들이 부한 사람들만 편파적으로 돕는다면 문제가 되겠지만, 변호사의 업무 전체는 '나그네와 가난한 자를 돕는 일'을 포함하면서도 그보다 더 큽니다. 부자도 죄인이지만, 가난한 자도 죄인이고, 의뢰인도 의인은 아니며 변호사도 죄인이라는 현실[21]을 크게 보고 인식해야 합니다. 변호사들이 법과 재판 속에 들어있는 세상 나라의 일과 하나님 나라의 일을 잘 분별하고 지혜롭게 행할 수 있다면, 아무리 세속적인 법과 이해관계를 다루는 일이더라도 그 일을 하나님의 일로서 당당하게 하나님께 바칠 수 있을 것입니다.

우리나라 인구 5천만 명 중 자영업을 포함하여 직장생활을 하는 사람은 약 2,500만 명 정도입니다. 그 중 90% 이상은 물건이나 서비스를 만들고 판매하는 사적(私的) 생업에 종사하고, 약 100만 명에 달하는 공무원과 정치인, 언론인과 교육자는 공(公)적 기능을 다루는 직업에 종사하고 있습니다. 정치인과 공무원 등 공적 기능을 담당하는 사람들은 마땅히 하나님이 주신 칼을 담당한 사람으로서 그 직업을 통해 한 공동체를 유지하고 발전시켜야 하는 하나님의 사자(使者)로서의 사명감을 가지고 그 직업을 수행해야 합니다.(로마서 13장 참조) 의료업은 하나님이 주신 생명을 보호하고 예수님의 뒤를 이어 병자를 고치는 직업이요, 집을 짓고 옷을 만들고 음식을 만드는 직업들은 자신과 가족의 생계를 책임질 뿐만 아니라, 다른 사람들의 생명을 유지하고 존속하는 가장 기본적인 재화와 서비스를 제공하는 하나님과 이웃에 대한 심부름의 일입니다.

일마다 직장마다 하나님이 내려주신 역할은 조금씩 다르지만, 이 세상의 사적이고 공적인 거의 모든 직업은 모두 사람에게 세상에서 생육하고 번성하여 땅에 충만하며 세상을 다스리고 지키도록 명하신 창세기의 축복을 반영한 것임과 동시에 (창세기 1:28, 2:15), 아담의 죄로 인하여 저주받은 땅에서 우리가 종신토록 수고하여야 그 소산을 먹을 수 있게 된 창세기의 심판을 함께 반영하고 있습니다.(창세기 3:17) 그러니 우리들 모두의 직업과 직장 생활은, 땀 흘리는 고통과 인간의 죄악으로 인한 갈등과 몸부림이라는 어두운 면과, 하나님이 우리에게 주신 세상을 다스리는 사명과 나와 이웃의 생명을 보호, 육성하는 이웃사랑의 보람이라는 밝은 면이 함께 있습니다. 우리가 직업을 생각할 때 밝은 면만을 보고 안이하게 낙관해도 큰 코를 다치겠지만 어두운 면만 있다고 생각하고 절망하는 것도 큰 오해입니다.

5. 우리 믿음의 기준(standard) - 장성한 믿음 / 실력 있는 믿음

우리들은 학교에 진학하고 각종 시험에 합격하고 직장에 취업하고 직업적인 성취를 이루기 위하여 무척 열심히 공부를 합니다. 땀을 흘리며, 잠을 쫓아가며, 때로는 한숨을 쉬고 눈물을 흘리며……. 우리는 일을 잘 하기 위해서, 일을 못한다고 욕을 먹지 않기 위해서, 매일 매일 '직장 일을 잘 하는 법(法)'에 대해서는 우리의 마음과 영혼과 정성과 힘을 다 해서 깊이 묵상하고 고민하고 연구합니다. 그러나, 우리는 '믿음으로 일하는 법(法)'에는 별 관심이 없고 잘 알지도 못하고 잘 알고 싶어 하지도 않습니다. 이러면 학교 시험이나 회사 일에서는 과락(科落)을 면할 수 있겠지만, 인생 시험에서는 필연 과락(科落)을 면할 수 없습니다. 공부를 하고 연구를 해야 합니다.[22] 하나님을 아는 지식은 우리의 인생을 제대로 아는 지식을 주고, 우리의 인생을 충만하게 채웁니다. 하나님을 아는 지식이 없거나 부족하면, 믿는 사람이나 믿지 않는 사람이나 마찬가지로, '가물어 메마른 땅에서 시들은 나의 영혼'을 붙잡고 평생 살아야 합니다.(새찬송가 183장)

우리는 누구나 실존(實存)적인 고민을 가지고 하나님 앞에 나갑니다. 고마우신 하나님은 바닥에 쓰러져 울면서 매달리는 우리 손을 잡아 주시어, 우리가 다리와 발목에 곧 힘을 얻고 다시 벌떡 일어나 걸을 수 있도록 도와주십니다.(사도행전 3:7)[23]그런데, 하나님의 도움으로 실존적인 상황을 벗어나면 우리 중 십중팔구는 일상생활로 돌아가 내 팔과 다리의 힘으로 살아가며 하나님을 잊어버리고 지내다가(누가복음 17:12-18), 다시 실존적인 어려움이 닥칠 때 하나님을 기억하고 도움을 청합니다. 많은 경우 너그러우신 하나님은 또 도움의 손을 주시기는 합니다. 그러나, 동일한 패턴이 무한정하게 반복되는 것은 문제입니다. 자신의 유일한 아들을 십자가에 매달리게 하신 하나님께서, 무엇 때문에 우리의 성공과 성취와 안락한 생활에 대한 요청을 끊임없이 받아주셔야 합니까? 이런 요구는 정당하지도 않고 타당하지도 않고 합리적이지도 않습니다. 힘들 때만 하나님을 찾고 힘들지 않으면 하나님을 잊어버리고 내 힘으로 사는 믿음은, 어리고 무력한 믿음입니다. 어린아이는 독립하여 살아갈 능력이 없습니다. 어리고 연약한 믿음에는 힘이 없고, 즐거움도 없으며 세상의 고민과 고통을 극복할 실력이 없습니다. 평생 나 자신에 대한 기도제목만 가지고 신앙생활을 할 수는 없습니다.

하나님에 대한 정확한 지식(知識)을 가져야 합니다. 하나님은 좋으신 분이지만, 우리의 요구와 어리광을 무한정 받아주는 수염 잡힌 할아버지가 아닙니다. 사랑이 넘치지만 냉정하게 우리 인생을 바라보면서 때로는 간절한 위로를, 때로는 사람 막대기와 인생 채찍[24]으로 우리가 정신을 차리게 하시는 분입니다.(사무엘하 7:14) 하나님을 우리 기도만 들어주시는 분, 들어주셔야 하는 분으로 오해한다면, 이것은 하나님을 믿는 것이 아니라 '우리가 하나님이라고 생각하는 우상(偶像)'을 믿는 것입니다.

하나님이 우리의 실존(實存)을 건져 주시면, 우리는 우리의 실존(實存)을 하나님께 던져야 합니다. 말씀을 먹고 공부하고 몸에 체화시켜서, 우리의 믿음으로 삶의 모든 문제를 대면하고 풀어나가는 장성한 믿음[25]을 가져야 합니다. 장성한 믿음은 냉정한 입장에서 나를 다루고 대등한 입장에서 세상을 다룰 수 있습니다. 고통이 와도 감당해 내고, '시간이 지나가면 다 이겨낼 수 있다'는 태도로 의연히 버티어 내야 합니다.[26] 일용할 양식을 달라고 떼만 쓰지 말고 내 손으로 일용할 양식을 벌어야 합니다. 매일 시험에 들지만 말고, 다른 사람이 시험에서 빠져 나올 수 있도록 돕는 하나님의 손이 되어야 합니다. 하나님 앞에서 우는 아이가 아니고, 하나님의 능력을 드러내는 어른이 되어야 합니다. 장성한 믿음을 갖지 못하면 '나(self)'에 의하여 다룸을 당하고, 세상에 의하여 다룸을 당합니다. 다루는 자는 주인이고 다루어지는 자는 종입니다. 우리가 생명과 구원의 믿음을 배우고도, 세상과 일과 직장의 종으로 사는 것은 억울하고 분한 일이 아닐 수 없습니다.

직장 일을 잘 하려면 직업적 기술과 실력이 필요한 것처럼, 잘 믿으려면, 믿음으로 세상을 이기려면, 당연히 '믿음의 실력'이 필요합니다. 하나님을 잘 믿는 것, 믿음의 실력을 얻는 일도 거저먹으려고 하면 안 됩니다. 땀과 노력이 필요합니다. 하나님을 아는 지식은 값싼 것이 아닙니다.[27] 취업이나 시험 공부를 할 때에 해당 과목을 잘 이해하기 위해서 기본 교재를 3회독(三回讀), 4회독해야 하는 것처럼, 하나님을 알기 위해서 성경 또한 3회독, 4회독을 해야 합니다. 어떤 교과서들은 처음 읽는 1회독 때에는 무슨 얘기인지 하나도 모르지만 2회독, 3회독 이후에는 용어들만 조금 익숙해지고, 4회독을 하고 나면 시험에 과락(科落)을 면할 정도 감(感)을 얻을 수 있었습니다. 성경도 마찬가지입니다. 평신도들이 성경을 읽을 때 가장 암담한 것이 레위기인데, 1회독을 할 때에는 쳐다보는 것 자체가 싫지만, 2회독, 3회독을 할 때에는 조금씩 참고 읽을 만 해지고, 4회독을 할 때에는 갑자기 소 잡고 양 잡는 제사법들의 수없는 반복 속에서 박자와 운율을 발견하는 새로운 재미와 신선한 맛을 느낄 수 있게 됩니다.

진학이나 취업시험 서적을 공부할 때 편식을 하고 생략을 할 수 없는 것처럼, 성경을 읽을 때도 자기 구미에 맞는 부분만 읽으면, '세상과 직장과 업무'라는 시험지에 우리 믿음의 답안을 써 내려갈 수 없습니다. 아무리 회사 일이 바쁘고 여유가 없어도 시간을 만들어 '정욕(情慾)으로' 성경을 읽어야 합니다. 교과서가 이해가 안 되어도 억지로 그냥 읽어나갔듯이 성경의 예언서가 하나도 이해되지 않고 하나도 기억나지 않아도 그냥 눈으로 읽으면서 무조건 진도를 떼어나가는 것이 좋습니다. 기술을 잘 알면 작업이 재미있어지고, 일을 열심히 하면 서서히 일이 재미있어지는 것처럼, 하나님 말씀을 정욕으로 자꾸 읽어내면 하나님의 말씀이 자꾸 내 뇌신경과 마음속에 한 겹, 두 겹, 세 겹 축적되고 마침내는 말씀이 나의 영혼 속에서 춤추기 시작하는 때가 옵니다. 믿음은 괴로운 것이 아니고, 즐겁고 재미있고 흥분되는 일입니다.[28] 그러나, 믿음의 즐거움을 누리기 위해서는 당연히 투자가 필요하고 시간과 노력이 필요합니다.

하나님과 친근하게 사귀게 되는 계기와 방법은 사람마다 다르고 아주 다양합니다. 그러나, 생활의 모든 과정에서 하나님을 붙잡고 씨름하고 엉켜 지내면서, 하나님과의 친밀성, 근접성을 강화시켜야 합니다. 일주일에 한번, 한 달에 한번 하느님을 찾아가 만나는 것만으로 실력 있는 믿음을 갖기 어렵습니다. 겸손한 마음으로 나의 한계를 인정하면서 무너진 자로서 하나님 앞에 서는 것, 하나님의 영감과 인도가 느껴질 때 거부하지 않고 과감하게 순종하는 것, 내 믿음의 상태가 안 좋아도 교회와 직장의 예배와 모임에 억지로 참가하거나 인도하면서, 모임 가운데 이사람 저사람 사이를 돌아다니는 은혜를 주워 먹고 회복되는 것, 성령의 은혜를 사모하고 거부하지 않는 것이 다 필요합니다. 직장 일만 하면 인생이 그렇게 재미있고 즐겁지 않습니다. 가끔 잘 나갈 때, 하는 일이 성공을 거둘 때에는 재미가 있지만, 그 재미는 한정 없이 지속되지 않으며 반드시 덜컥 멈추는 날이 옵니다. 그러나, 하나님을 믿는 일의 재미는 무궁무진하고, 우리가 직장 생활을 하면서도 하나님 믿는 일의 재미를 넘치게 누리면, 인생 자체가 즐거워지고 우리의 직업과 직장생활로도 즐거움이 흘러넘치게 됩니다.

우리의 믿음에 관한 '시험지(試驗紙)'는 우리의 인생과 일, 직장과 업무입니다. 교회는 공부하는 곳이고 일터는 시험을 보는 곳입니다. 살면서 부딪히는 모든 어려움과 갈등은 우리 믿음에 대한 시험문제입니다. 맞든 틀리든 문제를 풀지 않고 도망치면 실력이 늘지 않습니다. 정신을 차리고 진지하게 믿음으로 시험을 풀어야 합니다. 만일 우리가 쓴 답이 정답이면 우리는 신앙의 힘을 경험하는 승리자가 됩니다. 다행히도 인생의 시험은 한번 문제를 틀렸다고 완전히 망치지는 않습니다. 틀리면 다음 차례의 시험 때 안 틀리고 잘 보면 됩니다. 현실의 시험을 열심히 풀어서 우리 신앙의 실력을 키워야 합니다. 현실 속에서 열심히 문제를 풀지 않으면, 신앙 지식은 많아도 현실 속에서 믿음의 시험문제를 하나도 풀지 못하는 바보가 되거나, 엉터리로 오답을 쓰고 맞는 답을 썼다고 우기는 낙제생이 될 것입니다.

다음 장에서는 제가 20년 가까이 로펌에서 초년병으로, 또 중견 간부로서 직장생활을 하면서 경험한 변호사의 직장생활과 믿음에 대한 임상보고서를 소개하려고 합니다. 로펌에서의 직장생활은 신분적인 안정성은 일반 회사보다 조금 나은 편이지만, 업무의 긴장도와 일하는 사람 간의 갈등은 일반 회사보다 조금 더 심하다고도 볼 수 있습니다. 전에는 변호사들에 대한 대우가 일반 직장보다 상당히 좋았었는데, 이제는 상황이 달라져서 신규 변호사들은 대부분 취업난을 겪고 취업해도 상당히 가혹한 대우를 감당해야 합니다.

우리의 믿음을 다양한 직장생활과 직업활동에 적용함에 있어서 그 원리상의 공통점과 방법상의 다양한 차이점에 대해서, 앞으로 여러 분야의 직장과 직업에 종사하는 형제자매들과 함께 한국교회의 회복과 한국사회의 개선을 위한 평신도 운동의 전개 차원에서 풍부한 경험과 토론을 나눌 수 있기를 기도합니다.

3. '믿음으로 일하는 법法' – 믿음으로 하는 직장생활과 업무수행

예수님이 우리에게 가르쳐 주신 주기도문(마태복음 6:9-13)의 앞부분 세 소절은 '하나님'에 대한 기도이고, 뒷부분 세 소절 "(1) 오늘날 우리에게 일용할 양식을 주옵시고 / (2) 우리가 우리에게 죄 지은 자를 사(赦) 하여 준 것 같이 우리 죄를 사하여 주옵시고 / (3) 우리를 시험에 들게 하지 마옵시고 다만 악에서 구하옵소서"는 특히 우리들 사람의 인생(人生)에 관한 핵심적 기도입니다.

이하에서는 먼저 위 주기도문의 후반부 세 소절을 우리의 인생 매뉴얼로 삼아 (1) 직장에서 일해서 먹고 사는 법(마태복음 6:11), (2) 직장에서 미워하지 않고 용서하는 법(6:12), (3) 직장에서 시험에 들지 않는 법(6:13)'의 순서로 우리의 업무와 직장생활에 적용해 보고, 그 다음으로 전반부 세 소절을 (4) 직장에서 하나님 이름을 더럽히지 않는 법 (6:9) (5) 직장에서 하나님 나라를 임하게 하는 법 (6:10a)및 (6) 직장에서 하나님 뜻을 이루는 법 (6:10b) 순서로 우리의 직장생활과 인생을 통한 하나님 기도의 내용과 방향으로 적용해 보고자 합니다.

1. 직장에서 일용(日用)할 양식을 구하는 법(法) – "Give us our daily bread." (마태복음 6:11)

① 아마추어 같이 굴지 말자

사무실은 돈 버는 조직입니다. 돈 버는 조직은 타산적(打算的)이지 않으면 망합니다. 내가 땀 흘려 일을 하지 않았을 때, 뭔가 일을 망쳤을 때 사무실이, 구체적으로는 일반회사의 고용주나 법률회사의 파트너들이 나에게 따뜻하게 굴지 않고 차가운 눈빛을 날리는 것은, 당연한 일입니다. 내가 일하는 직장에 원칙적으로 가정처럼 따스하고 곰살맞은 분위기가 지배적이어야 한다고 생각하는 것은, 직장의 본질을 외면한 착각입니다. '아마추어 (amateur) 선수'는 돈을 받지 않고 하는 운동선수이므로, 운동을 열심히 안 해도 되고, 운동을 '안 해도' 됩니다. 그러나, 돈을 받고 일하는 '프로(professional) 선수'는 운동을 열심히 해야 하고, 운동을 잘 못 하면 경기장에 나서지를 못합니다. 우리는 의뢰인의 돈을 받거나 회사의 돈을 받고 일하는 프로 선수이니, 당연히 힘들게 열심히 땀을 흘려가면서 일을 해야 합니다. 아직도 학생인 것처럼, 땀을 흘리지 않고도, 서로 '일을 잘 하나 못 하나?' 눈을 부라리지 않고도, 당연히 돈을 벌 수 있는 것처럼 생각하고, '아마추어같이 굴면' 안 됩니다!

인생과 일용할 양식 버는 일과 직장을 너무 낭만적으로, 은혜적으로 생각하는 것은 그 목적과 메커니즘의 본질에 대한 중대한 착각이고, 이러한 착각은 우리 인생에 큰 대가를 치르게 합니다. 즉 우리들이 먹고 사는 일과 관련하여 가지는 불만들, '일 하는 것이 힘들고 괴로운 것, 내가 하는 일이 재미가 없는 것, 직장생활에 낭만이 없는 것, 사무실이 타산적으로 구는 것,' 이 모든 것들은 '아담의 죄 이후 우리가 겪는 숙명이거나 돈 버는 조직의 본질의 발현'일 뿐, 어느 특정 회사의 잘못이 아닙니다. 아무리 착한 회사, 착한 기업도 돈은 벌어야 굴러가기 때문에, 기업은 아무리 착한 사람들이 모여 있어도 본질상 '비둘기의 나라'가 아니고 '이리나 늑대의 나라'입니다. 그러니까, 회사가 잘못한 것이 아니고 회사는 원래 그런 것인데 회사에 마구 화를 내고 앉아 있는 것은, 바보 같은 짓입니다. 죄인들이 운동하는 이 세상에 이상적인 직장, 행복한 직장은 있을 리가 없습니다. 꿈을 깨고, 어린 아이처럼, 학생처럼, 아마추어 같이 굴지 말고, 냉엄한, 냉정하고 엄숙한 현실을 직시해야 합니다.

② **땀을 흘려야 하는 인간의 숙명**
  - "네가 얼굴에 땀이 흘러야 식물(食物)을 먹고" (창 3:19)
  우리는 '우리에게 일용(日用)할 양식을 주옵시고.'라고 하나님께 기도하고 나서, 곧바로 '일용할 양식을 구하기 위해' 직접 내 손으로, 스스로 일을 해야 합니다. 오해를 말아야 할 것, 잘못된 질문들이 몇 가지 있습니다. 오해를 하지 않으면 인생이 조금 더 분명해지고, 오해를 하면 인생이 조금 더 꼬입니다.
  "일 하는 것이 왜 이렇게 힘들고 괴로운가?" 하고 우리는 묻습니다. 그러나, 일 하는 것은 원래 힘듭니다! 그러니까 일하는 것이 힘들지 않을 수 있다고 생각하거나 땀 흘려 일하지 않고 일용할 양식을 구하는 것은 큰 오해(誤解)입니다. 우리 조상 아담이 죄를 지은 후 '땅은 우리에게 가시덤불과 엉겅퀴를 내고 우리는 얼굴에 땀이 흘러야 식물(食物)을 먹을 수 있게[29]' 되었습니다.(창세기 3:17-19) 아담을 욕하든지 말든지, 그 이후로 예수님이 다시 오실 때까지 우리는 **땀을 흘려야** 일용할 양식을 먹을 수 있게 되었습니다. 땀을 흘리지 않으면 '일용할 양식'을 구하는 것이 당연히 어렵습니다.
  "내가 하는 일들은 왜 이렇게 하나도 재미가 없는가?" 이것도 마찬가지로 잘못된 질문입니다. 땅이 저주를 받은 후 일하는 것은 기본적으로 저주가 되었습니다. 그러니까 만약 '일하는 것이 아주 재미있다고 느끼는 상태가 오면?' 오히려 내가 하나님 말씀에 조금 어긋나는 상태[30]에 빠진 것은 아닌지 신중하게 의심하고 묵상할 필요가 있습니다. 일반적으로 변호사의 경우 10건 중 1-2건만 재미를 느껴도 충분히 인생을 견딜 만합니다. 모든 사건이 다 재미있고 의미있고 하는 것은 불가능하고 불필요하기도 합니다. 과거 모세는 40년 동안 이집트와 이스라엘 사이의 광야를 이리저리 헤매면서 장인 이드로의 양을 치는 직장생활을 했습니다. 그 40년 동안 모세가 남의 양을 치는 일에 무슨 재미가 있고 낭만이 있었겠습니까? 하나도 재미가 없었을 것입니다. 우리의 인생이 모세의 직장생활보다 더 즐겁고 행복해야 할 정당한 이유나 근거는 없습니다. 40년 목동 생활의 끝에 모세가 시내산에서 하나님의 불꽃을 만날 때에도 모세는 아직 '이드로의 양'을 치는[31] 평생 피고용자 어소시에이트 (Associate) 신세였으니, 직장 근무 10년 전후로 파트너(동업자) 승진 여부가 결정되는 변호사들의 신세보다 못하면 못했지 더 나을 것은 없었습니다.

"이 직장에는 낭만이 없는 것 같다!" 이것도 마찬가지입니다. 세상에는 낭만이 없고 먹고사는 일에도 낭만이 없는 것이 원칙입니다. 일을 죽어라고 열심히 하면, 낭만이 조금 생깁니다. 그러나, 직장생활이 우리에게 직접적으로 낭만과 보람을 주어야 한다는 기대는 접는 것이 현명합니다. 진정한 낭만은 하나님께 미치면 충만하게 느낄 수 있습니다. 연목구어(緣木求魚)라! 구할 곳에 가서 구해야 하고, 구해도 줄 수 없는 곳에 가서 없는 것을 달라고 억지를 부리면 인생이 꼬입니다.

③ 일을 하며 다스림

변호사들이 하는 일들이 마구 재미가 있는 것은 아니지만, 그렇다고 해서 거기에 아무 의미가 없다고 생각하는 것도 큰 오해입니다.

민법의 물권(物權)법, 채권(債券)법, 가족법, 민사소송법과 민사집행법의 각조 각항 위에는 수많은 인생(人生)들이, 웃고, 다투고, 눈물을 흘리면서 걸어갑니다. 열심히 돈을 벌어 집과 땅의 소유권을 취득하고(민법 제211조), 이웃끼리 지계표(신명기 27:17)와 물꼬와 담을 둘러싸고 수많은 싸움을 하며(민법 제216조 내지 제244조), 채무를 갚지 못해 빚잔치를 하고(민법 제389조), 남녀가 사랑하여 결혼을 하고(민법 제807조), 혼인이 깨져 헤어집니다.(제834조, 제840조) 합작계약을 통해 큰 공장과 일자리가 생겨나고, 경영진과 노동조합이 다투며, 망한 사람과 기업이 회생신청으로 채권자의 돈을 합법적으로 탕감 받고 경제적 부활(復活)을 이루게 됩니다.

아직 일을 잘 못하거나 일을 장악하지 못해 허덕거리면서 일을 하기 때문에 그 일들이 재미가 없고, 일 하는 사람 간의 갈등 때문에 그 일을 하는 것이 짜증나는 것일 뿐, 법률과 재판 일은 규모가 크든 작든 내용이 정돈되어 있든 머리가 빠개질 정도로 복잡하고 산만하든지간에, 그 모든 것 하나하나가 사람들의 인생과 그 인생의 성패가 담긴 중요하고 엄숙한 일입니다.

재판은 하나님께 속한 것이고(신명기 1:17), 재판을 하는 것은 단지 사람만을 위한 것이 아니라 하나님을 위한 것[32]입니다.(역대하 19:6) 우리는 일용할 양식을 구하는 법과 재판 일을 통하여, 사람들의 인생을 자세히 살펴보고, 그 인생의 갈등에 개입하고 좋고 나쁜 결과를 냅니다.

앞에서 본 모세의 광야 40년 목동생활에는 하나의 중대한 반전(反轉)이 숨어 있었습니다. 모세의 맹목적이고 무의미해 보이던 40년 광야 목동생활의 경험과 그때 쌓인 지식은, 이후 모세가 수십만 명의 이스라엘 민족을 이집트에서 끌고나와 다시 40년 동안 광야에서 인도할 때 엄청난 위력을 발휘했습니다. 우리가 지금 하는 직장생활, 힘들고 부담스러운 소송과 자문 일에 아무 흥취를 못 느껴도, 그 과정에서 쌓이는 공력(功力)과 경험은 이후 적절한 시간과 사람과 장소를 만날 때, 나와 의뢰인들과 더 많은 사람들과 하나님을 위해서 엄청난 능력을 발휘하는 날이 반드시 온다는 믿음을 가져야 합니다.

④ 변호사가 죽으면 사건이 살고, 변호사가 살려고 하면 사건이 죽는다!

낭만적인 생활과 낭만적인 업무결과는 반비례의 관계에 있습니다. 크고 작은 모든 사건은 담당 변호사가 어떻게 하는가에 따라 그 결과가 크게 달라집니다. 기록을 한 번 봤을 때에는 주장할 것이 하나도 없어 답답하거나 심지어 우리 편이 이기는 것 자체가 탐탁지 않게 느껴지는 사건이 있습니다. 그러나, 기록을 두 번 세 번 꼼꼼히 읽고 나면 우리 편이 이길 수 있거나 반드시 이길 필요가 있는 사건으로 달리 느껴지고, 그동안 의뢰인이 왜 그렇게 억울해 했는지 조금씩 이해가 되기 시작합니다. 재판의 대상이 되는 사건의 진실은 고정된 '하나'가 아닙니다. 원고 입장의 진실과 피고 입장의 진실이 다르고, 과거 시점에 실재(實在)했던 애매하고 혼합된 진실과 지금 시점에 원고와 피고가 기억하는 진실이 다르며, 지금 진행되는 재판과 변론을 통하여 재구성되는 진실, 법관에 의해서 납득되는 진실이 모두 똑같지가 않습니다. 암담하고 잘 풀리지 않는 사건을 앞에 놓고, 칠흑 같은 밤 담당변호사가 의뢰인과 법원에 대한 부담감으로 짓눌려 몸부림치면서 기록을 계속 **째려보면**, 갑자기 광야에 길이 나고 사막에 강이 열리는 역사가 벌어지기도 합니다. 사건의 승패는 미리 고정된 것이 아닙니다. 담당 변호사가 소송기록을 째려보면 질 것 같던 사건도 이기고, 기록을 째려보지 않으면 이길 것 같던 사건도 질 수 있습니다.

변호사의 일에는 머리도 필요하고 지능도 필요하지만, 기본적으로는 시간이 가장 크게 필요합니다. 현실적으로 변호사 일은 지극히 시간소모적입니다. 변호사가 판례를 잘 안다고 자만해서 제대로 찾아보지 않으면 꼭 틀리고 사건을 망칩니다. 준비서면을 한번 쓰고 서둘러 제출하면 숱한 실수를 합니다. 그러나, 두 번 세 번 스스로 검토를 하고 수정해서 제출하면, 서면의 질과 사건의 양상이 180도 달라집니다. 누구나 '여유 있는 삶'을 추구합니다. 변호사가 '여유 있는 삶'을 추구하면 사건에 투여할 시간이 최소화되고, 나에게 사건을 맡긴 의뢰인의 삶과 행복이 위태해 집니다. 그러나, 변호사가 '여유 있는 삶'을 포기하고 자기의 시간을 부인하면, 사건이 살아나고 의뢰인의 인생이 살아납니다.("자기 목숨을 보존하고자 하는 자는 잃을 것이요 잃는 자는 살리리라" - 누가복음 17:33) 다소 비극적인 일이지만, 변호사의 '일용할 양식 구하는 일'에는 '(나에게 돈을 주는) 친구를 위하여 자기 목숨을 버리면 이보다 더 큰 사랑이 없다'(요한복음 15:13)는 예수님 말씀과 통하는 장렬(壯烈)한 면이 있습니다.

변호사의 마케팅에는 술과 골프, 인맥 관리와 자기자랑 등 여러 가지 방법이 사용됩니다. 그러나, 가장 중요한 마케팅 방법은 사건과 의뢰인에 애정을 가지고 나의 시간과 나의 노력을 투입하여 나 자신을 부인(否認)하는 것입니다. 사건을 해결하고 '목숨 걸고' 변론요지서를 써서 무죄판결을 받아 의뢰인을 구원하고, 설사 지더라도 있는 정성을 다해 사건을 끌고 갔을 때 변호사와 의뢰인은 전투적 동지애를 가지게 되고 신의와 사랑과 신뢰와 믿음을 가지게 되는데, 이것이 가장 강력한 마케팅 방법입니다.

(하지만 너무 죽어라고 일만 하면 건강에 문제가 생기고 한계가 오는 신호가 발생합니다. 어려운 일이지만 조절이 필요하고, 한계를 인정하는 것이 불가피할 때에는 지혜롭게 후퇴를 하거나 퇴각해야 합니다. 무조건 앞으로 나가거나 무조건 버티어야 한다고 생각할 필요는 없습니다. 우리가 하나님과 함께 하면 성읍(城邑)에서도 복을 받고 들에서도 복을 받으며 들어와도 복을 받고 나가도 복을 받으니,[33] 믿음 안에는 큰 자유(自由)가 있습니다. 열심히 일하는 것과 절제하는 것을 함께 병행하는 것은 어렵습니다. 그러나, 적당한 선에서 절제를 하지 못하는 것도 죄입니다. 일이 너무 많아서 못 견딜 정도가 되면, 현명하게 일을 멈추어야 합니다.[34] 바보처럼 아무 말도 못하고 분골쇄신하다 쓰러지는 것도 멍청한 일이고, 짜증 충만해서 파트너에게 화를 내고 일을 집어던지는 만행을 부리는 것도 좋지 않습니다. 하나님께 지혜를 구하고,[35] 가장 말이 통하는 착한 선배 파트너에게 SOS 신호를 보내서 더 이상의 무리한 사건 배당을 받지 않도록 조치를 취하는 영리함도 필요합니다.)

2. 직장에서 나에게 빚진 자를 미워하지 않고 용서하는 법(法) – "Forgive us our debts, as we also have forgiven our debtors." (마태복음 6:12)

① 모든 다툼과 미움의 원인 - '서로 본전이 안 맞는 것' (본전 Theory)

우리가 하는 업무인 법적 분쟁들에서는 의뢰인들이 서로의 몫을 두고 다투고, 서로 억울해 하고 미워합니다. 다툼의 원인에는 서로 계산이 다르다는 점이 크게 작용합니다. 원고와 피고가 싸울 때 원고는 자기의 정당한 권리의 몫을 '100중 80'이라고 생각하고, 피고는 자기의 몫을 '100중 60'이라고 생각합니다. 그러니까 둘 다 억울해 하고 자기가 정의롭다고 생각합니다. 원고와 피고가 생각하는 각자의 권리의 몫을 더하면 '100'이 아니고 '140(=80+60)'가 됩니다. 이 초과분 '40'만큼 원고와 피고는 서로를 분하게 생각합니다. 원고는 피고를 "자기 정당한 몫이 20 (=100-80) 뿐인데 자기 몫이 60이라고 주장해서 내 정당한 몫 중 40를 뺏으려고 하는 나쁜 놈"이라고 생각하고, 피고는 원고를 "자기 몫이 40 (=100-60)뿐인데 자기 몫이 80이라고 부풀려서 내 몫 중 40을 뺏으려고 하는 나쁜 놈"이라고 생각합니다. 원고에게는 피고가, 피고에게는 원고가 십계명 중 열 번째 계명, '네 이웃의 것을 탐하지 말라'[36] 를 위반한 죄인입니다. 다른 한편으로는 원고나, 피고나 양자 모두 상대방에 의해서 부당하게 '40 만큼의 자기 몫을 빼앗길 위기에 놓인 억울한 사람들이기도 합니다. 분쟁에 있어서 산술적인 진실과 정의, 즉 "더하기 빼기 합계 100%" 인 상황이 존재하는 경우는 오히려 희박합니다. 노름판에 본전(本錢, 밑천)이 안 맞는 것[37]처럼, 세상의 분쟁은 사람들의 본전이 맞지 않기 때문에 생깁니다.

법적 분쟁을 처리하는 업무과정에서, 변호사들끼리(직장 내에서) 또는 변호사와 의뢰인 간에 벌어지는 분쟁과 다툼과 상처의 발생 원인도, 마찬가지로 본전이 맞지 않기 때문입니다. 일반적으로 어소시에이트 변호사들은 같이 일을 한 파트너와의 사이에서 짜증을 받을 때 가장 큰 스트레스를 받습니다. 파트너들이 미워지고, 사무실이 나빠 보입니다. 하지만 파트너 변호사의 계산과 입장은 전혀 다릅니다. 어소시에이트가 만족할 만한 수준의 일을 해 내지 못하면 파트너는 무척 괴로워집니다. 그러면, 파트너들은 제대로 성질도 못 내고 어소시에이트 앞에서 괴로움에 몸부림치는 표정을 짓게 됩니다. 이 때 그 상대인 어소시에이트 변호사는 자기 인격을 무시당한 것 같은 모멸감을 느끼고, '저 인간은 제대로 가르쳐 주지도 않으면서 성질만 낸다.'고 파트너를 원망하기 시작합니다. 이 사람도 미워지고 저 사람도 미워지고, 내가 정당한 대우를 받지 못한다고 느끼기 시작합니다. 이 상황이 파트너에게는 그렇게 괴로운 일이 아닙니다. 그러나, 어소시에이트 변호사에게는 인생의 치명적 위기로까지 진척되고, 사무실 생활이 매우 힘들어지기 시작합니다. 심한 경우에는, 지옥을 따로 상상할 필요가 없을 정도로 힘들어 집니다.

② **권리와 의무의 정확한 계산이 필요하다.**

그러나, 여기에서 우리는 피아(彼我) 간의 채권(credit)와 채무(debt)를 정확히 인식하고, 정확하지 않거나 불공정하게 상대방의 빚(debt)을 크게 주장하는 잘못을 범하지 말아야 합니다. 주기도문 다섯 번째 기도 '우리가 우리에게 죄지은 자를 사하여 준 것 같이 우리 죄를 사하여 주옵시고'의 NIV 영어성경 번역은 'Forgive us our debts, as we also have forgiven our debtors.'라고 하여 빚(채무, debt), 빚진 자(채무자, debtor)라는 표현을 쓰고 있습니다.

상대방의 빚(채무)를 용서해 주는 것, 탕감해 주는 것은 내 것을 버리는 일이므로, 매우 어려운 일입니다. 그러나, 상대방의 채무, 잘못을 용서해 줄까 말까 하는 고민을 하기 전에, 우선 '과연 상대방이 빚진 자(채무자)인지, 아니면 내가 빚진 자(채무자)인지' 여부를 정확히 파악하고 따져보는 것이 필요합니다. 만일 알고 보니 두 사람 중 채무자(debtor)는 상대방이 아니고 바로 나 자신이었다면, 굳이 존재하지도 않는 상대방의 빚(잘못)을 용서해 주려고 기를 쓰고 애를 쓸 필요가 없습니다. 화를 낼 필요도 없게 되니까, 인생이 훨씬 간편해 집니다.

파트너와 파트너 간의 갈등은 상대방의 이익을 침범할 때 생기고, 파트너와 어소시에이트 간의 갈등은 보통 업무수행의 질(quality)이나 마감시간(deadline)이 잘 맞지 않았을 때 생깁니다. 일이 좀 꼬이고 파트너가 나에게 신경질을 내면, 상대방을 '나쁜 놈, 나에게 잘못한 자, 나에게 빚진 자'로 생각할 필요 없이, '이번에는 내가 일을 조금 잘 못했구나, 다음번에는 잘 해야지' 하고 나 자신을 빚진 자(debtor)로 생각하고 나에 대한 용서(forgive me my debt)를 구하는 것이 더 간명하고 정확합니다. 내가 진 빚(debt)을 인정하지 않고 상대방의 빚(debt)만 너무 깊이 묵상하기 시작하면, 우리가 인간의 힘으로는 도저히 할 수 없는 '용서'의 벽[38]에 부딪히고, 상대방에 대한 미움과 증오로 몸부림치게 됩니다.

냉정하게 말하면, 그 인간성의 좋고 나쁨과 친절함 여부와 무관하게, 나에게 일을 맡기는 파트너는 나에게 일을 주는 고마운 '의뢰인(client)'입니다. 변호사는 어소시에이트이든 파트너이든 서비스를 제공하는 존재입니다. 회계 경리 상의 처리, 직책상의 분류와 무관하게 나에게 법률 일을 주는 사람은, 그 사람이 민간인이든 변호사이든, 같은 사무실의 변호사이든 다른 사무실의 변호사이든, 동료 변호사이든 선배 파트너이든 모두가 나의 소중한 의뢰인입니다. 의뢰인은 나에게 돈을 주는 채권자(creditor)이고 나는 의뢰인에 대한 채무자(debtor)입니다. 나에게 일을 주고 때때로 인상을 쓰는 파트너(client)에게 나는 채무자(debtor)인 것입니다. 아직 일을 썩 잘할 능력이 없는 빚진 자(debtor)로서, 나의 클라이언트이자 채권자인 파트너에게 미안하게 생각하고 가급적 최대한 잘 서비스해주는 것이 법률회사 직장생활의 비결 중의 하나입니다. 내가 잘 해 주면 파트너도 잘 해 줍니다. 어용(御用)이 되자는 말이 결코 아닙니다. 현명하게 하자는 것입니다. 오히려 클라이언트들에게 일로서 잘 해주면, 하고 싶은 말 다할 수 있고 어용이 되지 않을 수 있습니다.

3. 직장에서 시험에 들지 않고 악에 빠지지 않는 법 – "Lead us not into temptation, but deliver us from the evil." (마태복음 6:13)

① 선한 일을 하면 어찌 얼굴을 들 수 없으랴 (창세기 4:7)

아주 현실적인 얘기를 해 봅니다. 신입 변호사가 어떤 파트너와 처음 일을 하게 됩니다. 무슨 처음 보는 법과 관련해서, 해당 분야의 전문적인 기업, 전문부서에서 답이 안 나와서 보낸 난문(難問)을 놓고 어떤 방침을 세우는 것이 좋을지에 대한 법률질의에 대한 의견서를 써야 합니다. 도대체 무슨 내용인지 잘 알지도 못하는 상태에서, 씨름하면서 끙끙거리면서 1주일을 걸려서 의견서를 쓰고 파트너에게 주었습니다. 막판에는 내용에 자신도 없고 시간은 없고, 파트너는 한 마디 조언도 해 주지 않고…… 한계 상황에 몰려서 스스로 확신이 가지 않는 의견서를 대충 끝내고 파트너에게 이메일로 초안을 날려 보냈습니다. 파트너가 시비를 걸지 않고 착하게 그냥 넘어가 주기를 간절히 기도했건만, 파트너는 내 의견서의 잘못된 점 얼렁뚱땅 쓴 부분만 귀신같이 꼬박꼬박 찾아내서 고칠 것을 요구합니다. 답답한 마음으로, 나로서는 최대한의 노력을 다해 대충 고쳐서 보냈는데, 파트너는 급기야 도저히 안 되겠다는 표정을 짓고는 자기가 직접 의견서를 써서 의뢰인에게 보내고, 나에게 '싸늘한 눈길' 한방을 날려 보냅니다. 나는 잠시 당황하였다가는 몹시 분하여 안색이 변합니다.(창세기 4:5) 나를 뽑아올 때에는 그렇게 친절하게 굴더니, 이게 뭐냐, 좀 쉬운 일을 주던지, 어려운 일을 주었으면 힌트를 미리 주고 가르쳐 주던지, 그러지도 않고, 나를 무시하고, 자기가 직접 쓴 의견서를 읽어보니까 그것도 그리 대단한 명문장(名文章)도 아닌 주제에……. 이렇게 성질을 내기 시작하면, 그 다음번에 그 파트너가 주는 일은 잘 하기도 싫고 잘 할 자신도 없어지고, 저 사람은 나를 계속 미워하고 싫어하고 무시하게 될 것 같고, 그런 눈치 보는 것도 싫고, 이렇게 세 번 정도 악순환(惡循環)이 계속되어 일을 망치면 그 파트너는 더 이상 나와 일을 하지 않게 됩니다.

이 때 문제의 해결은 사실 굉장히 단순합니다. 앞에 있었던 불편함은 내가 한 번 일을 잘 못한 것에 불과한 것으로 생각하고 지나 보내면 되는 것입니다. 다음번에 그 파트너와 한 번 더 일을 하는 기회에 "내가 온 정성을 다해서, 2번, 3번 내 손으로 자체 리뷰하고 수정작업을 하고, 정말 잘 모르겠으면 가까운 1-2년차 위 선배에게 물어보거나 그래도 답이 안 나오면 최대한으로 착해 보이는 다른 파트너에게 조언을 받아서라도 나의 성의를 다한 의견서나 소송서면을 만들어 내면", 나빴던 기억은 끝이고 선순환(善循環)의 길에 들어서게 됩니다. 파트너는 '일'에 화를 낸 것이지 '사람'에 화를 낸 것이 아니기 때문에, 한번 멍청했던 놈이 다음번에는 아주 똑똑하게 일을 해내면 너무 고맙고 행복해 집니다. 내가 믿고 일을 시킬 수 있는 사람이 한명 더 생겼기 때문입니다. 나의 산출물(production)이 충분치 못해서 일이 한번 꼬였을 때, 하나님이 가르쳐 주신 '선한 일을 행해서 낯을 드는 방법(창세기 4:7)'[39]을 생각하면 우리가 시험에 들지 않고 벗어나는 것이 가능합니다. 일이 꼬일 때 안색이 붉어져 분함을 지속하고 원망을 지속하면 나의 인생은 문 앞에 엎드려 나를 노리고 있는 죄에게 먹히고, 나는 원망과 분노의 사무실 생활을 보내게 됩니다.

② **두 달란트 받은 자의 위험과 기회 (마태복음 25:17, 22-23)**

세상의 직장에는 항상 경쟁이 있습니다. 내가 가장 높이 인정받는 사람이 되면 좋겠는데, 안타깝게도 항상 나보다 더 잘하는 동료가 있습니다. 예상외로 내가 일을 잘 못한다는 것을 발견하며 당황하게 되고, 또는 평균 정도 밖에 못하거나 잘 못하는 축에 속한 느낌으로 우울하게 됩니다. 나에게는 인상이 딱딱한 파트너가 내 동기 친구 변호사에게는 막 다정하게 웃음을 날릴 때, 나에게는 소가(訴價)가 적은 시시한 대여금 사건만 주고 그에게는 세상에 소문난 기업 인수합병(M&A) 같이 고급 사건의 주심을 막 맡길 때, 우리는 기가 죽기도 하고, 짜증도 납니다. 나에게는 좋은 사건을 할 기회를 주지 않는 사무실과 파트너가 불공정하다고 생각하게 되고, 고소사건 소액 대여금 사건 등 나에게 오는 허접한 사건들은 더 이상 열심히 하고 싶지도 않고 쳐다보기도 싫습니다.

이렇게 되면? 망합니다! 아직 나에게 사건이 오고 있다면, 나는 마태복음 25장 달란트 비유 중 가장 잘 나가는 '다섯 달란트 받은 자'는 아니더라도, 여전히 '두 달란트 가진 자'이거나 최소한 '한 달란트 받은 자'에는 해당합니다.

성경의 두 달란트 받은 자는 다섯 달란트 받은 자를 보고 질투하고 화를 내지 않은 채, 열심히 장사해서 두 달란트를 남기고 '네가 작은 일에 충실하였으니 내가 너에게 많은 일을 맡기겠다.'는 주인의 칭찬을 받았습니다. 주인의 칭찬에는 다섯 달란트 받은 자와 두 달란트 받은 자 간에 아무 차이가 없었습니다. 한 달란트 받은 사람은 짜증을 내고 주인을 미워하다가 있던 한 달란트도 빼앗기고 말았습니다.

일을 시키는 사람의 입장에서는, 일의 크기, 양질 여하를 막론하고 작은 사건 하나를 완전히(thoroughly), 책임적으로(responsibly) 해 내는 사람이 가장 고맙습니다. 소가 1천만 원 이하의 동네 사채 대여금 사건, 서류도 제대로 구비되어 있지 않고 고소·고발이 지저분하게 얽혀 있는 사건을 찡그리지 않고, 진지하고 열정적으로 잘 처리하는 변호사에게는, 그 다음에 1억 원짜리 사건 10억 원짜리 사건, 수백억 수천억 원짜리 소가(訴價)의 대형 사건도 믿고 맡길 수 있습니다. 매일 고급 사건만 하고 싶어 하고 작은 사건은 싫어하는 사람, 작은 사건을 주면 짜증내고 싫어하는 사람에게는 겁이 나서 결코 큰 사건, 좋은 사건을 맡길 수가 없습니다. 작은 사건을 즐기는 사람에게는 큰 사건을 줄 수 있고, 큰 사건만 하고 싶어 하는 사람에게는 겁이 나서 작은 사건도 줄 수 없습니다.

나보다 더 잘 하는 사람, 나보다 더 인정받는 사람을 보고 시험에 들지 말고 지금 나에게 맡겨진 사건에 그냥 성의를 다하는 것, 꼭 다섯 달란트 받은 사람이 되려고 할 것 없이 지금 나에게 맡겨진 두 달란트를 가지고 최선을 다하는 것이, 더 큰 일, 더 고급의 전문성 있는 사건을 할 기회를 가지는 유일한 길입니다.

4. 직장에서 하나님 이름을 더럽히지 않는 법 - "하나님 이름이 거룩히 여김을 받으시오며" (마태복음 6:9)

내가 회사에서 믿는 사람으로서의 정체성(identity)를 밝히고 있다면, 가급적 직장에서 핏대를 올리지 않는 것이 좋습니다. 내가 화를 내면 상대방은 공격받았다고 생각하게 되고, 공격받은 사람과는 원만한 관계를 맺기가 어렵습니다. 갈등이 생기고 성질이 나고 한마디 콕 쏘아 주고 싶을 때, 하나님의 얼굴을 생각하고, 한 호흡 멈추어 가는 것이 필요합니다.[40]

사무실의 동료들, 믿는 동료들, 안 믿는 동료들 모두에게 신사적(紳士的)으로 대해야 합니다.(사도행전 17:11) 굳이 전도를 한다고 예수천당, 불신지옥을 강요하거나, 내가 믿으니까 상대방보다 내가 잘 났다는 식의 오만하고 공격적인 관계를 형성하는 것은, 하나님 이름을 위해서도, 하나님 나라의 확장을 위해서도 전혀 좋지 않습니다. "(1) 다른 사람들은 신사적으로 존중하고, (2) 나는 미친 듯이 하나님을 믿고," 다른 사람들은 공격(attack)하지는 맙시다. 모든 인생이 어렵기 때문에 사람에게는 인생에 한계를 느끼는 때[41]가 오며, 직장과 일에 답답함을 느낄 때 사람들은 하나님이든지 그 무엇인지를 찾게 됩니다. 평상시 나의 믿음을 확실하면서도 점잖게(radical & gentle) 보여주고, 친구와 동료들이 나에게 나의 속에 있는 소망의 이유를 물어볼 때, 잘 대답할 수 있도록(베드로전서 3:15),[42] 평상시에 믿음의 능력과 실력을 끊임없이 갈고 닦아놓아야 합니다.

5. 직장 속의 하나님 나라 - 나를 세우고, 모임을 세울 필요 - "하나님 나라가 임하옵시며" (마태복음 6:10a)

먼저 하나님 믿는 일을 내 인생의 중심으로 삼고 미친 듯이 예수를 믿는 일에 집중하면, 나를 중심으로 반경 3-5미터 가량 상당히 강력한 하나님 나라 영토가 형성됩니다. 직장에서의 믿음 인생에 패배주의적 태도를 가지면, 나를 중심으로 하는 하나님 나라는 교회나 가정에만 있을 뿐, 직장에는 단 한 점(點) 단 한 평의 하나님 나라도 만들 수 없게 됩니다. 그러면, 나는 완전히 세상 나라의 지배 하에서 꼼짝 못하고 살아야 합니다.

두 세 사람이 예수님의 이름으로 모이는 곳에는 하나님이 계십니다.(마태복음 18:20) 바쁘고 힘이 없고, 자신이 없고, 등등의 이유 때문에 회사에서 소규모의 기도모임을 만드는 것도 쉽지 않습니다. 그러나, 조금만 단단히 마음을 먹으면, 우리나라처럼 공식적인 종교 탄압이 없는 나라에서, 직장에서 기도모임이나 성경공부 모임을 만드는 것은 무지무지하게 어려운 일도 아닙니다. 두 세 사람만 있으면 됩니다.[43] 조금 용기를 내서 모임을 시작하고 진지하게 믿음을 사용하면, 혼자서 개인적인 믿음으로 끙끙거리던 때와는 전혀 다른 새로운 차원의 믿음의 역사가 벌어지고, 하나님이 나의 삶과 직장 속에서 일하시기 시작합니다. 이제는 내가 직장을 다니는 것이 나를 위한 것이 아니고 하나님을 위한 것으로 바뀌기 시작합니다. 나를 위하여 다니는 직장은 나를 만족시킬 수가 없지만, 하나님을 위하여 다니는 직장은 나의 인생을 소중하게 만들어 줍니다.

6. 뜻이 하늘에서 이루어진 것 같이 땅에서도 이루어지소서 (마태복음 6:10b) – '일용할 양식을 구하는 일상(日常)'의 중요성

이 세상에서 충분한 수임료를 내고 변호사의 도움을 받기 힘든 고아와 과부, 나그네와 가난한 사람들을 위해 자신의 이익을 희생하고 공익과 인권 변론에 투신하는 크리스천 활동가들이 있습니다. 자랑스러운 일이고 기쁜 일[44]입니다. 우리 모두는 이런 헌신적인 형제자매들이 지쳐 쓰러지지 않도록 동역자로서 함께 고민하고 공궤(供饋)하고 중보해야 합니다.

그러나, 인권과 공익 또는 선교를 위해서 헌신하는 일만이 보다 가치가 있고, 일반적으로 일용할 양식을 구하기 위해서 살아가는 직장인, 일반 변호사들의 일상(日常)적인 일은 가치가 없다고 멸시하거나 세상 타협적이고 하나님적(的)이지 않다고 느끼는 생각은, 비성경적이고 한편 위험하기까지 합니다.

우선 성경은 내 손으로 일해서 먹고 살 것을 명령하고 있다는 점에 주목해야 합니다. 그러려면 직장에 들어가든지 사무실을 차리든지 '땀을 흘려서 식물(食物)을 구하기 위한 노동'을 해야 합니다. 하나님은 세상을 사랑하지 말라고 하셨지, 세상 속에서 살지 말라고 하시지는 않았습니다. 그러니까 세상 속에서 살면서 세상을 사랑하지 않으려면, 직장에 들어가서 일을 하고 돈을 벌고 사건을 수임하고 수임료 흥정을 하고 때로는 잘 난 척도 하면서 세상을 살고 견뎌내야 합니다. 성경 어디에도 먹고 사는 일을 하지 말라는 얘기는 없습니다.

다음으로 먹고 사는 일상(日常)의 일은, 나의 삶과 이웃의 삶, 즉 직장 동료들의 삶과 의뢰인의 삶이, 긴밀하게 연결되는 장소입니다. 예수님이 베드로에게 "내 양을 먹이라"고 하신 명령(요한복음 21:17)과, "너희는 온 천하(天下)에 다니며 만민에게 복음을 전파하라"는 명령(마가복음 16:15)이 우리 모두에게 적용되는 것일진대, 우리가 직장에서 먹고살기 위해 하는 모든 일은 하나님이 나에게 주신 양을 먹이고, 천하(天下)에 다니며 만민에게 복음을 전파하는 중요한 일입니다. 이것은 결코 무시할 수 없는 일입니다. 우리 모두의 일상(日常)은 하나님 나라 싸움의 주전장(主戰場)입니다. 우리들의 일상(日常) 속에서 하나님 나라의 원칙과 세상 나라의 원칙은 격렬하게 부딪힙니다. 이 속에서 하나님 나라의 깃발을 들고 진지를 구축하고 방어하고 공격하며 살아가는 일이 이 시대 예수 믿는 모든 사람들의 사명이라고 생각합니다. 만일 우리가 우리의 생업과 직장생활을 천시하고 이것을 무시한다면, 이것은 결국 우리가 할 일을 하지 않는 무책임으로 귀결될 것입니다.

그렇다면, 우리가 일용할 양식을 구하는 일상 속에서 하나님을 미친 듯이 믿고 하나님 나라의 일꾼으로 사는 것이 '일반적 원칙'이고, 자기를 좀 더 부인하고 고아와 과부, 나그네들을 위해 헌신한 일꾼으로 씩씩하게 일하는 것은 '소중한 예외'라고 생각할 수 있습니다. 원칙과 예외, 일상과 헌신, 일반 직장인과 공익활동가, 일반 변호사(business lawyer)와 공익 변호사(pro-bono lawyer) 모두가 힘을 합하여 자기 자리에서 자기를 부인(否認)하고, 온 세상에 하나님의 말씀의 능력을 촘촘히 채워나가는 일에 협력해 나가야 합니다.

결 론 – 단단한 믿음이 주는 인생의 당당함과 자유

하나님을 믿는 것은 즐겁고 아주 재미있는 일입니다. 이 세상에서 하나님 믿는 일보다 더 재미있는 일은 없습니다. 또한 단단한 믿음은 우리 인생에 당당함과 자유(自由)를 줍니다. 세상에서 인생을 사는 일은 쉽지가 않고, 직장 생활을 하면서 먹고 사는 일도 만만치 않지만, 믿음의 힘은 세상의 힘보다 훨씬 셉니다. 우리는 열심히 일을 해서 일용할 양식을 구하고, 일상의 생활 속에서 동료들 이웃과 함께 도와가면서 천연덕스럽게 이 세상을 살아가야 하지만, 우리 마음속에서는 세상일의 즐거움으로 사는 것이 아니라 예수에 미친 사람으로서, 하나님 믿는 일 외에는 아무 것에도 별 의미가 없는 사람으로 살아야 합니다.

온 천하에 복음을 전하라는 예수님의 말씀을 듣고, 자기를 부인하고 자기 십자가를 지라고 하신 예수님의 말씀을 붙잡고, 우리는 내 삶의 현장을 나의 온 천하(天下)로 삼고, 그 곳에서 나의 욕망과 허영을 부인(否認)하면서, 장성한 믿음, 실력 있는 믿음을 사용하며 하나님 나라의 일꾼으로 살아가는 십자가(十字架)를 져야 합니다. 아직 모든 것이 준비가 덜 되어 있고 많은 일이 조심스럽고 어렵다고 해도, 하나님이 주시는 능력과 기쁨과 용기가 세상 속에서 직업을 가지고 직장생활을 하는 우리 모든 형제자매들의 인생과 일상에 가득 채워지기를 기도합니다.

8장
정치와 신앙의 씨름

세상 분쟁 속의 하나님
– 싸우는 인간, 싸움은 끝날 수 있는가?

1. 서론 – 싸우는 인간

1. 사람들은 계속 싸웁니다. 최초에 카인과 아벨이 싸웠고, 카인의 후예들이 싸움을 했고, 아브라함의 아들인 이삭과 이스마엘이 싸움을 했고, 이삭의 아들인 야곱과 에서가 싸웠고, 야곱의 아들인 요셉과 열 명의 형들이 싸웠습니다. 애굽왕 바로와 히브리 백성이 싸우고, 이스라엘 민족과 가나안 족속들이 싸우고, 앗시리아와 바벨론 제국이 각각 북이스라엘과 남유다를 싸워서 멸망시켰습니다. 바리새인과 제사장들이 예수님과 싸워 예수님을 십자가에 매달았고, 예수님의 제자들은 헤롯 왕과 로마 황제들과 싸웠습니다.

우리나라에서도 나라와 부족들이 계속 싸움과 전쟁을 했고, 중국, 일본 땅에 있는 나라들과 크고 작은 전쟁을 하고, 내부에서 옛 왕조와 새 왕조가, 동서남북 당파와 정파가, 양반과 노비와 농민이 끊임없이 싸움을 했습니다. 현대에 들어와서는 일본과 제대로 싸우지도 못하고 패해서 30여 년 간 식민지 생활을 하고, 일본에서 해방된 이후에는 남과 북이 자본주의와 공산주로 나뉘어 치명적이고 비극적인 싸움을 벌였습니다. 이후 남한에서는 독재와 민주주의 간에 수십 년 간 많은 사람의 목숨을 값으로 한 큰 싸움이 벌어졌고, 이제는 선거제도를 둘러싸고 정당과 정당이 돌아가면서 끝도 없이 말싸움을 합니다. 노조는 기업과, 보수는 진보와, 젊은 사람들은 나이든 사람들과 대립하고 맞서 싸웁니다.

2. 국제적으로는, 오랫동안 나라와 나라가, 민족과 민족이 끝없는 싸움과 전쟁을 벌여왔고, 중세 이후로 기독교와 이슬람교, 유대교 간의 종교적 싸움이 십자군전쟁과 나치의 유대인 홀로코스트와 그리고 중동전쟁을 넘어서 이제는 전세계적인 차원에서 기독교진영과 이슬람교진영 간의 싸움으로 진행되고 있습니다.

정치적으로는 왕정/귀족정과 민주정의 싸움이 오랫동안 진행되다가 1789년 프랑스 혁명 이후 지금까지 세계적으로 민주주의가 확산되어 싸움의 형태가 바뀌었고, 신분제적으로는 수천 년 간 인간을 족쇄 채우고 차별해 온 노예와 농노제도, 귀족과 양반의 신분제도도 프랑스 혁명 이후 200년의 혁명기 동안 거의 철폐되어 역사의 뒤안길로 사라져 가고 있습니다. 혁명의 싸움은 정치경제적 이념을 따라 자본주의 혁명과 공산주의 혁명으로 나뉘어 여러 시기 여러 장소에서 수많은 피투성이 싸움을 벌였고, 20세기 말엽 마침내 보다 취약한 공산주의가 패배했습니다. 자본주의 내에서 살만 한 사람들과 살만 하지 않은 사람들 간의 싸움은 정치를 통하여, 선거를 통하여, '성장'과 '복지'라는 명분을 둘러싸고 줄기차게 진행됩니다.

싸움은 미움을 낳고, 미움은 더 폭력적인 싸움을 낳고, 더 폭력적인 싸움은 돌이킬 수 없는 원한을 낳습니다. 이렇게 되니 세상은 끝없는 싸움과 미움으로 가득 차 있습니다. 우리는 싸우지 않고 미워하지 않으며 살고 싶지만, 우리가 사회적인 차원이든 개인적인 차원이든 싸우지 않고 미워하지 않고 살아가는 것은 거의 불가능해 보입니다.

3. 일반적으로도 정치적 사회적 분쟁은 사람들의 의견을 양극화시키고 의견이 다른 사람들 간에 서로 말을 섞기도 쳐다보기도 꼴도 보기 싫어지도록 만드는, 마력인지 괴력인지 아주 고약한 힘이 있습니다. 그런데, 여기에서 조금 아이러니컬하거나 다소 서글프거나 아주 허망한 것은, 신앙을 가진 사람들도 세상의 정치사회적 분쟁에 관해서 안 믿는 사람들과 거의 유사하거나 아니 똑같이 양극으로 갈라진 의견과 완고한 태도를 보인다는 점입니다. 사람들이 교회 모임에서 거룩하게 또 은혜롭게 서로의 신앙을 나누다가, 정치 얘기가 나오면 똑같은 사람들이 '날 것 보수'와 '날 것 진보'로 완고한 태도를 보이며 상대방의 정치적 의견을 모욕하는 발언들을 서슴지 않습니다. 정치사회적 분쟁을 바라보고 이해하고 실천함에 있어서, 그토록 성실하고 진지하고 독실한 우리들의 신앙은 아무 긍정적인 역할을 하지 못하거나 오히려 더 부정적인 역할을 하는 것으로 보이는 때도 많습니다.

우리가 믿는 신앙이 이 정도로 애매하고 모호하고 무기력하고 무능력하게 나타나는 것은, 하나님의 이름을 욕되게 하는 것이라고 생각합니다. 하나님을 이 땅의 싸움 차원으로 끌어 내리는 것도 문제이고, 하나님을 이 땅의 싸움 바깥으로 밀어 올리는 것도 문제입니다.[45] '모든 것을 섭리하시는 하나님'과 '죄와 이기심과 슬픔으로 가득한 인간' 들 사이에서 벌어지는 세상 분쟁에 대한 구체적이고 현실적인 이해와, 세상 분쟁 속에서 하나님의 뜻을 더 깊고 더 높고 더 넓은 차원에서 실현해 나가는 실천적인 이해가 필요합니다.

4. 이런 문제의식 하에, 이하에서는 인간세상의 싸움, 특히 정치사회적 분쟁과 관련하여 다음의 문제들을 함께 쭉 풀어보고자 합니다.

① 현상 : 싸움의 양상 (원인과 형태)

② 하나님 : 세상 분쟁 속의 하나님 - 하나님은 어디에?

③ 인간 : 세상 분쟁의 속의 사람 - 우리는 어떻게?

2. **싸움의 양상** 원인과 형태

1. 싸움의 원인

① 경제적 분쟁과 정치적 분쟁

정치사회적 분쟁의 원인을 평이하게 생각해 보면 크게 두 가지로 분류할 수 있습니다. 하나는 '경제적 이익'을 둘러싼 분쟁이고, 다른 하나는 '정치적/신분적 자유와 자결'을 둘러싼 분쟁입니다. 두 가지 분쟁은 서로 밀접하게 연결되어 있기도 하고, 각자 독립적인 성격도 가지고 있습니다. 두 가지 분쟁을 완전히 같은 뿌리를 갖는 것으로 보는 것은 지나치게 유물론적인 관점으로 100퍼센트 정확하지는 않고, 전혀 별개의 독립된 것으로 보는 것 또한 지나치게 관념론적인 견해로 100퍼센트 타당하지는 않습니다.

② 경제적 이익을 둘러싼 분쟁

경제적 이익을 둘러싼 분쟁은, 개인적 차원에서는 민사(民事) 분쟁으로 나타나고, 집단적 차원에서는 노동조합과 사용자 간의 노사분쟁, 대기업과 중소기업 간의 반독점 분쟁, 농민과 소상인 등 전통적이고 내국적인 산업과 수출기업 대기업 간에 벌어지는 반수입개방 분쟁 등 다양한 계층적 계급적 이해관계를 원인으로 합니다.

경제이념적으로 과거 1세기 반에 걸쳐 사적 소유권을 인정하는 시장경제주의와 사적 소유권을 부정하는 공산주의 간에 거대한 규모의 다툼이 있었습니다. 하지만 현실적으로 작동하는 경제체제로서의 공산주의가 사실상 붕괴된 지금의 시점에서는, 자본주의 시장경제를 전제한 상태에서 '경제적 평등과 경제적 약자 보호'를 주된 목표로 하는 '복지주의'와 '경제적 산출량의 극대화와 국제경쟁력 유지'를 주된 목표로 하는 '성장주의' 간에 경제이념적 대립과 분쟁이 전개되고 있습니다.

경제적 이익을 둘러싼 분쟁은, 그 해결노력의 큰 방향 중 하나로서 정치적 조직화와 이해관계의 정치적 반영 및 관철을 추구합니다. 경제적 이익을 정치적으로 담는 정치조직과 정당의 성격 및 모습은 시대의 단계적 변화에 따라 달라지고 뒤엉켜 반전을 만들고 또 사회의 이념적 지형에 따라 왜곡되기도 해서 단순하게 말하기는 어렵습니다. 그러나, 21세기 초반 현재의 시점에서 극도로 단순화하자면, 대체로 살 만 하다고 생각하고 성장을 중시하는 보수층이 지지하는 '보수정당'과, 대체로 살기가 어렵다고 생각하고 분배와 복지를 중시하는 서민과 노동자층이 지지하는 '자유주의 정당 내지 진보정당'으로 나누어진다고 볼 수 있습니다. 서민과 노동자층이 지지하는 정당은 사회의 정치지형과 이념적 스펙트럼에 따라, 상대적으로 노동조합이 강한 서구의 경우에는 노동조합 기반의 진보정당인 사회민주주의 정당(독일의 사회민주당, 프랑스의 사회당, 영국의 노동당 등)이, 상대적으로 노동조합이 약한 미국과 한국에서는 자유주의 정당인 민주당이 주도하는 것으로 나타납니다. 그런데, 공산주의가 망하고 자본주의 신자유주의의 헤게머니가 강해진 현재의 시점에서는 유럽 사회민주당과 미국/한국의 민주당 간에 이념적 차이점보다는 '대체로 살기가 어렵다고 생각하는 계층의 정당'이라는 지지계층의 동일성이 더 뚜렷하게 나타나고 있는 것으로 보입니다.

③ 정치적/신분적 자유(自由)와 자결(自決)을 둘러싼 분쟁

정치적 분쟁의 원인에는 위에서 보는 바와 같이 경제적 이익을 둘러싼 분쟁이 정치적으로 조직화되고 정책적으로 실천되는 부분이 굉장히 중요하고 큰 부분을 차지하지만, 경제적 이익과 계층적/계급적 이익이 '전부 다'인 것은 아닙니다.

정치적 분쟁을 발생시키는 또 하나의 중요한 원인은 정치적/신분적 '자유(自由)'와 '자결(自決)'입니다. 자유/자결에는 경제적 이익과 긴밀히 연관된 점도 있지만, 인간의 인격적 측면에서 경제적 이익과 분리되거나 독립적인 성격이 분명히 존재합니다. '자유', '자결'을 경제적 분쟁으로 환원시키는 것은 인간의 욕구와 본성에 대한 지나친 단순화라고 생각합니다.

사람은 빵으로 살지만, 빵만으로 사는 것이 아니기 때문입니다. '목구멍이 포도청이라 치욕적인 것도 참는다.'는 것이 인간의 진실 중 하나이지만, '자유를 잃고 남의 권력과 지시에 굴종하는 것은, 밥을 굶는 것만큼이나 괴롭고 참을 수 없는 일'이라는 것 또한 우리들 인간의 중요한 진실입니다.

왕과 귀족의 주권을 국민 다수(모두)의 주권으로 바꾼 프랑스혁명과 미국독립혁명, 타 민족의 모욕적 지배와 폭압으로 빼앗긴 자유를 찾기 위한 식민지 독립운동, 흑인 노예제와 차별을 없앤 미국 남북전쟁과 1960년대 인권운동, 높은 경제성장으로 엄청나게 더 많은 빵을 만들게 하기는 했지만 국민의 주권(主權)을 빼앗고 단 한 마디라도 자기를 욕하는 국민은 입을 막고 체포하고 때리고 죽이기까지 하던 유신체제와 5공 독재에 대한 우리나라의 민주화투쟁은 모두 정치적/신분적 자유와 자결을 찾기 위한 분쟁이었습니다.

인간의 역사에서 정치적/신분적 자유가 확대되어 나가는 여러 단계와 과정에서, 이 싸움의 양상은 다양하게 달라지고 반전됩니다. 프랑스대혁명을 이룬 산업자본계급과 평민들은 이후 다시 좌파 자코뱅과 우파 지롱드로 나뉘어 사회의 방향을 둘러싸고 100년 가까이 큰 싸움을 벌였고, 미국의 공화당은 19세기 말에는 노예해방운동의 주역이었다가 20세기 중후반에는 인권운동의 대척점에 있는 보수정당이 되고 미국 민주당은 19세기 말에는 노예제도의 존속을 주장하는 남부 노예농장 기반의 정당이었다가 20세기 후반에는 흑인 대통령을 배출하는 자유주의 정당이 되었습니다.

인류의 역사는 전반적으로 신분적 제약의 철폐와 정치적 자유, 자결의 확대라는 방향으로 전개되었으나, 그 과정에서 보수와 진보의 선악을 단선적으로 구분하는 것은 어렵습니다. 보수에도 악과 선이 혼재되어 있고, 진보에도 선과 악이 혼재되어 있습니다. 보수는 선이고 진보는 악이라고 생각하는 사람은 자유주의와 진보 전부를 '종북세력'이라고 몰아댑니다. 진보는 선이고 보수는 악이라고 생각하는 사람은 보수주의 전부를 '기득권 수구세력'이라고 생각합니다. 조금 바보 같은 사람들, 또는 사람들을 바보로 만들려는 영악한 사람들은 '양쪽 다 나쁘다. 둘 다 기대할 것 없다.'고 양비론을 퍼뜨리면서 현재 상태의 세상을 그대로 유지하려고 합니다. 정치적 분쟁에 있어서 한쪽이 옳고 다른 쪽은 틀린지, 아니면 둘 다 옳고 둘 다 틀린지, 선악이 불명하다면 아무것도 하지 말아야 하는지, 이 점에 대해서는 뒤에서 검토해 보고자 합니다.

④ 집단주의/애국주의를 둘러싼 분쟁

집단과 집단 간의 분쟁은 집단주의, 민족주의, 애국주의로 진화 또는 악화되어 전개됩니다. 집단주의적 분쟁의 기초는 경제적 이익과 정치적 지배권 내지 자결권입니다. 이웃 부족과 이웃 지방과 이웃 나라 간에 경제적 이권을 둘러싼 싸움이 전쟁으로 벌어집니다. 경제적 이권을 확보하기 위해서 정치적 군사적 지배권을 추구합니다. 이 과정에서 살인이 벌어지고 약탈이 벌어지고, 그 이후에는 집단과 집단 간 민족과 민족 간 국가와 국가 간에 원한관계와 복수의식이 형성됩니다. 원한과 복수의식은 때로는 분쟁의 경제적 기초와 무관하게 움직이고 또 교묘하게 경제적 이익과 다시 결합됩니다.

공격받고 억압받는 자의 방어적(防禦的) 집단주의와 민족주의, 애국주의는 정치적 자유와 자결권을 확보하기 위한 싸움이라는 점에서 '묶인 자를 풀어주는' 긍정적인 의미를 갖지만, 공격하고 억압하는 자의 공격적(攻擊的) 집단주의와 민족주의, 애국주의는 인간의 개별적인 악을 집합시켜 더 폭력적이고 더 잔인한 인명 살상과 경제적 수탈을 야기합니다. 한 개인이나 한 정파로는 죄책감을 가지고 비난을 받으면서 하기가 곤란한 일들이, 집단주의와 애국주의의 이름으로는 아무 죄책감 없이 자기를 정당화하면서 이루어집니다. 2차대전의 대량살상을 야기한 일본의 군국주의, 히틀러의 나치즘과 무솔리니의 파시즘이 모두 이 종류의 폭력적 집단주의입니다. 경제적 이익을 기초로 한 분쟁 정치적/신분적 자유와 자결권을 둘러싼 분쟁들이 더 직선적이고 뚜렷하고 솔직하고 합리적이라면, 집단주의와 애국주의로 포장된 분쟁들은 어~ 하는 순간 사람들의 눈을 막고 귀를 막고 입을 막고 손발과 팔다리를 모두 묶어버리는 집단적 악으로 전락합니다.

'원한(怨恨)'과 '복수(復讐)'라는 감정은 '정치적, 경제적 이익'이라는 합리적 이성을 덮어쓰기 하는 경우가 많습니다. '이익'은 첫 번째 싸움의 원인인데, 그 싸움의 결과가 만들어내는 '원한'은 그 다음 싸움의 원인이 됩니다. 결과가 원인이 되어 버리는 것이지요. 경험과 감정은 이성과 논리를 막아버립니다. 민족주의, 집단주의, 애국주의와 결합된 경험과 감정은 어리석지만 강력한 한 시대 한 민족의 우상(偶像)이 됩니다. 어리석게도 많은 종교인들이 하나님보다 이 우상을 더 섬기는 것으로 보입니다. 어떤 사람은 어리석어서, 어떤 사람은 자기의 감정에 지배를 받아서, 그리고 어떤 사람은 자기의 이익을 위해서, 하나님의 이름을 욕되게 하고 세상의 우상을 섬깁니다. 하나님이 잘 보고 계실 것입니다.

일본의 경우 '자기들의 이익'을 위해서 방어적으로는 태평양전쟁을 공격적으로는 대동아전쟁을 일으키고는, 방어적인 태평양전쟁에서 원자폭탄을 투하 받은 이후로는 '피폭 국민'이 된 자기들의 원한과 피해의식만을 주장하고 자기들의 공격을 받은 아시아 민족과 국민들의 자신들에 대한 '원한'을 알지도 못하고 기억하지 않으려고 하고 인정하지 않으려고 합니다. 한 세대에서 이 문제를 정리하지 못한 일본 사람들은 다음 세대를 역사적 백치로 만들어 버려서 그들은 이제 왜 욕먹는지도 모르고 왜 욕하느냐고 화를 내는 민족이 되었습니다. 한 나라 한 민족을 통째로 바보로 만들어 버린 이 역사적 비극은 쉽게 해결될 것 같지가 않습니다.

한 나라 한 민족 내 지역 간의 지역갈등으로 인한 분쟁도 있습니다. 지역갈등은 우리나라에서 오랫동안 호남과 영남 간의 괴로운 지역주의로 나타났다가 두 번의 정권교체 이후 어느 정도 완화된 양상으로 벌어지고 있는데, 기본적으로는 경제적 차별이라는 '경제적 이익' 분쟁과 '정치적 차별과 억압'이라는 '정치적 자유/자결' 분쟁의 요소를 함께 가지고 있습니다. 우리나라의 경우 호남의 경제적 약세는 여전해 보이지만 두 번의 민주당 집권을 통해서 광주민중항쟁으로 극대화되었던 정치적 자유/자결에 대한 욕구가 어느 정도 해소된 면이 있습니다.

⑤ 종교/이념을 둘러싼 분쟁

정치사회적 분쟁에는, 또한 '종교적 신념의 차이로 인한 분쟁'과 '이념적 차이로 인한 분쟁'이 큰 부분을 차지합니다.

종교적 분쟁은 과거 유럽에서 구교와 신교 간에 엄청나게 벌어진 적이 있고, 기독교와 이슬람 간에도 십자군전쟁, 9.11.사태 이후의 전세계적 대립으로 이어지며, 기독교와 유대교 간의 오래된 반셈주의(Anti-Semitism)는 마침내 독일의 홀로코스트로 인간 악행의 정점을 이루고 이제 멈칫한 상태입니다. 하지만 최근에는 2001년 9.11. 사태 이후 미국을 중심으로 한 기독교 세계와 이슬람 세계 간의 분쟁이 세계를 위협하는 가장 큰 분쟁으로 나타나고 있습니다. 종교적 분쟁은 여러 경우에 그 아래에 은폐된 경제적 이익과 정치적 지배권을 이유로 깔고 있습니다. 유럽의 신교국과 구교국 간의 분쟁, 가톨릭으로부터 영국 성공회의 분리 등은 표면에 있는 종교적 명분 뿐 아니라, 기독교세계(Christendom)을 이루는 국가와 영주들 간의 정치적 경제적 분쟁이라는 현실정치(real politics)를 그 현실적 기반으로 깔고 있습니다.

이념적 분쟁의 가장 극렬한 모습은 20세기 초반 러시아 혁명으로 시작되어 20세기 후반 소련 몰락으로 끝난 자본주의와 공산주의 간의 싸움입니다. 이 싸움에는 계급과 계급 간 싸움을 직접적인 목표로 내걸고 상대 계급에 대한 적대감을 최대한으로 끌어올림으로써 분쟁의 폭력성을 극대화한 비극이 있습니다. 경제적 이익을 가장 강한 기초로 하는 분쟁이고 정치적 지배권과 권력을 놓고 싸우는 것이지만, 결국에는 계급/계층 간 원한(怨恨)과 두려움, 집단과 민족 간 공포(恐怖)와 원한을 일으켜서, 집단주의의 변형인 애국주의 반공주의 군국주의를 야기했습니다. 우리나라에서는 여전히 야당을 지지하는 국민의 절반을 '종북'이라고 하면서 멸절시키려는 극우적 주장이 활개를 치고 있습니다.

2. 싸움의 형태
① 폭력(暴力)과 살상(殺傷)

인류 역사의 수천 년 동안 경제적 이익을 둘러싼 분쟁과 정치적/신분적 자유/자결을 둘러싼 싸움이 나타나는 형태(形態)는 전쟁과 반란. 폭력적 억압과 생명의 파괴였습니다.

처음에 카인이 아벨을 죽였고, 카인의 후예인 라멕이 또 여러 명을 죽였고, 바로가 히브리 사내아이들을 죽였고, 바리새인과 제사장들이 예수님을 죽였고, 헤롯과 로마 황제들이 사도와 제자들을 죽였습니다.

신분제 하에서 노예나 농노가 도망치거나 자기의 운명에 거역하면 가두고 때리고 목숨을 취했습니다. 식민지 지배자인 일본사람들은 피지배자인 조선사람들의 재산을 교묘하게 빼앗고 조선사람들이 조금이라도 반항하면 잡아서 가두고 고문하고 사형시켰습니다. 독재자들은 권력에 항거하는 김주열 학생을 죽이고 수많은 민주화운동가들을 가두고 고문하고 박종철 학생을 죽이고 광주에서는 계엄령과 쿠데타에 반대하는 수백 명의 시민을 죽였습니다. 미국에서 흑인 노예들은 수백 년 동안 사람이 아닌 동물 취급을 받았고, 오랫동안 무시당하고 모욕당하고 백인우월주의자(KKK)들로부터 린치당하고 죽임을 당했습니다. 우리들도 1980년대의 5공 독재 하에서 '하고 싶은 말을 감시 없이 자유롭게 할 수 있는 날'이 올 것을 상상조차 하지 못하던 날들, 조금이라도 소리 내어 '자유(自由)'를 외치는 것은 즉시 체포와 구금과 고문과 폭행을 의미하는 억압의 날들을, 떨면서 항거하거나 억눌려 모욕을 참으면서 겪어낸 적이 있습니다.[46]

정치적 폭력과 인명의 살상은 경제적 약탈(掠奪)로도 이어집니다. '땅과 재물'을 빼앗기 위하여, '땅과 재물'이 누구의 것이냐 하는 싸움은 경제적 폭력과 인명 살상을 야기합니다. 정복한 나라와 민족은 정복당한 나라와 민족의 땅과 재물과 노동을 약탈합니다. 사회의 신분제와 소유권제도는 경제적 자유와 권리를 규제합니다. 민주주의 사회가 되기 이전에는 소수에게만 경제적 자유가 인정되어서 이를 둘러싼 소요와 진압이 계속 되었습니다.

② 선거와 경쟁

1776년 미국독립혁명과 1789년 프랑스대혁명 이후 왕정/귀족정이 아닌 국민들의 주권에 입각한 선거제 민주주의가 전 세계에 확대·발전해 오고 있습니다.

민주주의 자체가 완전하지 못하다는 것, 이성적 결론을 선택하기보다는 감성적으로 그릇된 선택을 할 위험이 있다는 등 내재적, 제도적인 한계가 있다는 것을 우리는 알고 있으며, 기독교적 관점에서 볼 때에도 민주주의가 어떤 인본주의적 유토피아를 만들 수 없다는 점은 분명합니다.

하지만, 하나님이 창조하신 인간의 역사에 있어서 극히 최근 2백년간 이루어진 '민주주의의 출현과 발전'은 획기적(劃期的)인 일이라고 생각됩니다. 하나님은 인간을 '자유로운 존재'로 창조하셨는데, 인간들 스스로가 권력을 독점하고 다른 사람의 자유를 억압해 오던 수천 년의 묶임을 획기적으로 뚫어버린 것은 하나님 나라의 견지에서도 커다란 전진이라고 생각합니다.

이사야서 58장 6절에서 하나님은 "나의 기뻐하는 금식은 흉악의 결박을 풀어 주며 멍에의 줄을 끌러주며 압제 당하는 자를 자유케 하며 모든 멍에를 꺾는 것이 아니겠느냐?"라고 말씀하셨습니다. 18세기 후반 이후에서 본격적으로 전개되기 시작한 민주주의의 전면적 확대는 하나님 말씀의 실현으로서도 큰 의미가 있다고 생각합니다.

민주주의 선거제도가 안정화될 때까지는 여전히 쿠데타로 권력을 잡는 독재체제와의 민주화운동 과정에서 수많은 인명살상과 희생이 벌어집니다. 그러나, 일단 민주주의 선거제도가 쿠데타를 허용하지 않을 정도로 안정화되면, 정치적 분쟁의 폭력적 인명살상적 성격은 크게 완화됩니다. 왕정이나 독재체제에서는 권력이 독점되어 정치적 분쟁에서 '법'은 장신구처럼 무시되기 일쑤이지만, 절차적 민주주의가 확립되면 정치적 분쟁에서 '적법절차'를 무시한 폭력의 집행이 어려워지고, 선거를 무시한 폭력과 살상에 의한 권력의 장악이 어려워집니다. 그래서, 선거제 민주주의에서는 수없이 지루하고 짜증나고 끝이 없는 정치적 말싸움이 이어지지만, 말싸움은 주먹싸움처럼 사람을 죽이고 다치게 하지는 못합니다. 우리나라처럼 30여년의 독재체제를 거쳐서 가까스로 선거제 민주주의제도와 정권교체경험을 확보한 나라에서, 민주주의가 변화시킨 정치적 분쟁의 '평화적 양상'은 세상적 견지에서나 신앙적 견지에서나 결코 경시되어서는 안 될 것이라고 생각합니다.

'경제적 이익'을 둘러싼 분쟁은 선거제 민주주의 하에서도 복지분배를 둘러싼 입법 싸움과 노사분쟁 등으로 이루어지지만, 우리나라의 경우에는 가정적 개별적인 차원에서 자녀교육이라는 경쟁에 엄청난 에너지가 집중되어 진행되기도 합니다. '경쟁'의 본질적 악성으로 여러 가지 문제점과 답답한 일들이 나타나지만, 한 가지 주목할 점은 현재의 교육 전쟁은 과거 사람을 서로 죽이고 죽던 경제적 계급투쟁이 평화적으로 전개되는 측면도 있다는 것입니다.

이미 역사적으로 사멸해 버린 셈이지만, 맑스레닌주의적 공산주의는 선거제 민주주의와 비교해 본다면 '노동계급에 의한 귀족정(貴族政)' 내지 '공산당이라는 철인(哲人) 집단에 의한 왕정(王政)'이라는 측면이 있습니다. 그러니까 '정치적/신분적 자유와 자결'의 진전이라는 점에서 보면, 프랑스대혁명의 진보적 부분을 가장 극단적으로 추구한 것처럼 보이는 공산주의가, 오히려 인간의 자유와 분쟁해결 방법의 평화적 진전에 있어서는 퇴행한 문제점이 있었습니다.

③ 세종대왕과 추노(推奴) / 시저와 스파르타쿠스

도망하여 쫓겨 다니는 추노(推奴)의 입장에서 볼 때 신분제의 조선시대는 인간의 정치적/경제적 자유를 완전히 박탈하고 사람을 노예로 부리는 '악(惡)' 그 자체입니다. 그런데, 그 악한 시대의 왕 중에도 한글을 만든 '세종대왕'은 우리가 훌륭한 왕, 좋은 왕이라고 칭송합니다. 세종대왕 때에도 추노는 잡아서 그 생명과 신체와 정신을 압박했을 것입니다. 스파르타쿠스와 같은 노예들에게는 로마공화국이든 로마제국이든 마찬가지로 인간의 자유와 생명을 억압하는 악입니다. 그런데, 그 로마는, 나름대로 아직까지 그 위명이 살아있는 시저와 같은 상층부에서 여러 가지 정치적 제도와 법과 문화와 철학을 만들어내기도 했습니다. 흑인들을 잡아다 노예로 쓰던 18세기 19세기의 미국은 노예들에 대해서 지극히 비인간적이고 잔인한 나라였습니다. 그런데, 동시에 1776년 제퍼슨이 기초한 독립선언문으로 세계 최초의 대규모 공화국을 건설한 미국은 나름대로 위대한 민주주의의 전통을 인류에게 선물한 것도 사실입니다. 정치적/신분적 억압과 폭력의 악 속에 또 세상은 이리저리 굴러가고 발전도 했던 것을 어떻게 이해할 것인가? 하는 질문이 생깁니다.

우선 신분제 사회에서 비자유 신분이 아닌 자유신분(귀족 또는 시민) 내에서는 어느 정도의 자유가 보장되고 사회의 운영 내지 통치가 이루어졌다는 점, 그리고 이것은 하나님의 일반은총의 차원에서 볼 수 있다는 점이 있습니다. 많은 사람을 당혹케 하는 로마서 13장, 즉 노예제 로마의 '위에 있는 권세에게 굴복하라'는 내용은 이런 맥락에서 생각을 하게 합니다. 또 하나는 신분제 사회나 비민주주의 사회의 시민들도 그 사회체제의 틀 안에서 주어진 것에만 만족하고 순종을 하고 현재 상태(status quo)를 건드리지 않는 경우에는 그냥 그 제약 안에서 살아간다는 점입니다.

그러나, 이렇게 보더라도, 신분제/왕정/독재 사회에서 정치경제적 분쟁을 처리하는 폭력성은 여전히 간과할 수 없습니다. 신분제 사회에서도 권력투쟁에서 패배한 귀족이나 왕은 처참하게 죽임을 당하고, 신분의 틀을 조금이라도 벗어나 보려는 사람은 극형에 처해집니다. 오늘 우리가 적어도 이런 꼴을 당하지 않게 된 것은 너무나 감사한 일입니다. 하나님께 감사하고 우리 자신에게도 감사합니다.

3. 싸움의 구분 (당파적 싸움과 비당파적 싸움)

① 당파적 분쟁과 비당파적 분쟁/ 당파적 공익과 비당파적 공익

앞에서 세상 속 싸움의 원인과 형태를 살펴보았습니다. 그런데, 세상 속 싸움에 있어서 '하나님 앞에서' 옳은 자와 그른 자, 의로운 자와 불의한 자, 지지하여야 할 선(善)과 배척하여야 할 악(惡)의 구분이 항상 뚜렷하게 나타난다면, 문제는 매우 쉬워집니다. 그 싸움을 할 용기의 유무가 문제이지 방향은 분명해 지기 때문입니다.

그러나, 세상의 싸움이 그리 당연하고 단순한 것은 아닙니다. 진보에게는 보수가 악당이지만 보수에게는 진보가 위험분자가 되고, 가난한 자는 부자가 이기심의 화신이라고 생각하지만 부자는 자기가 세상의 부를 창출해서 가난한 사람들에게도 나누어주는 주인공이라고 생각합니다. 그러니까 둘이

싸우고, 서로 자기의 주장이 옳고 상대방의 주장은 사악하거나 바보 같다고 생각하는데, 이것은 믿는 사람도 보통 마찬가지입니다.

정치사회적 논쟁과 분쟁이 벌어질 때, 무엇이 옳고 무엇이 그른가, 그리고 옳고 그른 것의 경계는 어디인지를 생각해 보기 위해서, 세상 속 싸움의 성격을 한번 분석해 보겠습니다. 본항에서는 앞에서 본 경제적 이익 관련 분쟁, 정치적 분쟁, 집단주의적 분쟁, 종교적/이념적 분쟁 중 '경제적 이익에 관한 분쟁과 정치적 분쟁' 두 가지를 집중적으로 분석하는데, '당파적 싸움'과 '비당파적 싸움'이라는 개념적 틀을 활용합니다. 그리고 정치사회적 분쟁이 추구하는 공공선과 공익(public interest)의 성격에 대해서도 '당파적 공익'과 '비당파적 공익'으로 구분할 수 있다는 분석을 전개합니다.

② 당파적 싸움 (Partisan conflict) / 당파적 공익(公益)

상식적인 말들의 상당수는 옳지 않습니다. 옳지 않은 생각은 많은 것을 망칩니다. '당파 싸움은 나쁘다'는 상식, '국론분열은 나쁘다'는 구호는 잘못된 것이라고 생각합니다. 세상에 모든 사람이 동등하고 평등하고 균등하고 균질하다면 당파도 필요 없고, 분열도 필요 없고 싸움도 필요 없습니다.

그러나, 이 세상에는 사람들이 동등하지 않고 평등하지 않고 균질하지 않으며, 경제적으로 사회적으로 정치적으로 다양하게 다른 이해관계가 존재합니다. 그 다른 이해관계만큼 당파가 있고 정파가 있고 다른 정치적 어젠다(agenda)가 있고, 당파적인 논쟁과 분쟁이 이루어지는 것이 좋습니다.

사람이 병이 있고 아픈데, 병이 없다 아프지 않다고 얘기하는 것은 잘못된 진단이거나 거짓말입니다. 아픈 사람보고 병이 있다는 얘기도 하지 말고 아프다고 신음하지도 말라고 하는 것은 억압이고 만행입니다. 세상에는 부자가 있고 가난한 사람이 있습니다. 가난한 사람은 가난한 것에 대한 울분을 얘기할 자유가 있어야 하고, 부자는 자신이 이룩한 부를 변호하거나 경제를 굴려가는 것에 대한 자신의 의견을 얘기할 자유가 있어야 합니다. 선거를 통해서 각 진영, 각 당파가 자기주장을 돌아가면서 실현시킬 기회를 부여하는 민주주의 제도의 비효율성이 가진 위대성이 여기에 있습니다.

'성장'과 '복지'는 서로 대립하고 모순되는 것 같지만, 복지가 있어야 성장이 의미가 있고 성장이 있어야 복지가 가능한 상호불가분성도 존재합니다. 미국의 정치속담인지 뭔가에 '공화당원(Republican)은 머리(head)는 있지만 가슴(heart)이 없고, 민주당원(Democrat)은 가슴(heart)은 있지만 머리(head)가 없다.'는 농담이 있습니다. 이 말에는 보수주의와 진보주의의 본질을 단순하게 보여주는 직관적인 진리가 있습니다. 그런데, 사람이 살려면 심장과 머리가 다 있어야 하듯이, 세상이 굴러가려면 진보의 개혁성(heart)과 보수의 합리성(head)가 다 존재하고 싸우며 서로 협력해야 합니다.

한 집단, 한 정당이 보수와 진보, 진보와 보수를 다 합쳐서 사람 세계에 가장 유리하고 합리적이고 좋은 것을 제시하고 만들어 낼 수 있는가? 그 대답은 '아니다.' 라고 생각합니다. 그리고 이것은 위험합니다. 존재가 의식을 규정하고 욕망이 절규를 만들어 냅니다. 따라서 각자 자기의 이야기를 하고 자기의 주장을 하고 상대방을 욕하고 다투게 하는 것이 더 건강하고 더 안전합니다. 역사 속에서 당파를 없애려고 한 시도는 모두 악한 결과를 낳았습니다. 국민총화를 내걸은 유신체제와 정의사회 선진조국을 모토로 내건 5공화국을 보십시오, 다른 의견에 재갈을 물린 국민총화는 강요된 침묵이고, 국민의 선거권을 빼앗아서 만드는 정의사회 선진조국은 거대한 감옥이 되었습니다. 국가의 이익과 노동자의 사회주의적 이익을 통일시켰다는 독일국가사회주의노동당(National Sozialistische Deutsche Arbeiterpartei : 일명 나치당)은 민족의 이름으로 독일 민족 전부를 죄악에 빠뜨리고 인류 역사상 최악의 집단적 범죄를 저지르게 만들었으며, 부자 계급을 없애서 '평등하고 동등한 이상사회'를 만들려는 소련 공산주의의 시험은 실패했습니다.

당파싸움이 악한 것보다 당파싸움을 없애려는 생각이 더 악합니다. 지금 우리나라에서 극우파의 '종북세력' 주장이 악한 것은 국민의 절반이 가지는 생각을 묶고 그 입을 막고 가능하다면 그 사람들 전부를 없애고 싶어 하는 '독(毒)'으로 가득하기 때문입니다. 반대로, 우리 눈앞에서 벌어지는 모든 논쟁 속에서 나타나는 말도 안 되는 주장과 추한 행동들이 우리를 괴롭게 하고 짜증나게 하더라도, 민주주의 정치제도 하에서 내 생각과 반대되는 나쁜 놈들과 나쁜 생각과 어이없는 주장은 없어지지 않을 것입니다. 그러니 나의 당파적 의견과 다른 반대의 당파적 의견과 행동이 없는 세상은 아예 꿈꾸지 않는 것이 좋습니다.

그러니까 민주주의 제도 하에서 50 대 50의 당파적 주장 내지 40 대 60의 당파적 견해는 각각 그만큼의 사람들이 필요로 하는 현실적 이익과 합리적 전망을 가진 '당파적 공익(黨派的 公益)'으로서 서로 존중해 줄 필요가 있습니다.

축구경기에서 각각의 팀에게 승패는 50 대 50의 당파적 이익을 가집니다. 그러나, 축구 경기의 규칙(rule)을 지키는 것은 양 팀 모두의 생존을 가능하게 하는 것으로서 100의 비당파적 공익을 가지는 것이고, 한 팀의 1회적 승리라는 당파적 이익을 위해서 무너뜨려서는 안 되는 더 큰 공익이 됩니다. 민주주의 선거제도의 공정성 유지, 적법절차(Rule of Law)의 확립 등은 당파적 공익 간의 싸움이 가능하게 하는 더 큰 공익으로, 이에 대한 침해에 대해서는 1회적 승리를 위한 당파적 공익을 발동시키는 것보다 사회와 민주주의의 유지를 위한 비당파적 노력이 필요합니다.

예를 들어 인권운동단체들의 활동을 보면, 비당파적 공익과 당파적 공익의 두 가지 측면이 모두 존재합니다. 민주주의, 인권, 사상표현의 자유에 관한 주장과 활동에는 비당파적 싸움, 비당파적 공익의 측면이 강합니다. 그런데, 노동조합을 위한 대기업과의 싸움, 복지분배의 확대를 위한 부유층과의 논쟁에는 '당파적 공익'의 측면이 강합니다. 그런데, 여기에서 '당파적'이라고 해서 '사익'이 되는 것이 아니고 '공익'이라는 점을 주목할 필요가 있습니다. 사회에 존재하는 계층적 이익을 주장하는 것은 '사익'이 아니고 '공익'입니다. 보수적인 견해를 가진 사람들이 노동조합의 주장과 노동쟁의를 '사익'으로 취급하고 배척하고 가능하면 금지시키려고 생각하는 것은 잘못된 생각입니다. 노동삼권은 대한민국 헌법 제33조가 인정하고 있는 헌법적 당파적 '공익(公益)'입니다. 이것은 성장과 효율성을 주장하는 보수 쪽의 '당파적 공익'에 대해서도 마찬가지입니다. 노동운동 내지 진보 측에서 보면 성장과 효율을 주장하는 보수의 어젠다는 진보의 이해관계에 맞지도 않고 기득권의 벌거벗은 이익(naked interest) 추구로 보이고, 거의 모든 점에서 진보의 의제와 대립하는 측면이 분명히 존재합니다. 보수의 경제적 권력에는 압박과 배제의 폭력성도 분명히 존재합니다. 그러나, 서로 반대되고 대립되는 보수의 진보의 각 '당파적 이익'은 싸워서 이기거나 제약시켜야 하는 대상이지, 없애고 박멸시킬 대상은 아니라는 인식이 중요합니다. 이 인식이 없이는 제대로 된 싸움을 하기가 어렵습니다.

결론적으로 이 세상에서 사람들이 갈라져 있고 나뉘어져 있는 상황에서, 하나님이 모든 것을 정리하실 마지막 날이 오기 전까지는 '당파적 싸움'과 '당파적 공익'이 매우 중요합니다. 양 진영 또는 몇 진영은 당파적 이익을 서로 외치고 주장할 자유가 있어야 하고, 각자 당파적 이익을 열심히 주장하고 변론하고 관철시키기 위하여 노력해야만 합니다. 안 그러면 이 세상에 사는 사람 중 상당히 많은 사람들의 입이 막힌 상태로 벙어리 귀머거리가 되어 살아야 합니다. 당파적 이익은 그 당파에 해당하는 사람의 무게만큼의 '공익'성을 가지므로 그 무게만큼 서로 존중되어야 합니다. 당파적 주장을 멸시하고 배척하고 금지하려는 극단적 '당파적 생각'은 잘못되고 악한 것입니다. 내 생각만 옳고 다른 사람의 생각은 틀리고 나와 다른 생각을 가진 사람을 다 없애버리고 싶다는 생각은 타인의 존재 자체를 부정하려는 것이어서 '사람을 죽이려는 살의(殺意)'와 동일한 뿌리에서 나온 것입니다.

그렇다고 양비론의 무책임성이나 양시론의 무기력증을 좇자는 것은 아닙니다. '당파적 싸움'과 '당파적 공익'이 서로 대립하고 통합되는 변증법적 긴장을 유지하는 것이 세상과 그 속에 살아가는 사람에게 가장 유익할 것이라는 의견입니다. 여기에서 각각의 사람들은 각자 자기가 놓인 자리와 또는 자기의 주견과 세계관과 가치관에 따라서 자기의 주장을 떳떳하고 투철하게 주장할 자유와 권리와 의무와 사명감을 가집니다. 내 주장이 100퍼센트 옳아야 하는 것도 아니고, 다른 모든 사람들의 이익을 반영하여야 하는 것도 아니고, 또 그렇게 만들 필요도 없습니다. 여기에 당파적 공익의 거대한 자유가 있습니다.

③ 비당파적 싸움/ 비당파적 공익

'당파적 싸움', '당파적 공익'은 대체로 경제적 이익을 둘러싸고 전개되는 측면이 강합니다. 그런데, 세상과 사람의 인생이 오직 경제적 이익과 빵만으로 이루어지는 것은 아니기 때문에, 세상에는 다른 종류의 싸움과 다른 성격의 공익이 있습니다.

예를 들어 공익법률사무소 공감이나 어필(APIL) 등에서 진행하고 있는 난민, 탈북자, 외국인 노동자, 장애우, 다문화 가족을 위한 공익법률활동 등 사회적 약자와 소수자를 보호하기 위한 '고아와 과부와 나그네를 돕는 활동'은, 노동조합과 사용자 간, 부자와 가난한 자 간의 대립처럼 50대 50의 대립구조를 가지는 당파적 공익이 아니라 70 내지 80의 지지와 공감을 얻을 수 있는 비당파적 싸움, 비당파적 공익의 성격을 가집니다. 그래서, 당파적 공익이 '싸우는 공익'이라면 비당파적 공익은 '안 싸우는 공익, 착한 공익'이라는 성격을 가집니다.

독재정권 하에서는 인간의 시민의 보편적 자유와 존엄성을 위한 민주주의와 인권의 확보라고 하는 '싸우는 공익'이 '비당파적 공익'으로서의 보편적 공익성을 가집니다. 그런데, 형식상 독재정권이 무너지고 선거제 민주주의제도가 운영되면 서서히 '싸우는 공익'이 '당파적 공익'적 성격으로 진화되어 가고 '안 싸우는 공익'이 비당파적 공익의 중요한 자리를 차지하게 됩니다.

그런데, 여기에서 한 가지 주목하고 잘 생각해 보아야 할 것은, 현재 사람들이 생각하는 '비당파적 공익'이 주로 '소수자(minority) 보호활동'에만 집중되어 있다는 것입니다.

논리적으로 볼 때, 비당파적 공익에는 '소수자 보호'만 필요한 것이 아니고 '다수자(minority)의 보편적 공익 보호'도 필요합니다. 여기에는 '복지제도, 교육제도, 사회제도, 가치관과 문화현상으로 인해서 오는 결박의 해결' 등 정치적 당파적 분쟁이 다 커버할 수 없고 소수자 보호의 비당파적 공익운동으로 해결될 수 없는 커다란 영역이 존재합니다. '소수자 보호의 비당파적 공익'은 '착한 일'의 성격이 좀 더 강하고 따라서 우리 중에 좀 더 착한 사람들의 헌신이 필요하다면, '다수자의 이익을 위한 비당파적 공익'은 '선악 간에 살아가는 사람들의 선악간의 행동양식'을 다루는 것이어서 '선악 간에 살아가는 보다 많은 사람'들의 일상적 비투신적, 생활적 노력이 필요합니다. 실제로 가장 세상의 권세가 강하고 가장 해결하기 어려우며 시작조차 하기 어려운 것은, '세상의 경쟁 드라이브'가 모든 사람의 인생과 생활을 지배하고 있는 바로 이 영역입니다. 그래서, 이 부분 '다수자를 위한 비당파적 공익을 위한 싸움'에는 좀 더 깊고 강력한 성령의 인도가 필요하다고 생각합니다.

4. 목표 : 싸움은 끝날 수 있는가

① 싸움은 끝나지 않는다

싸움은 사람에게 고통을 줍니다. 싸움은 사람들을 죽이기도 하고, 사람들을 다치게 합니다. 싸움이 없으면 사람들이 고통을 덜 받을 것 같습니다. 여기에서 우리들의 목표와 관련하여 다음과 같은 희망적 질문이 제기됩니다. "싸움은 끝날 수 있는가?"

그러나, 앞에서 쭉 살펴 본 바와 같이, 하나님의 마지막 날이 오기 전에는 이 세상에서는 빈부차이가 없어지지 않을 것이고, 이와 연결되거나 독립된 정치적인 의견의 차이도 없어지지 않을 것이기 때문에, '경제적 및 정치적 싸움'은 끝나지 않을 것입니다.

그리고 낯이 붉어진 카인에게 하나님이 친히 말씀하신 '선한 일로 죄를 다스리라'는 권고를 사람들은 듣고 따를 능력이 없기 때문에, 사람들은 싸움을 그칠 수가 없을 것입니다.

안 믿는 사람들도 죄인이고, 믿는 사람들도 죄인입니다. 비현실적인 가정이지만 가령 모든 사람들이 다 주일에 교회를 나간다고 하더라도, 믿는 사람들도 완전히 죄성을 벗어난 것이 아니므로, 세상의 싸움과 폭력과 그로 인한 슬픔과 원한은 그치지를 않을 것입니다.

병을 잘못 진단하면 사람의 목숨을 위협합니다. 세상에 싸움이 그칠 수 있다는 생각, 세상에 싸움을 그치게 만들 수 있다는 생각이 오히려 위험합니다. 세상에 싸움이 그칠 수 있다는 인식론적 착각은 억지로 세상에 대한 눈과 귀를 닫고 보고 싶은 것만 보고 듣고 싶은 것만 보는 어리석음을 낳게 될 것입니다. 그리고 세상에 싸움을 그치게 할 수 있다는 실천론적인 착각은 결국 인위적으로 다른 사람의 입을 막고 감옥에 가두고 세상에서 자유를 사라지게 하려는 '최악의 싸움'을 만들어낼 것입니다.

② 싸움은 그치지 말아야 한다.

싸움을 안 하는 것이 좋다. 이 생각도 잘못입니다. 우리는 싸움을 계속해야 합니다. 당파적 싸움도 해야 하고 비당파적 싸움도 해야 합니다. 그런데, 여기에서 중요한 것은 사람을 죽이는 싸움을 해서는 안 된다는 것입니다. 나도 살고 다른 사람도 살리고 세상도 살리기 위한 싸움을 계속 해야 합니다. 만일 이 싸움을 하지 않으면, 우리는 끝없는 시험 속에서 무력하게 무너지고, 범람하는 악의 세상 속에서 함께 악을 행하면서 살아야 합니다. 시민적인 입장에서도 이 세상의 자유와 평화와 복지를 위한 싸움을 계속하여야 하고, 나를 위한 나의 경제적 정치적 이익을 위한 싸움도 계속하여야 하고, 이웃을 위한 싸움도 계속 벌여야 합니다. 안 그러면 우리는 이 세상의 직접적이고 표면적인 불의와 이 세상의 원리적이고 심층적인 불의, 즉 인간을 모두 물신주의적 경쟁의 세계로 몰아넣어 경쟁과 욕망의 종으로 살게 하는 이 세상의 종이 되어 묶인 인생을 살다가 갈 것이기 때문입니다.

3. 세상 분쟁 속의 하나님 – 하나님은 어디에?

1. 귀 먹은 하나님?

과거 1970년대, 1980년대 학생운동을 하면서 부르던 노래 중에 '우리들에게 응답하소서 혀 잘린 하나님, 우리 기도 들으소서 귀 먹은 하나님'이라는 가사를 가진 노래가 있었습니다. 세상에서 부정의와 부자유와 억압과 폭력이 자행되는데 전지전능하신 하나님은 어찌 응답하지 않으시냐는 진지한 항의와 기도의 노래였습니다. 그래서, 이 노래는 신기하게도, 안 믿는 사람들도 믿는 사람들과 함께 소리높여 부르곤 했습니다.

여러 가지 고민과 논쟁거리들이 있지만, 결론부터 말한다면, 세상 분쟁에서 벌어지는 폭력과 살상과 잔인함은 하나님의 죄가 아니라 사람의 죄입니다.

하나님은 최초에 카인이 아벨을 죽이려고 낯이 붉어졌을 때에도 그 옆에서 친히 '네가 선을 행하면 어찌 낯을 들지 못하겠느냐. 선을 행치 아니하면 죄가 문 앞에 엎드리느니라. 죄의 소원이 너에게 있으나 너는 죄를 다스릴찌니라.' 라고 아주 절실하게 호소를 하였지만, 가인은 이 말씀을 듣지 않고 들에 있을 때 동생 아벨을 쳐 죽였습니다. 이 죄와 이 책임은 카인의 것이지 하나님의 것이 아닙니다.

사람들은 카인 이후 '재산'이나 '권력'이나 '명예(종교적 인정 포함)'을 위해 싸울 때, 일단은 폭력과 살인, 적대자 내지 경쟁자의 제거로 나갑니다. 그러니까 수많은 살상이 벌어지고, 지배권을 뺏거나 위탁받은 자가 왕이 되어 신민의 자유를 빼앗고 싸움에 진 부족이나 민족을 노예(종)으로 삼고 하는 모든 폭력과 살상이 발생했습니다. 이러한 만행들도 사람들이 범한 것이지, 하나님이 시킨 일이 아닙니다.

2. 하나님의 명령 - 살인하지 말라! (제6계명)

인간의 세계에 범람한 폭력과 살상과 약탈에 대하여 하나님은 다음과 같이 하나님 백성의 헌법인 십계명 중 제6계명을 통해 강력한 금지령을 주셨습니다. "살인하지 말라!" (출애굽기 20:13) 그리고 이어지는 구체적인 율법/법률(Law)을 통하여 "사람을 쳐 죽인 자는 반드시 죽일 것이다.(Any one who strikes a man and kills him shall surely be put to death.)"라는 명백한 처벌법규를 계시하였습니다.(출애굽기 21:12) 제8계명 "도적질하지 말찌니라(You shall not steal)!" 또한 타인의 땅과 재물과 노동에 대한 폭력적 약탈을 금하는 하나님의 엄한 명령입니다.

이 하나님의 법은 인간의 법으로도 성문화되어 대부분의 법에서는 살인죄를 사형 내지 중한 신체형으로 처벌합니다. 인간의 정치경제적 분쟁에서 폭력과 살상을 범한 자가 세상의 법에 저촉이 되거나 세상의 법정에 의하여 기소되고 처벌을 받으면 일단 이 하나님의 법이 집행됩니다.

그러나, 만일 왕정/신분제도/독재체제에 의하여 살인과 폭력이 (i) 성문법 상으로도 죄가 안 되거나 (ii) 성문법 상 죄가 되어도 권력의 힘에 눌린 불의한 법정에 의해 처벌을 받지 않는 경우, 하나님은 무엇을 하실 것인가? 그냥 무기력하게 구경만 하시고 말없이 돌아서실 것인가? 그럴 것 같지는 않습니다. 시편 121:4에서는 "이스라엘을 지키시는 하나님은 졸지도 아니하시고 주무시지도 아니하시리로다."고 하였고, 이사야서 55:11에서는 "내 입에서 나가는 말도 이와 같이 헛되이 내게로 되돌아오지 아니하리라"고 하셨으며, 예수께서는 마태복음 5:18에서 "천지가 없어지기 전에는 율법의 일점 일획도 결코 없어지지 아니하고 다 이루리라"고 하셨습니다.

하나님의 법정에서 하나님의 법에 의한 심판이 구체적으로 어떻게 벌어지는지 우리는 정확히 모르지만, 수천 년 동안 인간이 저지른 불의한 폭력과 살상행위 중 인간의 불의한 권력과 불의한 법정에 의해서 처리되지 못한 것들은, 하나님의 법정에서 어떻게든 처리가 될 것이고, 하나님이 무기력하게 넘어가지는 않을 것입니다.

3. 예수님의 자유 선포 - 눌린 자들을 자유(自由)케 하라

이사야서 58장 6절 내지 12절(공동번역)에서 하나님은 이렇게 선포하십니다.

6 내가 기뻐하는 단식은 바로 이런 것이다." 주 야훼께서 말씀하셨다. "억울하게 묶인 이를 끌러주고 멍에를 풀어주는 것, 압제받는 이들을 석방하고 모든 멍에를 부수어버리는 것이다. 7 네가 먹을 것을 굶주린 이에게 나눠주는 것, 떠돌며 고생하는 사람을 집에 맞아들이고 헐벗은 사람을 입혀주며 제 골육을 모르는 체하지 않는 것이다. 8 그렇게만 하면 너희 빛이 새벽 동이 트듯 터져 나오리라. 너희 상처는 금시 아물어 떳떳한 발걸음으로 전진하는데 야훼의 영광이 너희 뒤를 받쳐 주리라. 9 그제야 네가 부르짖으면, 야훼가 대답해 주리라. 살려달라고 외치면, '내가 살려주마.' 하리라. 너희 가운데서 멍에를 치운다면, 삿대질을 그만두고 못된 말을 거둔다면, 10 네가 먹을 것을 굶주린 자에게 나누어주고 쪼들린 자의 배를 채워준다면, 너의 빛이 어둠에 떠올라 너의 어둠이 대낮같이 밝아오리라. 11 야훼가 너를 줄곧 인도하고 메마른 곳에서도 배불리며 뼈 마디마디에 힘을 주리라. 너는 물이 항상 흐르는 동산이요 물이 끊어지지 않는 샘줄기, 12 너의 아들들은 허물어진 옛 터전을 재건하고 오래오래 버려두었던 옛 터를 다시 세우리라. 너는 '갈라진 성벽을 수축하는 자' '허물어진 집들을 수리하는 자'라고 불리리라.

같은 맥락에서 시편 146:7 등 많은 구절은 "억눌린 자들의 권익을 보호하시며, 굶주린 자들에게 먹을 것을 주시고 야훼는, 묶인 자들을 풀어주신다."

고 하나님의 공의와 은혜를 노래합니다.

예수께서도 첫 번째 회당 설교(누가복음 3:18-19)에서 "주의 성령이 내게 임하셨으니 이는 가난한 자에게 복음을 전하게 하시려고 내게 기름을 부으시고 나를 보내사 포로 된 자에게 자유(自由)를, 눈먼 자에게 다시 보게 함을 전파하며 눌린 자를 자유케 하고 주의 은혜의 해를 전파하게 하려 하심이라." 하여 온 세상에 자유를 선포하셨습니다.

여기에서 예수님이 말씀하신 '자유'가 현세적인 자유를 의미하는가, 영적인 자유를 의미하는가 하는 점은 우리가 성경공부를 하면서 많이 배우기도 하고 가르치기도 해 온 익숙한 주제입니다. 한 가지 분명한 것은 이 자유가 현세적 자유에 그치지 않고 인간의 영적인 자유, 하나님과 함께 하면서 죄의 권세로부터 자유로운 성령과 영생의 자유, '진리(예수님)을 알지니 진리가 너희를 자유케 하리라'는 자유를 의미한다는 것입니다. 하지만 다음 문제는 "이 자유 속에 세상의 현세적인 자유는 포함되지 않느냐?"는 것입니다.

'예수님이 말씀하신 자유에 현세의 자유는 포함되지 않는다.'고 해석하는 것은, 우선 문리해석(文理解釋) 상으로 '포로된 자에게 자유를' 주기 위해 오셨다는 명시적인 예수님의 말씀을 뚜렷한 근거 없이 자의적으로 제한해석 내지 축소해석한다는 해석방법상의 문제점이 있습니다. 다음으로 실천적인 면에서 이러한 제한, 축소해석은 현실적으로 부당한 구속과 제약에 눌린 사람에게 '계속 부자유(不自由)하게 살 것을 강요'하고, 그 반대쪽에 있는 사람에게는 타인의 부자유를 통하여 현세를 편안하고 즐겁게 살 수 있게 해주는 효과가 있습니다.

그런데, 이러한 제한해석은, 하나님이 마리아의 기도를 통해서 말씀하신 (누가복음 1:51-53) "그의 팔로 힘을 보이사 마음의 생각이 교만한 자들을 흩으셨고 권세 있는 자를 그 위에서 내리치셨으며 비천한 자를 높이셨고 주리는 자를 좋은 것으로 배불리셨으며 부자를 공수로 보내셨도다."는 말씀과 한나의 기도(사무엘상 2:3-8) "심히 교만한 말을 다시 하지 말 것이며 오만한 말을 너희 입에서 내지 말찌어다 여호와는 지식의 하나님이시라 행동을 달아보시느니라 용사의 활은 꺾이고 넘어진 자는 힘으로 띠를 띠도다 유족하던 자들은 양식을 위하여 품을 팔고 주리던 자들은 다시 주리지 않도다 전에 잉태치 못하던 자는 일곱을 낳았고 많은 자녀를 둔 자는 쇠약하도다 여호와는 죽이기도 하시고 살리기도 하시며 음부에 내리게도 하시고 올리기도 하시는도다 여호와는 가난하게도 하시고 부하게도 하시며 낮추기도 하시고 높이기도 하시는도다 가난한 자를 진토에서 일으키시며 빈핍한 자를 거름더미에서 드사 귀족들과 함께 앉게 하시며 영광의 위를 차지하게 하시는도다 땅의 기둥들은 여호와의 것이라 여호와께서 세계를 그 위에 세우셨도다."는 말씀의 취지에도 부합하지 않습니다.

어려운 문제는 하나님과 동행하는 영적인 자유와 이 세상에서 살아가는 인간이 누리는 현세적 자유 사이의 '관계'입니다. 현세적 자유를 너무 강조하면 영적인 자유가 의미 없어 보이고 인본주의와 기독교 신앙에 별 차이가 없어지는 문제가 있고, 영적인 자유만을 강조하면 세상에 대해서 무기력, 무능력하고 세상의 악에 동조하거나 이를 방관하는 불의한 기독교를 만드는 위험이 있습니다. 하지만, 하나님이 말씀하시고 예수님이 선포하신 '자유'에 사람의 현세적 자유가 포함된다는 것은 분명하다고 생각합니다. 이 두 가지 자유를 모두 놓지 않고 두 자유 사이의 관계를 정확하게, 그리고 긴밀하게 결합하는 인식과 실천이 필요합니다.

4. 왜 빨리 고쳐주시지 않는가?

'그렇다면 왜 하나님은 수천 년 동안 인간의 악행과 폭행과 살상행위가 분쟁 과정에서 계속 범해지는 것을 직접 금지하거나 그런 일이 벌어지지 않도록 사회제도를 고쳐주시지 않았을까?' '왜 하나님은 수천 년 동안 수많은 사람들이 노예로 살다가 죽도록 노예제도를 방치하시고 약 200년 전까지는 민주주의 제도조차 인간이 누리지 못하도록 하셨을까?' '하나님은 왜 우리를 이 같은 고통 속에 방치하시는가?' 라는 심각한 질문들이 있습니다.

이것도 마찬가지입니다. 사람의 책임을 하나님께 돌리면 안 된다고 생각합니다. '자기책임의 원칙'에 따라 사람이 지은 잘못은 원칙적으로 사람이 책임을 지고 고쳐야 하지, 하나님이 책임을 지고 고쳐야 하는 일이 아닙니다. 그러니까 원칙적으로는 우리 사람들을 원망할 일이지 하나님을 원망할 일이 아닙니다.

하나님은 이미 살인하지 말라는 금지명령과 함께 "너희는 원수를 갚지 말고 너희 동족에게 앙심을 품지 말며 너희 이웃을 너희 몸과 같이 사랑하라. 나는 여호와이다.(레위기 19:18)"라는 말씀 등을 통해서 우리가 폭력적이고 잔인한 정치사회적 분쟁을 벗어나는 길도 제시하셨습니다. 그러나, 이 말씀을 듣지 않은 것은 사람이지 하나님이 아닙니다.

그렇다면 '하나님의 아들 예수님이 오셨을 때 직접 세상의 악한 권력들을 물리치시고 신분제도를 철폐해서 종들을 해방시키시지, 그러지 않고 그냥 십자가에서 돌아가셨다가 부활해서도 그냥 하늘로 올라가셨는가?' 라는 질문도 나오게 됩니다. 여기에 대해서는 여러 가지 설명들이 있지만, 아마도 예수님의 미션은 정치사회적 권력의 폭력성을 물리치는 것보다 더 큰 것이었기 때문일 것입니다. 그리고 예수님은 본인이 십자가에서 사람들의 폭력에 의해 목숨을 잃으심으로써 '세상의 권력과 그 폭력과 그 부당성'을 여실하게 폭로하시고, 십자가 나무가 인간의 모든 죄와 오만과 폭력에 대한 'Stop' 사인이 되게 하셨습니다. 그 뒤로 2천년 동안 수많은 왕과 정권들이 예수님을 통해서 권력을 잡았다고 예수님의 이름을 팔아먹었지만, '권력에 의해 사형선고를 받고 죽은 사람'으로부터 권력을 부여받았다는 왕들의 주장 자체가 '왕들과 그들이 주장하는 세상 권력' 자체에 대한 통렬한 야유가 아닐 수 없습니다.

아모스 3:7의 '주 여호와께서는 자기의 비밀을 그 종 선지자들에게 보이지 아니하시고는 결코 행하심이 없으시리라'는 말씀에 의하면 하나님은 번거로우시더라도 하나님의 일을 행하심에 있어서 반드시 하나님의 사람 선지자들에게 계시하고 그들을 통해서 일하신다는 것을 알 수 있습니다. 이는 하나님께서 이 땅의 불의와 폭력을 없애고 고치는 일을 행하심에 있어서도 마찬가지 원리로 적용된다고 생각됩니다. 따라서 하나님의 말씀과 예수님의 십자가 계시를 통해서 제시된 '하나님 사랑과 이웃사랑'의 길을 따라 '하나님의 사람들이' 2천 년 동안 노력해 온 하나님의 일, 그리고 하나님의 일반은총을 따라 '믿지 않는 사람들까지 포함한 모든 사람들이' 세상의 압제와 폭력으로부터 사람들의 정치적/신분적 자유와 자결권을 되찾으려는 노력이 쌓이고 쌓여서, 마침내 사람의 기준으로는 2천 년이지만 하나님의 기준으로는 이틀 밖에 안 되는 짧은 시간을 거쳐[47] 최근에 들어와 비로소 민주주의 제도가 도입, 정착되기 시작한 것이라고 볼 수 있습니다.

우리에게는 긴 시간이지만 하나님에게는 짧은 시간입니다. 우리는 하나님이 아무 것도 안 하고 구경만 하시는 같이 느끼지만, 하나님은 그 기간 중에 이웃 사랑의 원리와 길을 제시하시고 사람들에게 그 일을 해 낼 수 있도록 힘을 주시고, 답답하셔도 참고 기다리시는 일을 쉬지 않고 해 오신 것입니다.

하나님 말씀에 의하면 마지막 날이 올 것이고, 그 마지막 날에는 모든 것이 분명해 질 것입니다. 그 마지막 날이 오기 전에 이 세상에는 수많은 눈물과 폭력과 살상과 싸움이 있습니다. 이 모든 것이 우리를 시험에 빠뜨리고 우리를 악에 빠지게 합니다. 세상의 모든 시험과 악에 끌려가고 순종하면서 '우리를 시험에 들게 하지 마옵시고 다만 악에서 구하옵소서.'라고 하루 종일 입으로 기도만 할 것인가? 할 수 있는 대로 현명하게 지혜롭게 세상의 시험과 악에 저항하고 세상을 이길 것인가? 이것이 우리가 답해야 할 문제입니다.

4. 세상 분쟁 속의 사람 – 우리는 어떻게?

1. 성령이 주시는 자유(自由)

예수님이 말씀하신 '진리를 알지니 진리가 너희를 자유케 하리라.'의 자유(自由)는 현세적 자유를 포함하지만 현세적 자유보다 큽니다.

현세적 자유를 위한 싸움은 필요하지만, '싸움' 그 자체를 위해서 인간의 자유를 구속하고 얽매게 할 수 있습니다. '권력의 종'에서 '싸움의 종'으로 넘어갈 수 있는 것이지요. 역설적이지만 인간은 항상 이 일을 반복합니다. 싸우지 않고 '세상의 종'으로 그냥 살 것인가?, 아니다! 하고 선포하고 싸움을 하는데, 어~하다 보면 자유가 없어지고 '싸움의 종'이 되어버리니 참으로 안타까운 일입니다.

'성령이 주시는 자유'는 우리가 싸움의 종이 되는 것을 극복할 수 있게 해 줍니다. 우리가 성령을 받으면 성령의 힘으로 우리는 곧바로 '자유'를 얻습니다. 현세에서 지배자의 자리에 있거나 노예의 자리에 있거나 마찬가지입니다. 성령이 주시는 자유에는 차별이 없습니다.

성령이 주시는 자유는 우리의 영과 마음과 몸에 힘과 에너지를 주시어, 자동적(自動的)으로 우리가 자유를 위한 싸움에 나서게 합니다.

성령이 주시는 자유는 먼저 내가 당하는 부당한 억압에 저항할 수 있게 해 줍니다. 성령의 사람은 세상의 시험을 두려워하지 않고 세상의 시험을 이길 힘이 있습니다. 바보 같이 비굴하게 살 이유가 없습니다. 성령이 주시는 자유는 세상의 종으로 살아가지 않을 힘과 지혜와 용기를 줍니다. 직장 생활을 해도 직장에 지지 않고, 세상의 시민적 삶에서도 불의에 굴종하지 않고 싸울 의분과 기개와 용기를 가지게 됩니다. 하나님의 영을 받고도, 세상의 명예욕을 쫓고 세상의 권력에 기죽어 비굴하게 아부하는 사람은 결코 하나님의 거룩한 성령을 받은 사람으로 볼 수가 없습니다. 있으나 없으나 하나님의 성령으로 받은 권세로 자유롭게, 세상의 모든 구속과 맞서 싸우고 자유롭게 살고 자유를 위해 싸우고 세상을 거꾸로 눌러 이기는 '자유'로운 삶을 성령의 사람은 추구합니다.

우리가 '럴럴럴' 하고 방언하는 것이 성령이 주시는 은사의 '다'가 아닙니다. 성령은 방언과 예언을 통하여 우리를 언어로부터 자유를 얻게도 하시지만, 성령은 또한 우리의 세상에 대한 입을 열어 세상에 대해서도 자유롭게 발언하게 해 주십니다. 성령은 가장 좋고 아름다운 것이 이 세상이 아니라는 것을 알게 해 주시어, 세상이 우리를 밀어붙이는 욕망의 드라이브로부터도 우리를 자유롭게 하시고, 거기에서 벗어나는 것에 대한 두려움과 공포로부터도 자유롭게 하십니다.

성령은 세상이 우리를 묶는 구조적 정치적 경제적 사회적 종교적 및 모든 억압에 대해서 분노하시며, 성령을 받은 우리들에게도 그 모든 억압을 미워하고 싫어하고 싸우게 하십니다. 내 눈에 흐르는 눈물을 슬퍼하고 하나님의 힘으로 그 눈물을 닦고 세상과 맞서 이기게도 하시며, 다른 사람의 눈에 흐르는 눈물을 함께 슬퍼하고 그 눈물을 흘리게 한 사람과 세상에 분노하고 규탄하며 말로만이 아니라 실제로 그 눈물을 닦아주기 위한 이웃사랑의 행동에 우리가 나서게 해주십니다.

성령이 없으면 불가능한 일입니다. 성령이 없이 우리 자신의 영과 우리의 능력으로만 하면 힘이 들고 시험에 들고 또 다른 악에 빠질 수 있습니다. 그러나, 나의 영과 나의 힘으로 하지 않고 하나님의 영의 힘에 모든 것을 맡기면, 내 속에 있는 성령이 슬퍼하시고 내 속에 있는 성령이 분개하시고 내 속에 있는 성령이 나의 눈으로 보게 하시고 나의 귀가 듣게 하시고 나의 마음이 움직이게 하시고 나의 몸과 영혼이 움직이게 하시고, 나의 손이 일을 하고, 나의 발이 걸어가게 하셔서, 자유를 위한 하나님의 일을 하십니다. 그러니 우리는 자유롭게 아무 힘도 들이지 않고 자유를 위해 세상과 싸우는 싸움을 할 수 있습니다.

세상을 사랑하면? 성령이 제약되고 성령이 움직일 수 없게 됩니다. 하나님을 믿으면서도 육체의 정욕과 안목의 정욕과 이생의 자랑을 추구하면, 먹고 사는 문제와 명예욕과 세상 자랑 때문에 자유를 잃고 타인의 자유를 뺏고 세상의 억압에 굴복하고 나아가 아부까지 하게 됩니다. 성령의 이름으로 세상의 축복을 남발하지 맙시다! 십자가에서 벌거벗고 돌아가신 예수님께 나의 세상적 욕망을 충족시켜 달라고 눈물로 호소하는 만행을 그만 두어야 합니다.

하나님은 말로만 하나님을 믿고 세상의 영광과 권력을 온 몸과 온 마음과 온 영혼으로 사랑하는 사람들을 그대로 두고, 그 사람들 대신 세상을 정의롭게 만드실 수도 없고 그러실 필요도 없을 것 같습니다. 이것은 마치 아이가 힘들여 공부하는 모양이 불쌍하다고 해서 부모가 대신 수학 문제를 풀어주는 바보 같은 행동을 할 수 없는 것과 마찬가지입니다. 그렇게 하면 아이는 전혀 문제를 풀 능력이 없어져서 진짜 시험은 망치고 그 성적도 유지될 수가 없습니다. 우리의 노력 없이 세상의 제도가 좋아지면, 우리의 악성은 곧바로 그 제도를 나쁘게 만드는 귀신같은 재주를 부리게 될 것입니다. 하나님은 우리가 문제를 푸는 것을 놓아두실 수밖에 없고, 우리가 스스로 문제를 풀게 하시는 것이 하나님이 원하시는 산 제사, 우리의 삶으로 드리는 진정한 예배를 만들어 냅니다.

하나님은 이 일을 위해서 우리에게 성령을 주셨습니다. 우리가 이 성령을 가지고 이 세상의 시험을 이기고 이 세상의 악을 이기는 싸움, 나를 자유케 하고 이웃을 자유케 하고 세상을 자유케 하는 싸움을 하지 않는다면, 하나님이 주신 가장 귀한 것을 창고에 처박아두고 방치하는 만행을 저지르는 것입니다. 하나님이 우리에게 성령의 은사를 주셔서 힘을 얻게 하시는 것은,

우리가 하나님의 존재와 힘을 의심하는데 인생의 시간과 노력을 낭비하지 않고, 확신을 가지고 하나님이 원하시는 이웃 사랑과 사람들을 영적으로 사회적으로 묶인 데서 풀어주는 자유의 싸움을 하게 하시려는 것이 목적이지, 방언과 예언의 은사로 황홀해지기만 하고 영적 자랑을 하게 하려고 하신 것이 아닙니다. 하나님과 함께 하는 영적 신비체험과 영적 자부심은, 내 몸을 사랑하고 내 몸과 같이 이웃을 사랑하는 움직임으로 나가야 합니다.

새찬송가 310장, '아 하나님의 은혜로 이 쓸 데 없는 자 왜 사랑하여 주는지 난 알 수가 없구나,'라는 노래는 질문만 하고 직접적인 답은 주지 않습니다. 하나님이 '이 쓸데없는 자'에게 은혜를 주시는 이유는 '하나님의 은혜로 내가 살고, 하나님의 은혜를 다른 사람에게 흘려보내라고' 주시는 것입니다. 하나님의 은혜가 없이는 나도 살 수 없고 다른 사람을 살리는 일에 나설 능력도 없습니다. 그러나, 하나님의 은혜를 받으면 나도 살고, 다른 사람도 살릴 능력이 생깁니다. 그런데, 하나님의 은혜를 받아서 나 혼자 먹고 다른 사람을 도와주는 일을 하지 않으니, 당연히 '하나님이 도대체 왜 내게 은혜를 주시는지 이해가 안 간다는 노래'가 나오게 됩니다. 나누어 주라고 주신 은혜를 혼자만 먹으니 살이 찌고 배가 나오고 영적으로 비만해집니다. 하나님도 답답하실 것입니다. 하나님의 은혜를 혼자 먹고 나누어주지 않는 사람에게는 하나님이 은혜를 더 주실 이유가 없습니다.

2. 성령이 주시는 지혜(智慧) - 성악설적 전복의 개혁주의

나 개인은 내 인생 하나도 감당하기 어렵습니다. 그러니 다른 사람을 위해서 싸우고 세상을 위해서 싸우는 것은 언감생심, 더 어려운 일입니다. 그 결과 내 인생 하나도 감당하기 어려운 사람이 다른 사람과 세상을 위해 싸우려 나설 때에는, 자기의 선의(善意) 뿐만 아니라 '명예'와 '권력'과 '자랑' 등 우리 입맛에 맞는 다른 '욕망'의 요소들이 우리도 모르게 살며시 양념으로 첨가가 됩니다. 선한 것 속에 악한 것이 숨어있고, 악한 것에서 선한 것이 나오기도 합니다. 사람은 완전히 깨끗하고 선할 수가 없습니다.

우아한 명예와 자랑 같은 것도 인간의 욕망과 이해관계이기는 매한가지입니다. 인간의 욕망과 이해관계가 결합되면 당초의 '선한 의도'는 왜곡되고 비틀어지고 꼬이고 뒤틀려집니다. 그래서, 선한 의도에서 악한 결과가 나옵니다. 자기의 의지로 선한 일을 시작한 사람은 반드시 지쳐서 떨어지게 되어 있습니다. 그리고 선한 일을 하다가 지쳐 떨어진 사람은 아예 선한 일 자체를 미워하고 싫어하게 됩니다.

믿는 사람이 되면, 성령충만해지면 선한 일을 잘 할 수 있을까? 저는 그렇지 않다고 생각합니다. 안 믿는 사람도 죄인이고 믿는 사람도 죄인이고, 안 믿는 사람도 자기 인생을 사는 것이 힘들지만 믿는 사람도 자기 인생을 감당하는 것이 힘들며, 안 믿는 사람도 다른 사람 신경 쓰기 힘들지만 믿는 사람들도 다른 사람 신경 쓰며 사는 것은 힘듭니다. 예수님을 믿는다고 고백했다고 해서 우리의 본성이 그렇게 쉽게 바뀌는 것이 아닌 것은 우리 모두가 경험적으로 잘 압니다.

사람들은 안 믿는 사람들과 세상에 대해서는 쉽게 성악설(性惡說)적인 태도로 인간을 불신하고 의심하는 관점을 가지면서도, 믿는 사람들에 대해서는 너무 쉽게 성선설(性善說)적인 태도로 인간을 신뢰하고 의심하지 않는 관점을 가집니다. 여기에서 많은 비틀거림과 헷갈림과 실수와, 실수를 저지르고도 실수를 인정하지 않는 많은 잘못과 착각과 어지러움이 나타난다고 생각합니다. 안 믿는 과거의 나도 악했지만, 지금 믿는 현재의 나도 악합니다. 안 믿는 나는 죄인이었고, 믿는 나도 죄인입니다. 안 믿을 때도 세상을 사랑하고 이익과 욕망을 추구했지만, 믿는 지금도 세상을 사랑하고 이익과 욕망을 추구합니다. 안 믿을 때도 성질내고 미워하고 싸웠지만, 믿어도 성질내고 미워하고 싸웁니다. 세상에서 너무 의로운 사람이 되려는 자도 하나님의 영광을 가리지만, 신앙으로 너무 훌륭하고 거룩한 사람이 되려는 자들은 예수님을 십자가에 매달았습니다. 믿는 신도도 죄인이고 믿는 집사님도 죄인이고 믿는 장로님도 죄인이고 믿는 목사님도 죄인이라는 현실을 직시하지 않으면, 우리가 행하려는 선한 일은 많은 악을 파생시키고 파선(破船)하게 될 것입니다.

그래서, 우리에게는 성령이 주시는 자유(自由)와 함께 성령이 주시는 지혜(智慧)가 필요합니다. 성령은 사람이 모두 죄인이라는 점을 일깨워줍니다. 그리고 세상이 어떻게 하나님을 적대시하고 인간을 결박하는지도 알려주십니다. 그리고는 이 세상과 어떻게 싸워서 어떻게 세상을 이길 수 있는지, 어떻게 우리가 세상이 주는 시험을 이기고 오히려 세상을 시험에 빠뜨릴 수 있는지를 알려 주십니다.

'세상은 악하지만 사람은 선하다'고 생각한 (인본주의적) 성선설적인 개혁주의는 인본주의의 최절정에 해당하는 공산주의의 몰락과 함께 그 한계와 실패가 온 세상에 드러났습니다. 대중도 선하기만 한 것이 아니고 지도자도 선하기만 한 것이 아니기 때문에 성선설적인 개혁주의는 성공하지 못할 것이라고 생각합니다.

'세상은 악하지만 믿는 사람은 선하다'고 생각하는 듯한 (신본주의적) 성선설적 개혁주의 또한 성공하기 어렵다고 저는 생각합니다. 믿는 사람의 선의와 착한 의지는 아름답고 선한 것입니다. 그러나, 아무리 성령충만해져도 우리는 '우리 자신'을 믿어서는 안 된다고 생각합니다. 선해질수록 교만과 자랑의 유혹에 노출되고, 성령충만해질수록 악의 저항과 공격도 강력합니다. 우리는 어느 순간 어떻게 헤매고 무너질지 모릅니다. '하나님 안에서의 자랑'이 '인간의 자랑'으로 넘어가는 것은 한 순간입니다.

그래서, 저는 '세상은 악하고, 안 믿는 사람도 악하고, 믿는 사람도 악하다'는 성악설적인 전복의 개혁주의가 정답이 아닐까 생각합니다.

'성악설적 전복의 개혁주의'는 인간의 선의와 거룩함을 의지하지 않고, 오직 성령의 인도를 의지합니다. 성악설적 전복의 개혁주의는, 성령이 주시는 힘으로 성령이 주시는 정교한 지혜로, 세상을 낭만적으로 생각하지 않고 현실을 직시하면서, 인간의 한계를 한탄하지도 않고 담담하게 인정하면서, 너무 빨리 달려서 다리가 부러지지도 않고 너무 천천히 움직이거나 자리에 주저앉아서 욕창이 나지도 없으며, 목적과 목표를 우상으로 만들지도 않고, 싸움이 주는 명예와 자랑의 노예가 되지도 않으며, 그렇다고 세상을 두려워하거나 무서워하지도 않고, 나와 우리들을 지나치게 과신하지도 않고 그렇다고 나와 우리들은 과소평가하지도 않으면서, 세상과 나와 우리를 직시하면서 단단한 한 걸음을 찾고 함께 '진리를 위한 자유를 위한' 한 걸음을 만들어 나갈 수 있습니다.

인간의 반역과 죄악으로 전개되는 이 세상의 수많은 싸움과 결박과 슬픔 속에서, 하나님은 우리를 불쌍히 여기시고, 죄와 싸움과 폭력과 미움과 원한에 결박된 우리의 운명을 한탄하시고, 예수님을 보내셔서 세상의 의와 종교적인 의로 하나님을 십자가에 매달아 죽이는 우리의 정체를 드러내시고, 세상의 위로 올라가는 것이 우리의 길이 아니며 세상의 아래로 내려가 세상의 가치를 전복하는 것이 우리의 길이라는 것을 알려주신 후, 성령을 보내시어 우리가 세상과 싸울 힘을 주시고, 세상과 싸울 지혜를 얻을 수 있도록 하셨습니다.

우리는 너무 침울해 하거나 너무 성질을 내거나 너무 한탄하거나 너무 억지를 부리거나 너무 착하려고 할 필요도 없고, 오직 하나님의 성령께서 우리에게 오셔서 우리의 인생을 붙잡고 장악하시고 성령께서 원하시는 대로 우리의 인생과 행동과 실천과 나날을 움직이시기를 원하고, 나의 의지와 나의 자랑과 나의 꿈과 나의 의로움 이런 것들을 모두 포기하고 성령이 주시는 자유 속에서 성령이 이끄시는 대로 그냥 살아갑시다. 이러면 세상의 분쟁 속에 살아가는 우리들을 통하여, 하나님은 친히 세상의 분쟁을 섭리하시고 세상의 모든 결박을 푸시고 모든 사람들의 눈물을 닦아주시는 하나님의 역사를 전개하실 것으로 믿습니다.

9장

교회와 신앙의 씨름
:명성교회의 교회적 파탄과 개교회주의의 극복[48]

명성교회의 교회적 파탄 – 명성교회 위기의 본질

1. 명성교회의 영적 파산

명성교회가 망했습니다. 명성교회는 2017년 10월 불법적이고 무도한 부자세습과정을 통해서 영적으로 파산했습니다. 지금도 명성교회에서는 김삼환, 김하나 부자 목사가 설교를 하고 신도들이 아멘, 할렐루야로 화답을 하고 있으니, 명성교회 건물 내부의 사람들은 그 교회가 아직도 살아서 잘 버티고 있다고 생각하고 싶겠지만, 명성교회의 건물 바깥에 있는 사람들은 이미 다 압니다. 명성교회가 "살았다는 이름은 가졌으나 영적으로는 이미 죽은 교회라는 것"을.(요한계시록 2:1)

아마도 명성교회 사람들은 한국교회의 종교개혁 500주년을 '정말로' 의미 있게 끝내고 싶었던 모양입니다. 2017년의 마지막 두 달 동안 명성교회의 두 목사는 한국사회와 한국시민들에게 한국교회의 기독교적 위선과 욕망과 무법의 상징으로 그 '명성'을 확고하게 굳혔습니다. 그리고 이른바 자기 개별교회의 안정을 추구한다는 명목으로 세습 강행을 결의한 명성교회의 평신도들은 나머지 한국교회와 기독교인들 모두에게 치명적인 오명과 수치와 괴로움을 안겨주었습니다. 1517년 독일에서 '면죄부'로 상징되는 로마교회의 교회적 파탄을 비판하면서 '종교개혁의 주체(主體)'로 등장했던 개신교가, 2017년 한국에서는 '명성교회의 불법세습'으로 상징되는 한국교회의 교회적 파탄을 보여주면서 '종교개혁의 대상(對象)'으로 자기를 드러냈습니다. 명성교회가 만들어준 멋진 피날레입니다.

2. 교회로 모인 은과 금의 힘

교회로 모인 은과 금의 힘은 참으로 큽니다.(사도행전 3:6) 2017년 10월 24일 명성교회가 속한 대한예수교장로회(통합) 동남노회의 찬성파들은 막무가내로, 그 마음을 다하고 정성을 다하고 힘을 다하고 뜻을 다하여, 김'하나' 목사의 세습 청빙안을 통과시켰습니다. 명성교회는 교회세습을 금지하는 교단의 헌법이 엄연히 존재하는데도, 그 헌법이 위헌적이니 무시하고 세습을 해도 된다고, 개별교회가 교회헌법을 어겨도 법률상 문제될 것이 없다고 주장합니다. 교단의 노회도 총회도 명성교회의 은과 금과 힘 앞에 무릎을 꿇릴 수 있다는, 참으로 대단한 믿음입니다.

애매하게 침묵하던 예장(통합) 교단은, 예상을 넘는 교계와 사회의 강한 반발에 이리저리 망설였습니다. 명성교회가 가진 은과 금의 힘과, 한국교회와 예수님의 이름과 명성이 서로 힘을 겨루는 양상이 되었기 때문입니다.(출애굽기 20:7) 교단 총회에서 명성교회 세습을 무효라 판결하면 '명성교회만 혼자 망할 것'이고, 교단 총회에서 얼렁뚱땅 명성교회 세습을 묵인하면 교단마저 세상의 웃음거리가 되면서 '명성교회도 망하고 예장(통합) 교단도 함께 망할 것'입니다. 어느 쪽으로 가든, 교회로 모인 은과 금과 힘의 함정에 빠진 명성교회가 이미 영적으로 망하고 파산했다는 사실에는 변함이 없습니다.

[2018년 1월에 이 글을 쓴 후 예장(통합) 교단의 총회는 2018년 9월에는 총회 재판국이 명성교회 세습을 합헌이라고 판단한 것을 총회에서 파기하였으나, 2019년 9월에는 총회 재판국이 재심을 통해서 명성교회 세습을 위헌무효라고 판단한 것을 거꾸로 총회에서 뒤집어서 2년간 유예기간을 둔 후 2021년부터는 김하나 목사가 위임목사에 취임할 수 있도록 하여, 사실상 교단 헌법을 사문화하고 명성교회의 세습을 허용해 버렸습니다.]

3. 명성교회 사태를 바라보는 세 가지 시각視覺

① 한국사회(비기독교인들)의 시각 - 한국사회보다 후진적인 한국교회

첫째, 정치권력의 사유화를 탄핵으로 쫓아낸 한국사회의 민주주의 앞에서, 목회권력의 사유화를 감행하는 한국교회의 모습은 부끄러움과 시대착오적 퇴행 그 자체입니다. 탄핵 이전의 한국시민들은 한국사회나 한국교회나 썩은 것이 마찬가지라고 절망했지만, 탄핵 이후의 한국시민들은 자정능력을 보여준 한국사회보다 한국교회가 더 후진적이고 퇴행적이라는 것을 절감하고 있습니다. 역설적으로나마 다행스러운 것은, 한국사회의 불신자들은 '기독교 신앙 자체를 비난'하는 것이 아니라, '기독교인들이 기독교 신앙을 제대로 따르지 않는 것을 비판'하고 있다는 점입니다. 결국 한국사회 비기독교인들의 한국교회에 대한 비판에는 도리어 '기독교인들 모두의 기독교적, 신앙적 회개를 촉구'하는 건강한 측면이 있다는 사실을, 우리는 감사해야 합니다.(누가복음 19:40, "그들이 입을 다물면 돌들이 소리지를 것이

다")

② 한국교회 목회자들의 시각 - 목회자라는 이름의 오염(汚染)

둘째, 명성교회 사태로 인하여, 한국교회의 목회자들은 추상적이고 영적인 피해뿐만 아니라 구체적이고도 현실적인 피해에 직면하고 있습니다. 명성교회의 만행으로 한국교회 목회자들의 얼굴에도 오물이 뿌려졌습니다. 하나님의 말씀을 전하는 목회자의 직무는 소중하고 거룩한 일입니다. 그런데 명성교회 사태로 말미암아 목회자라는 이름이 교회의 안팎에서 위선적 권력세습과 세속적 욕망의 상징처럼 오염되고 더럽혀졌습니다. 메신저가 존중을 받지 못하면, 그 입에서 나오는 메시지도 힘을 잃고 허공 중을 떠다니게 됩니다.(시편 1:4) 결국 부자간에 다정하게 교회의 은과 금과 힘을 주고받은 명성교회 사태는, 은도 금도 힘도 없이 하나님의 말씀만 간신히 붙잡고 있는 대부분의 한국교회 목회자들에게 천재지변 급의 변고가 되어버렸습니다. 이것이 이전의 세습에 비해서 이번의 명성교회 세습이 한국교회의 목회자와 신학생들로부터 보다 광범위한 비판과 항의운동을 불러일으키고 있는 이유입니다. 그나마 한국교회 목회자들의 피해를 줄이려면, 교단의 세습 무효 판결이나 김하나 목사의 자발적인 사퇴가 필요합니다. 그러나 명성교회의 세습철회 만으로 이 사건으로 드러난 한국교회의 위기가 원상회복될 것인가? 이것도 기대하기 어렵다고 봅니다. 이미 목회자 수급조절의 실패로 목회자의 생존이 개별 목회의 성패에 달리게 된 '한국교회의 시스템적 고장(malfunction)'이, 명성교회 사태의 기본적인 배경과 기초를 형성하고 있기 때문입니다.

③ 한국교회 평신도들의 시각 – 명성교회 사태의 '평신도적 보편성'

셋째, 명성교회 사태의 진범(眞犯)은 김삼환 부자목사가 아니라 명성교회의 평신도들입니다. 명성교회 세습사태의 최종적, 법적 책임은 김하나 목사의 세습 청빙안을 압도적 찬성(3/4)으로 결의한 명성교회의 평신도들에게 있기 때문입니다. '목사가 반복하여 강권하는데, 평신도들이 어쩔 수 있었겠느냐?'는 변명은, '나는 바보요. 바보니 어쩌겠는가?'라는 무책임한 어리광에 불과합니다. 명성교회 교인들은 바보가 아닙니다. 오히려 명성교회의 평신도들 다수는 이른바 '교회의 안정과 평안한 신앙생활'을 위해서, '존경하는 아버지 목사를 따르다가, 사랑하는 아들 목사를 모시는 청빙안'을, 스스로의 의지와 이익에 따라 판단했다고, 주장합니다.

문제는 이 지점에서 생깁니다. 막상 '내가 명성교회의 신자라면' 과연 개별교회의 안정이라는 이익을 버리고 한국교회 전체의 이익을 위해, 세습을 반대하고 저지하는 방향으로 '다르게 행동할 수 있었을 것인가?'라는 질문에, 솔직히 저 자신조차도 확실하게 대답할 자신이 없기 때문입니다. 우리 모두는 '한국교회의 평신도'로서는 명성교회 세습사태에 분노를 하지만, 동시에 '개별교회의 평신도'로서는 명성교회 같은 세습사태를 적극 방조하거나 소극적으로 묵인할 만한 집단적 공범(共犯)의 신앙적 정서를 가지고 있습니다. 결국 명성교회 몰락의 직접적인 주범은 명성교회의 평신도들이지만, 명성교회 몰락의 잠재적인 공범은 우리 한국교회의 평신도들 모두라고 자백해야 합니다. 이것은 우리가 입을 모아 김하나 목사 하나를 욕하는 것으로 해결될 문제가 아닙니다. 한국교회의 평신도들은 자신있고 당당하게 명성교회의 평신도들을 욕하기가 어렵습니다. 내 입에서 나가는 욕이 내 머리로 돌아오기 때문입니다.

4. 명성교회 위기의 평신도적 본질 – '개교회주의의 함정'에 빠진 기독교적 충성의 결말

① 교회에 대한 충성이 만들어낸 교회의 독(毒)

누구도 정확한 내막은 모르지만, 명성교회에 절실한 '세습의 필요성'이 생긴 것은 몇 해 전 드러난 800억원대 교회 비밀적립금 문제와 연관이 있을 것 같다는 '합리적 의심'들이 제기되어 왔습니다. 이것은 명성교회에 과도하게 쌓인 '교회의 은과 금'으로 인한 것입니다. 명성교회가 교단의 헌법과 노회의 전통도 무시하고 무리하게 '세습을 강행'한 것도 예장(통합) 교단 최대 대형교회로서 명성교회가 가지는 힘과 영향력에 대한 자신감을 반영합니다. 이것도 명성교회에 과도하게 쌓인 '교회의 힘과 권세'로 인한 것입니다. 명성교회에 쌓인 은과 금이 없었다면 세습의 절실한 필요성도 생기지 않았을 가능성이 크고, 명성교회에 쌓인 은과 금의 힘이 없었다면 교단과 노회를 무시하는 개별교회의 난행(亂行)도 발생하지 않았을 것입니다. 그러니 우리 모두에게는 이런 정당한 질문들이 생깁니다. 결국 명성교회에 대한 평신도들의 '지나친 충성'이 명성교회를 망친 것이 아닌가? 명성교회에 돈과 힘이 조금만 적었더라면 이런 일이 생겼을까? 교회에 너무 많은 은과 금과 힘을 쌓은 평신도들의 무분별한 충성이, 결국에는 명성교회에 독(毒)을 만들어내고 한국교회에 독을 뿜어내는, 이 모든 파탄의 원인이 된 것이 아닌가?

② 개별교회의 과잉(過剩)으로 생긴 전체교회의 암(癌) - 표적을 벗어난

평신도 신앙

결국 명성교회 사태의 본질은 개별교회인 명성교회와 전체교회인 한국교회의 대립으로 나타납니다. 한국교회의 평신도들은 그 동안 개별교회를 섬기고 충성하는 것이 곧 전체교회를 섬기고 하나님에게 충성하는 길이라고 배워왔고, 이 가르침에 착하게 열심으로 순종해 왔습니다. 이 글을 쓰는 저도 오랫동안 그렇게 믿어왔고 그렇게 행동해왔습니다. 명성교회의 신자들은 이런 방향의 '개교회주의(個敎會主義) 평신도 신앙'에 가장 성공한 사람들입니다. 명성교회의 신자들은 개인적으로 열심히 믿고, 집단적으로 열심히 전도하고, 구역모임에서 초심자들을 양육하고, 교회에 열심으로 헌금하고 많은 돈으로 한국과 세계에 구제활동을 하고, 성공한 교회를 만든 성공한 평신도 신앙의 챔피언들입니다. 그런데 이제 명성교회 신자들의 개별교회에 대한 지나친 섬김과 충성은 한국교회 전체와 하나님의 이름에 대한 불충과 모욕이 되었습니다.

개별교회는 아무리 크고 잘 나간다 해도 전체교회의 일부분, 한 세포(細胞)에 불과합니다. 명성교회 같은 개별교회가 자기 분수를 모르고 전체교회의 질서와 이익을 무시하면서 자기만을 주장하고 자기에 대한 충성과 존중만을 요구하게 되면, 그것은 바로 과잉증식으로 다른 세포를 죽이고 생명 전체를 잡아먹는 우리 몸의 암세포처럼 전체교회를 죽이는 암세포가 됩니다. 이제 우리들의 마음 속에 심각한 질문들이 떠오릅니다. 우리가 교회에 충성한다는 것이 무엇인가? 지금까지 해 오던 것처럼 개별교회에 충성하고 섬기는 것이 절대적으로 좋은 일인가? 만일 개별교회에 대한 사랑과 충성의 끝이 명성교회 사태라면, 우리는 교회에 대해서 제대로 믿고, 제대로 가르치고, 제대로 배워온 것인가? 내가 지금 믿고 있는 평신도로서의 신앙, 내가 지금까지 해온 교회에 대한 충성이 하나님을 제대로 믿고 한국교회를 제대로 섬긴 것이 맞는가? 그것이 아니라면? 우리는 고쳐야 합니다. '지나친 사랑과 충성'이 교회를 망쳤다면, 우리는 '덜 사랑하고 덜 충성하는 방법'으로 교회를 살려야 합니다.

2. 개교회주의의 극복과 평신도의 신앙적 해방

1. '개교회주의의 함정'을 벗어날 주체主體는 누구인가?

한국교회 전체가 개교회주의에 빠져있다는 것은 객관적인 현실입니다. 일개 교회에 불과한 명성교회가 교단의 노회, 총회를 넘어 한국교회 전체를 무시하는 방자함으로 한국교회 전체를 욕보이기에 이른 이번 사건은 개교회주의가 단순히 한국교회의 '현상'을 넘어 한국교회가 빠진 '함정(陷穽)'이 되어버린 것을 확인해 주었습니다. 기본 세포의 존재 없이는 생명체가 존재할 수 없듯이, '개별교회의 존재(存在)'는 기독교 신앙의 유지와 활동에 기본적인 필수요소입니다. 그러나 '개교회 주의(主義)'는 '신자들의 눈에 개별교회만 보이고, 사도신경으로 고백하는 보편교회(universal church)로서의 한국교회는 보이지 않는 것', '신자들의 마음과 몸이 개별교회에만 충성을 하고, 공교회로서의 한국교회에는 충성도 하지 않고 충성을 할 필요도 알지 못하는 것', 천사가 하나님의 영광을 가리듯이 개별교회가 전체교회의 영광을 가리우는, 개별교회에 대한 집착과 우상적 숭배를 의미합니다.

이 개교회주의의 함정에는 한국교회의 신자들, 한국교회의 목회자들과 평신도들이 모두 빠져있습니다. 명성교회 사태로 가속화된 한국교회의 위기를 극복하기 위해서는 한국교회의 목회자도, 평신도들도 함께 개교회주의의 함정을 벗어나야 합니다. 그런데 솔직하게 말씀드려서, 현재의 한국교회 시스템에서 한국교회의 목회자들은 대부분 이 개교회주의의 함정으로부터 '객관적으로' 자유롭지 못하다는 점을 주목할 필요가 있습니다. 그 이유는 목회자의 '목회'와 '생존' 모두가 개별교회의 성패에 그대로 연결되어 묶여 있는 객관적 상황 때문입니다. 명성교회 같은 큰 교회의 목회자들이 개교회의 성공과 풍요에 취(醉)해 있다면, 목회자 수급조절의 실패로 인한 교회시장의 경쟁과열과 과부하로 인하여 크지 않은 교회의 목회자들은 목회의 지속과 생계의 공급 자체에 목말라(渴) 하는 곤란을 겪고 있습니다. 개교회의 양끝(강단 위와 강단 밑)을 목회자와 평신도들이 차지하고 있다면, 객관적, 존재론적으로 목회자들은 개교회주의의 구심력(求心力)적 요소를, 평신도들은 개교회주의의 원심력(遠心力)적 요소를 담당하고 있습니다. 조금 더 솔직하게 말씀드리면, 목회자들은 대부분 개교회를 벗어나면 살기가 어렵지만, 평신도들은 대부분 개교회를 벗어나도 사는데 지장이 없습니다.

그래서, 저는 명성교회의 평신도들과 조금도 다름이 없는 우리 한국교회의 평신도들, 명성교회의 평신도들과 함께 명성교회 세습으로 나타나는 한국교회의 위기에 공범적 책임을 가진 한국교회의 평신도들, 그 동안 교회에 대한 지나친 충성으로 교회에 독을 만들어내고 개별교회에 대한 과잉충성으로 전체교회의 암세포를 키우는데 기여해 온 한국교회의 평신도들, 그러나 개교회주의에 대해서 '주관적으로는 묶여있으나, 객관적으로 구속되어 있지 않은' 한국교회의 평신도들이 앞장서서, 한국교회의 암적 요소인 개교회주의의 함정에서 우선적으로 벗어나는 길을 뚫어내고, 이를 통해서 개교회주의에 대해서 '주관적으로는 비판적이나, 객관적으로 구속되어 있는' 목회자들도 개교회주의의 함정에서 따라나올 수 있도록 돕는 길을 만들어낼 것을 제안합니다.

2. 개별교회에서 "30%만큼 정 떼기" 운동

아이러니컬하게도 한국교회가 사회적으로도, 교회적으로도 본격적인 퇴락의 길을 걷기 시작한 것은 평양대부흥운동 100주년 기념운동을 벌이던 2007년부터 종교개혁 500주년을 맞은 2017년까지의 10년 간입니다. 제2의 한국교회 부흥을 기도하던 2007년의 기도들은 아무 응답도 없이 그냥 지나간 것 같았는데, 이제 되돌이켜보니 교회부흥과 성장을 구하던 2007년의 기도들 자체가 잘못되었던 것 같습니다. 하나님은 한국의 개신교회에 1970년경부터 2000년경까지 30년 한 세대 동안 300만명에서 900만명 가까이 3배 정도의 엄청난 부흥과 성장을 '이미' 허락해 주셨는데, 여기에 '더 많은' 수적 성장과 부흥을 구하는 한국교회의 기도를 '회개 없는 욕망'에 불과한 것으로 하나님이 받아들이신 것으로 보입니다.(잠언 30:15, "다오 다오 하느니라 족한 줄을 알지 못하여 족하다 하지 아니하는 것 서넛이 있나니")

개별교회의 내용과 목회의 운영에 대해서 실망해서 아예 교회를 떠난 평신도 교인들을 보통 가나안 성도라고 합니다. 그래도 개별교회에 내용을 채우고 운영을 합리화해서 교인들이 다시 정을 붙이고 다닐 수 있게 하자는 취지의 교회개혁운동이 목회자들을 중심으로 작은교회 운동, 선교적 교회 운동 등으로 나타나고 있습니다. 가나안 성도 현상이 기성의 개별교회 및 목회자와의 절연을 선언하는 평신도들의 방황이라면, 교회개혁운동은 교회를 수리해서 잘 해보자는 목회자들의 평신도들에 대한 구애입니다. 더 많은 다수의 한국교회 신자들은 그래도 목회자와 평신도들이 '개별교회를 중심으로, 우리는 열심히 잘 해보자'고 선의로 노력했지만, 명성교회 세습사태가 그런 개별교회 중심 신앙의 허무한 결말과 신앙적 독성을 증명했습니다. 전반적으로 오늘의 한국교회에서는 평신도들과 목회자들 사이에 애증의 긴장이 500년전 유럽의 종교개혁 시대처럼 점점 폭발지경에 가까워져 간다는 느낌이 있습니다. 즉 한편으로는 평신도들의 목회자와 개별교회에 대한 지나친 의존성과 맹목성이 그 한계지점에 이르고, 다른 한편으로는 평신도들의 목회자와 개별교회 일반에 대한 실망과 불만과 부담이 증대되고 있습니다. 한국교회의 평신도들은 '진지하게 고민하면 신앙적으로 방황하게 되고, 진지하게 고민하지 않으면 신앙적으로 태만해지는' 양극단 사이에 끼어있습니다. 이제 더 이상의 방황은 답답하고, 더 이상의 태만은 무책임합니다. 그렇다고 해서 모든 평신도들이 개별교회를 떠나 가나안 성도가 되는 것으로 문제가 해결될 것 같지는 않고, 그 반대로 모든 평신도들이 현재에 있는 개별교회를 고치고 바꾸어 또 비슷한 충성을 하는 것으로 개교회주의의 함정에서 벗어난다는 보장은 없어 보입니다. 가나안 성도 현상에서는 '교회' 자체가 아예 사라져버리는 신앙의 무중력상태로 빠질 위험이 있고, 목회자 중심의 교회개혁운동에는 여전히 '개별교회의 중력'이 강한 것으로 느껴지기 때문입니다.

그래서 제가 제안하는 방안은 "평신도들이 개별교회에서 30% 정을 떼서", 한국교회를 살리기 위한 '본격적인 평신도운동'을 시작하자는 것입니다. 이것은 개별교회의 과잉으로 전체교회가 암적 병증상을 보이고 있는 현실, 목회자들의 개별교회에 대한 불가피한 집착과 평신도들의 개별교회에 대한 맹목적 충성이 교회의 독을 만들어내고 있는 현실을 벗어나기 위한 "과잉의 해소"와 '결핍의 보강', 즉 개별교회에 대한 충성과 노력의 30% 정도를 줄여서 이것을 개별교회 바깥의 보편교회, 전체 한국교회에 대한 노력과 충성으로 재배치하자는 제안입니다. 개별교회에 70%의 신앙 열심을 남겨놓자는 것은 교회의 기초단위로서 개별교회의 존재와 기능이 필요하기 때문이고, 전체교회로 30%의 열심을 돌리자는 것은 전체교회의 고등생물적 기능 없이 한국교회가 수만 개의 단세포동물 아메바처럼 퇴행하는 것을 막기 위해서입니다.

이 제안은 성경적, 논리적으로 타당합니다.(에베소서 3:3-6) 우리가 매주 사도신경으로 고백하듯이, 우리는 개별 "OO교회"의 신자이기에 앞서 보편교회(universal church)인 한국교회의 신자로서 권리와 의무와 충성을 다해야 하기 때문입니다. 우리가 개별교회에 대한 충성을 3분의 1 정도 줄이면 개별교회도 불필요한 비만과 객관적·주관적 과잉의 거품을 빼고 겸손함으로 건강해질 것이고, 우리가 전체교회에 대한 충성을 3분의 1 정도 새롭게 만들어내면 개별교회에 모든 에너지와 힘을 뺏기고 고사해 가던 전체교회는 새로운 피를 얻고 숨을 쉬는 신진대사의 생명활동을 재개할 수 있습니다.

3. 본격적인 평신도운동의 방법과 방향 – 평신도 신앙열심의 30% 방향전환
① 개인적 차원의 평신도운동 - 세상과 교회 사이에서의 신앙적 씨름
평신도운동이 땅에 단단히 붙어서 실질적인 생활력을 확보하고 허공에

뜨지 않기 위해서는, 우선적으로, 한국교회의 모든 평신도 개개인들이 각자 '자기 신앙의 주인공'으로 다시 서는 '개인적인 평신도운동'의 전개와 정착이 필요합니다. 이것은 현재 한국교회의 평신도들이, 모두 자신이 가지고 있는 신앙적 열심의 내용을 회개하고, 그 신앙적 열심의 내용을 모든 방면에서 3분의 1만큼씩 방향전환하는 것을 통해서 이루어질 수 있습니다. '개인적인 평신도운동의 기본적인 방향'은, 각자의 개인적 신앙생활에서 '과잉을 해소하고, 결여를 창출하는' 것입니다. 현재 명성교회사태로 드러난 개인적 평신도 신앙의 문제점들은 (i) 개별교회의 과잉과 전체교회적 조망의 부재, (ii) 교회 속 신앙의 과잉과 세상 속 신앙의 부재, (iii) 목회자 주체성의 과잉과 평신도 주체성의 부재로 요약될 수 있습니다. 그러므로 개인적인 평신도운동의 방향은 각 평신도 개인이 (i) 개별교회에 대한 충성의 3분의 1을 전체교회에 대한 충성으로, (ii) 교회 속 신앙에만 갇혀있던 신앙의 열심을 3분의 1만큼 세상 속의 신앙으로, (iii) 목회자만 바라보는 수동적 신앙의 3분의 1만큼을 자기의 인생과 세상에 대한 능동적 신앙으로 돌리는 신앙적 방향전환에서 시작할 수 있습니다.

'개인적 평신도운동의 구체적인 전개'에서 새롭게 주목할 점은, 평신도 중에는 구체적으로 '초심자 평신도'와 '경력직 평신도'라는 두 가지 그룹이 존재한다는 것입니다. 한국교회는 역사적으로 '초심자 평신도의 수적 양산'에는 성공했으나, '경력직 평신도의 질적 발전'에는 실패했습니다. 이것이 개별교회의 양적 성장에 성공했던 한국교회가, 이제 사회적으로나 교회적으로나 질적인 파탄에 이르게 된 원인입니다. 이제 막 믿기 시작한 초심자 기독교인들에게는 기본 교리와 기본적 신앙생활을 가르치는 교회의 전도와 양육과 구제와 봉사가 필요합니다. 그러나 신앙의 초급단계를 넘어선 경력직 평신도들에게는, '어른스럽게' 신앙을 가지고 다시 세상과 인생의 현실에 나가서 우리가 배운 기독교 신앙을 '세상과 인생 속에 성육신(成肉身, incarnation)'하려고 애쓰는 장성한 믿음의 씨름이 필요합니다.(히브리서 5:14) 그러나 개교회주의의 한국교회는 경력직 평신도들에게 믿음으로 세상에 나갈 것을 요구하지 않고, 계속 교회에 남아서 초심자 전도, 양육과 교회봉사에만 전념할 것을 요구하고, 이것을 '평신도의 좋은 신앙'이라고 가르쳤습니다. 이것이 평신도를 깨워서 교회 일을 시키는 평신도 제자훈련의 일반적 모델이고, 그 결과가 지금 한국교회에 충만한 '초심자 중심'의 어리고 유약한 신앙입니다. 한국교회에는 어린아이처럼 서로를 어르고 달래고 사랑해주는 '위로하는 신앙'은 가득하지만, 욥처럼 허리띠를 묶고 하나님과 세상과 인생을 대면하는 장성한 어른의 '씨름하는 신앙'은 찾아보기 어렵습니다.(욥기 38:3)

이처럼 명성교회의 교회적 파탄으로 드러난 한국교회의 위기가 그 동안 우리 교회에서 누구나가 추구해온 ''초심자 중심의 평신도 신앙' 때문에 나타난 것이라면, 이제 명성교회 위기를 극복하기 위한 한국교회의 평신도운동은 '경력직 평신도 중심의 평신도 신앙'으로 바뀌어야 합니다. 경력직 평신도 중심의 평신도 신앙이 무엇인지는 목회자들도 잘 모르고 평신도들도 잘 모르고 신학자들도 잘 모릅니다. 이것은 종교개혁 500주년을 넘긴 후 한국교회가 새로 만들어내서 전 세계에 제시해야 하는 21세기 종교개혁의 발전된 신앙내용이며, 한국교회가 세계교회에 대해서 가지는 적극적 사명과 책임입니다.

② 집단적인 차원의 평신도운동

'평신도의 신앙적 주체성'이라는 주제는 본래 루터가 종교개혁 당시 '그리스도인의 자유'와 '독일귀족에게 고함' 등 주논문을 통해서 만인제사장주의로 선언한 개신교의 기본원칙입니다. 그러나 (i) 루터 당시의 시대적 제약과 정치적 한계 등으로 평신도의 만인제사장 역할은 일반 평신도가 아닌 제후 평신도들로 제한되고, (ii) 로마교회의 사제특권을 배척하면서 등장한 개신교회도 교회의 제도적 조직과 운영과정에서 목회자 직책의 계층적 분리가 불가피해지면서, 종교개혁 500년이 지난 오늘 한국 개신교회에서 '평신도의 신앙적 주체성'이라는 말은 사실상 사문화되거나 형해화되고, 500년전 로마교회의 교회중심주의와 사제주의가 오히려 개교회주의와 결합되어더 나쁜 모습으로 재현되는 형국입니다. 그럼에도 불구하고 '평신도의 신앙적 주체성'과 만인제사장주의는 개신교회의 도저히 부인할 수 없는 신앙적원칙이므로, 그 동안 한국교회에서도 수십 년 간 평신도들의 신앙적 주체성을 반영하고 실현하기 위하여, 다양한 평신도 단체들의 노력이 전개되어 왔습니다. 역사적으로 흐름을 따라 그 목적과 활동을 중심으로 분류해보면, 그 하나는 70년대 이후 대학생 중심으로 시작되었던 선교운동 단체들이고, 둘은 80년대 후반 이후의 복음주의 교회개혁운동 단체들이며, 셋은 2000년대 이후 몇몇 직종에서 활발해진 직종별 평신도 대중단체들입니다.

우선, 한국교회의 부흥기간(1970-2000년) 중 함께 활발했던 대학생 중심의 선교운동 단체는 해외선교사의 배출에는 큰 성과를 냈으나 국내 한국교회 자체의 퇴락과 퇴행을 막는 데에는 별다른 역할을 하지 못한 것처럼 보입니다. 이는 대학생 선교단체의 목적 및 프로그램이 국외에서 불신자를 전도하여 양육하는 '초심자 중심'의 선교활동을 초점으로 하고 있어서, 선교사로 결단한 일부 멤버들을 제외한 다수의 회원들에 대해서는 선교사 후원활동을 넘어서 '경력직 평신도로서의 주체적 신앙적 발전'을 가능하게 하는 본격적인 방향성과 실질적인 프로그램을 창출해내지 못한 한계로 인한 것이라고 생각됩니다. 그럼에도 불구하고 한국교회와 한국사회 곳곳에 포진한 선교단체 출신의 훈련된 평신도들은, 한국교회의 경력직 평신도들이 본격적으로 평신도운동을 전개하는데 있어서 아주 귀중한 인적 자원의 기반이 될 수 있을 것으로 기대됩니다.

다음으로, 1987년 기독교윤리실천운동(기윤실)이 창립된 이후 약 30년간 한국교회의 사회적 책임을 강조하면서 교회 내 야당 역할을 해 왔던 복음주의 교회개혁운동 단체들이 있습니다. 이 단체들은, 한국사회의 문제들에 대해서는 한국교회의 양심적 목소리로 참여하고, 한국교회의 퇴행과 타락을 비판하는 예언자적 역할을 담당해 왔으며, 직접, 간접적으로 평신도운동의 필요성을 선구적으로 주장하고 모색해 온 주체이기도 합니다. 하지만 한국교회 퇴락의 엄청난 가속도에 비해서 교회개혁운동 단체들의 현실적 저지력이 충분하지 못했다는, 결과적 실효성(實效性)의 문제를 고민할 필요가 있습니다. 그 동안 교회개혁운동 단체들이 '교회개혁'을 위하여 교회와 목회자들을 비판해왔지만, 교회도 더 나빠지고 목회자들도 바뀌지 않았습니다. 그렇다면, 이제는 교회개혁운동 단체들도 한국교회의 숨어있는 주인공, 평신도들을 비판하고 평신도들이 바뀌도록 돕는 '평신도 개혁'의 일에 보다 집중할 필요가 있다고 생각합니다.

마지막으로, 약 20년 전부터 시작되어 지금은 상당히 활발한 활동을 보이는 좋은교사운동, 한국누가회, 기독법률가회 등 직종별 평신도 대중단체들이 있습니다. 이들 단체들은 평신도 대중의 생활적 기반에 기초하고 있고 신앙의 사회적 맥락을 한 분야씩 담당하고 있다는 점에서 경력직 평신도운동의 적극적인 기반이 될 가능성이 있습니다. 다만, 이들 평신도대중단체들도 첫째는 개교회주의와 흡사하게 전체 한국교회에 대한 책임감에는 소극적인 채 개별직종, 개별단체의 활동에만 집중하는 타성에 빠질 위험이 있고, 둘째는 아직 교육, 의료, 법률직 같은 일부 직종에 국한되어 있어서 보다 다양한 직종과 직군으로 평신도 대중단체들을 양적, 질적으로 확산할 필요성이 있습니다.

3. 결론 - 본격적인 한국교회 평신도 신앙운동의 네 가지 과제

만인제사장주의로 표현되는 평신도의 신앙적 주체성에 관한 종교개혁의 기본적 교리, 2017년 명성교회 위기를 통해서 폭로된 한국교회 평신도 신앙의 수동성과 맹목성에 대한 고통스러운 각성, 가나안 성도 현상으로 표현되는 한국교회 평신도들의 신앙적 방황, 선교운동 단체, 교회개혁운동 단체, 평신도 대중단체로 이어지는 한국교회 속 평신도 단체들의 역사적 노력과 인적자원의 축적, 이 모든 것이 합쳐지면 종교개혁 501주년이 다시 시작되는 2018년부터 한국교회의 경력직 평신도들이 주도하는, 본격적인 평신도운동을 전개할 수 있는 충분한 시대적 준비가 되었다고 생각됩니다. 구슬이 서 말이라도 꿰어야 보배가 됩니다. 이제 본격적인 평신도운동의 전개를 위한 구슬이 서 말이나 있다는 점을 확인했으니, 이제는 그 구슬들을 꿰어서 한국교회의 보배를 만드는 일을 구체적으로 한 가지씩 시작하면 됩니다. 직접 시작할 수 있는 네 가지의 집단적 노력을 구체적으로 제안합니다.

첫째, '2017년의 명성교회 위기'에 대한 실효적 대응으로 '2018년 이후의 본격적 평신도운동'을 한국교회 개혁의 시대적 구호로 형성하는 평신도들의 개인적이고 집단적인 노력이 필요합니다. 지난 10여년 동안 가속화된 한국교회의 퇴락 과정에서 목회자들을 욕하는 것도, 교회들을 욕하는 것도 실질적인 효과를 내지 못했다는 점이 이번 명성교회 사태를 통하여 증명되었습니다. 그렇다면 이제 욕하는 사람들 본인들을 욕하는 것, 즉 목회자와 교회들을 욕하는 평신도들 본인을 스스로 욕하고 고치는 것으로, 교회개혁 운동의 시대적 구호를 바꾸어야 합니다. 2016년 말 2017년 초 한국사회의 민주적 변혁을 가져온 시대적 구호였던 '탄핵'도 처음 시작이 될 때에는 그 모습도 막연하고 그 가능성도 막막한 '신기루' 같은 것이었지만, 막상 시대의 요청과 사람들의 각오가 만나게 되자 거대한 물결처럼 한국사회의 변화를 만들어냈습니다. 그와 마찬가지로 2017년 말 2018년 초 한국교회의 새로운 변화를 만들어내기 위한 '평신도운동'도 처음에는 다소 막연하고 신기루처럼 보일지라도 시대의 흐름과 신자들의 각오가 함께 합쳐진다면 한국교회의 회복과 새로운 발전을 위한 거대한 물결을 만들어낼 것으로 확신합니다.

둘째, 한국교회의 본격적인 평신도운동은 '평신도들의 신앙적 회개운동'으로 시작해야 합니다. 목회자라는 말이 신앙적 벼슬이 아닌 것처럼 평신도라는 말도 신앙적 벼슬이 아닙니다. 목회자들의 신앙은 앞에 나서서 문제들이 드러나고 욕을 먹고 있다면, 평신도들의 신앙은 강대 아래 잠잠히 있어서 욕을 먹고 있지 않을 뿐, 한국교회 목회자들의 신앙만큼 태만하거나 맹목적이거나 무지하거나 위선적입니다. 그러므로 한국교회의 본격적 평신도운동은 평신도들의 신앙을 당당하게 자랑하는 운동으로 시작하는 것이 아니라, 한국교회 평신도들의 신앙적 책임을 자각하고 그 신앙실천의 방향을 돌리는 고백과 회개의 운동으로 시작되어야 합니다. 한국사회의 탄핵이 시민들의 권력자에 대한 탄핵이었던 것과는 달리, 한국교회의 평신도운동은 교회나 목회자에 대한 탄핵이 아니라 '평신도들 자기자신에 대한 탄핵'으로 시작되어야 합니다.

셋째, 이 모든 평신도운동의 내용과 방향은, 평신도들의 신앙 열심 중 30%를 전체 한국교회와 평신도운동에 투자하는 '평신도 신앙의 30% 룰"을 통해서 가능해 질 수 있습니다. 명성교회의 파탄으로 나타난 한국교회의 위기를 통해서, 개별교회에 대한 '과잉'의 충성이 개별교회에 독을 만들어내고 한국교회를 망친다는 것이 확인되었습니다. 그러므로 개별교회에 대한 충성의 3분의 1 정도를 덜어내서 한국교회 전체로 돌리는 것이 개별교회에도 덕이 되고 한국교회에도 덕이 되며, 평신도들에게도 덕이 되고 목회자들에게도 덕이 됩니다. 평신도 개개인마다 신앙의 열심에 양적으로도 질적으로도 차이가 있지만, 한국교회의 평신도들이 모두 각자 자기가 가진 신앙 열심의 분량에서 3분의 1만큼씩을 시간적으로, 공간적으로, 정신적으로, 물질적으로, 교회 밖에서 자기의 주체적인 신앙으로 탐구하고 실천하는 일에 투여한다면, 한국교회의 본격적 평신도운동이 그 실체를 형성하고 내용을 축적하는 일은 얼마든지 가능해질 수 있습니다.

넷째, '한국교회의 경력직 평신도들'이 이제 평신도운동의 본격적인 주체로 나서야 합니다. 경력직 평신도들은 이제 교회 안에서의 더 이상의 맹종도 하나님에 대한 불순종이고, 교회 밖에서의 더 이상의 방황도 하나님에 대한 무책임이라는 것을 깨달아야 합니다. 교회에서 일하고 살아가는 목회자들에게 신앙의 책임을 다 지우지 말고, 세상에서 일하고 살아가는 경력직 평신도들이 신앙의 주인공으로서, 목회자들과 대등한 신앙적 책임감과 자신감을 가져야 합니다. 경력직 평신도들은 교회에서 목회자와 초심자 중간에 끼인 '신앙의 보조' 역할에 만족하지 말고, 사회에서 하나님에 대한 신앙을 주도해가는 '신앙의 주도자'로 거듭나야 합니다. '한국교회의 초심자 평신도들'에게는 여전히 교회의 양육과 지도가 필요합니다. 그러나 초심자들만을 위주로 하는 신앙실천은 초심자 평신도들도 경력직 평신도들도 영원히 초심자 수준에 남아있게 만드는 신앙의 도돌이표라는 것을 깨달아야 합니다. '한국교회의 목회자'들은 한국교회의 경력직 평신도들이 신앙의 주인공으로 거듭날 수 있도록 평신도들에 대한 관점을 바꾸고 회개해야 합니다. 목회자들은 경력직 평신도들에 대해서 '교회의 일을 가르치려고만 하지 말고', 경력직 평신도들로부터 '사회와 삶의 일을 함께 배우려는' 태도를 가져야 하며, 새로 시작하는 한국교회의 평신도운동을 '앞에서 지도하려고 하지 말고', '뒤에서 조용히 돕는 입장'으로 적극 협력해야 합니다.

교회가 없이는 우리의 신앙이 유지될 수 없습니다. 그러나 우리의 신앙은 교회에서만 움직이는 것이 아닙니다. 우리의 신앙은 교회에서도 움직이고 세상에서도 움직여야 합니다. 우리 신앙의 내용은 교회에서도 배워야 하고 세상과 현실에서도 배워야 합니다. 교회에서 할 수 있는 일과 교회 밖에서 할 수 있는 일, 교회에서 배울 수 있는 것과 세상에서 배울 수 있는 것들을 정확히 분별해야 합니다. 그러면 우리는 개별교회가 감당할 수 있는 범위를 넘는 과도한 기대도 하지 않고 불필요한 실망도 하지 않을 수 있습니다. 우리가 교회에서는 교회에서 할 믿음의 일을 충실하게 하고, 세상에서는 세상에서 해야 할 믿음의 일을 능동적으로 해 나가는 실질적인 방법과 전망을 찾는 것이 중요합니다. 그러면 지금 한국교회를 괴롭히는 교회의 과잉과 세상의 결핍을 해소할 길이 열릴 수 있을 것입니다. 결국에는 모든 기독교인이 교회에서나 세상에서나, 목회자이거나 평신도이거나, 신앙의 아마추어를 벗어나 장성한 그리스도인으로서 신앙의 주체성을 가지는 일이 관건입니다.

2017년 말엽의 명성교회 사태는 한국교회의 명성을 치욕에 빠뜨리고, 한국교회를 위한 기독교인들의 모든 노력에 찬물을 끼얹었습니다. 교회들은 위기에 처하고, 목회자들은 오욕에 빠지고, 평신도들은 회의에 빠졌습니다. 그러나 실망하고 절망할 필요는 없습니다. 파탄의 위기는 회생의 반전을 부릅니다. 100여년전 해외 선교사들의 도래로 시작했던 한국교회의 '기(起)'가 20세기 중·후반 한국교회 목회자들의 노력으로 성장이라는 '승(承)'을 이루었다면, 21세기 초반 한국교회 평신도들의 신앙적 회개와 각성과 방향전환은 한국교회의 '전(轉)'을 이루어내고, 종교개혁 500년의 피로감과 퇴행으로 인하여 21세기 기독교의 사회적 파산과 교회적 파탄에 직면하고 있는 세계교회에 종교개혁의 창조적 계승과 새로운 전개라는 영광스러운 '결(結)'을 만들어낼 수 있을 것이라고 믿습니다.

10장
일상과 신앙의 씨름

① 이웃의 소유를 / ② 탐하지 말라
– 재산적 권리분쟁과 인간의 본성

1. 문제의식 – 믿음과 권리분쟁/민사재판의 관계

1. 크리스천 변호사와 민사재판

사람들이 세상에서 서로 다투고 싸우지 않는다면 좋을 것입니다. 그러나, 사람들은 세상에서 재산과 권리를 놓고 계속 다투고 싸웁니다. 그래서, 저희 같은 변호사들이 먹고 삽니다. 그러니 때로는 분쟁 없이 평화로운 세상은 변호사들의 불행이고, 분쟁하는 세상은 변호사들의 행복처럼 보일 때도 있습니다. 이익과 관련한 세상의 싸움이 악(惡)하다면, 그 싸움 옆에서 싸움을 거들면서 돈을 버는 민사(民事) 변호사의 일도 악(惡)한 일처럼 느껴지기도 합니다.

고아와 나그네를 도와주는 공익·인권 변론과 무고한 자를 풀어주기 위한 형사변론에서는 어느 정도 하나님의 향기를 느낄 수 있습니다. 그러나, 사인(私人) 간의 재산권 분쟁을 다루는 민사재판의 변론에는 하나님 냄새보다 돈 냄새가 훨씬 많이 풍깁니다. 저는 20년 남짓 민사재판을 주로 해온 민사 변호사입니다.[49] 그러니 저로서는 중요한 질문이 생깁니다.

- '하나님이 보시기에, 세상의 민사재판은 탐욕스럽고 악한 일에 지나지
  않는가?'
- '탐심 가운데 다투는 민사재판의 변론에는, 믿음의 실천으로서의 의미
  가 있을까?'

2. 크리스천 당사자와 민사재판/권리분쟁

우리나라에서는 매년 100만 건 전후의 민사 본안(本案) 재판[50]이 새로 제
기됩니다.(이하 대법원 2012 사법연감 통계 참조) 민사 본안재판에는 양쪽
에 원고와 피고가 하나 이상 있으니, 매년 200만 가구 이상의 집이 새로운 송
사에 휘말리게 되는 셈입니다. 2012년 현재 우리나라의 인구는 약 5천만, 가
구 수는 약 1,800만입니다. 그러므로, 매년 나와 우리 주변의 열 가구 중 적
어도 한 가구는 민사재판의 당사자가 됩니다. 통계청의 2005년 인구총조사
결과에 따르면 개신교(18.2%)와 천주교(11%)를 합한 기독교인의 인구비중
은 전체인구의 29.2%로 약 3할 정도 됩니다.[51] 민사재판에는 원고와 피고가
있으니 당사자의 양쪽 모두가 비기독교인인 경우가 절반 정도이고(49%)이
고, 재판의 양 당사자 중 적어도 한쪽 당사자가 기독교인으로 나타나는 경우
가 나머지 절반(51%) 정도 됩니다.[52] 기독교인이라고 해서 세상의 권리분쟁
을 덜 벌일 것 같지는 않고 그렇다고 일반적인 경우보다 훨씬 더 많이 벌일
것 같지도 않다고 본다면, 매년 크리스천 가구 540만 가구 중 10%가 넘는 60
만 가구 정도가 송사를 벌이고 있으며, 기독교인이 끼어 있는 민사재판의 수
는 전체 100만 건의 절반인 50만 건 정도가 되는 셈입니다. (이 중 10만 건 정
도는 아예 원고와 피고가 모두 크리스천인 기독교인들 간의 재판입니다.)

제가 변호사로서 그동안 많은 민사소송을 수행해 오면서 직접 경험한 바로는, 솔직히 세속적 민사소송의 당사자가 기독교인이라고 해서 비기독교인인 당사자와 별다른 차이를 느끼기는 어렵습니다.[53] 교회를 다니는 당사자나 교회를 다니지 않는 당사자나, 송사에 휘말리게 되면 당황하고 힘들어 어쩔 줄 몰라 하는 것은 마찬가지고 상대방에 대해서 분노하고 미워하고 억울해 하는 모습에도 별 차이가 없습니다. 이것은 상식적으로 이해할 만한 일이기도 합니다. 열심히 믿는다고 해서 세상에서 하는 일, 사는 일이 특별히 다르지는 않기 때문입니다. 먹고사는 일을 하다보면 민사분쟁에 휘말리는 것도 마찬가지이고, 민사분쟁에 휘말려 재산권을 잃는 위기가 올 때에는 믿는 사람이든 믿지 않는 사람이든 정신이 혼미해지고 엄청난 긴장 속에서 기를 쓰고 열심히 싸우지 않을 도리가 없을 것입니다. 그러니 기독교인이라고 해서 꼭 뭔가 달라야 하는 것처럼 너무 따지지 말고, 대충 넘어가자는 생각이 들기도 합니다.

그런데, 여기에서 우리가 그냥 넘어갈 수 없게 던져지는 질문은, 믿는 사람에게 주신 하나님의 법, 십계명의 문제입니다. 민사재판, 권리분쟁은 사람들이 '서로 이웃의 것을 차지하기 위하여 다투는 싸움'입니다. 하나님은 십계명의 마지막 계명으로 '네 이웃의 것을 탐하지 말라'고 명령하셨습니다. 믿는 사람이 민사재판, 권리분쟁의 당사자가 되면 '이웃의 것을 탐하는' 제10계명의 함정에 빠지게 됩니다. 원수를 사랑하는 마음으로 내 것을 다 양보하고 포기하는 것이 옳은가? 불의한 적(이웃의 것을 탐하는 자)에 맞서 정의(내 것)를 지키는 싸움을 전개하는 것이 옳은가? 재판에서 내가 이기면 상대방이 계명을 어긴 자(탐한 자)가 되고, 재판에서 내가 지면 내가 계명을 어긴

'이웃의 것을 탐낸 자'가 되는 것인가? '공의의 하나님'은 나더러 싸우라고 하시는 것 같고, '사랑의 하나님'은 상대방을 용서하고 그저 양보하라고 하시는 것 같고, 세상의 것을 사랑하지 말라고 하시는 '거룩한 하나님'은 아예 우리가 가부간에 세상의 재물을 두고 다투는 민사재판, 권리분쟁에 휘말리는 것 자체를 싫어하고 역겨워하시는 것 같기도 합니다. 우리가 싸울 때 한 발 앞으로 나가는 것은 남의 것을 탐하는 일 같고, 그렇다고 한발 뒤로 물러서면 나와 내 집이 살기가 어려워집니다. 우리가 재산적 권리에 관하여 '세상의 법'으로 싸우게 될 때, '네 이웃의 것을 탐하지 말라'고 하신 '하나님의 법'은 구체적으로 우리에게 어떤 행동원리와 해결방법을 주실 것인가, 이것이 우리가 당면한 질문입니다.

3. 권리분쟁과 민사재판은 하나님 앞에 악한 것인가

일반적으로 우리는 '하나님 앞에서 분쟁과 다툼은 나쁜 것'이라고 배워 왔습니다. 재산권, 즉 물권과 채권을 가지려고 지키려고 다투는 **권리분쟁**은 '세상의 것인 재물에 대한 욕심'을 실현시키려는 노력으로 인간의 탐심과 죄성의 발현에 지나지 않는 것처럼 보입니다. 그러므로, 권리분쟁을 다루는 **민사재판** 또한 세상 재물에 대한 인간의 욕심이 배출되는 죄의 하수구에 불과한 것 같다는 느낌을 받아왔습니다.

논리적으로 세 가지 인식이 가능합니다. (i) '민사적 권리분쟁도 악하고, 이를 처리하는 민사재판도 악하다.' (ii) '민사적 권리분쟁은 악하지만, 이를 처리하는 민사재판은 필요악으로 선한 면도 있다.' (iii) '민사적 권리분쟁에도 선한 면이 있고, 이를 처리하는 민사재판에도 선한 면이 있다.' 이하 '이웃의 것을 탐하지 말라'는 제10계명을 여러 방면에서 분석하면서, 이 질문에 대한 우리들의 답을 모색해 보고자 합니다.

제10계명의 적용범위: 일상적 인생의 기본법
– '믿는 사람의 인생'에서 '민사적 권리분쟁이 차지하는 비중'

구체적으로 '법원에서 벌어지는 민사재판'만 놓고 본다면, 이것은 우리 인생에서 그렇게 큰 비중을 차지하는 일이 아닐 수 있습니다. 통계상으로는 매년 10가구 중 한 가구가 정식 민사재판을 하게 되지만, 체감적으로는 평생 송사에 한 번 걸리지 않고 지나가는 사람도 꽤 많기 때문입니다. 그러나, 우리가 겪고 경험하는 민사적 분쟁과 권리 다툼은 법정에서 벌어지는 민사재판만이 아닙니다. 우리가 일용할 양식을 먹고 살기 위한 활동이 벌어지는 모든 곳, 물건을 만들고 사람들 사이에 물건과 서비스를 사고파는 모든 장소, 나의 재능과 노력을 팔고 그에 대한 대가를 주고받는 우리 인생의 모든 장소와 모든 시간에서, '무엇을 주고' '얼마를 받을 것인가' 하는 재산과 권리에 관한 이견과 다툼과 갈등과 불만과 미움은 끝없이 전개됩니다.

아담이 선악과를 따먹은 이후 '사람은 종신토록 수고하여야 땅의 소산을 먹을 수 있게' 되었고, '우리는 얼굴에 땀이 흘러야 식물을 먹을 수 있게' 되었습니다.(창세기 3:17-18) '일용할 양식을 주시옵소서(Give us our daily bread)'라는 **우리의 기도**는, '매일매일 일용할 양식을 얻기 위하여 땀 흘리며 일하는' **우리의 인생**을 구성합니다. 우리의 인생은 땅과 거기에서 나는 양식에 매여 있습니다. 누구도 여기에서 자유로울 수 없습니다. 과거 땅과 농업의 시대에는 '땅(집과 논밭)과 가축(소, 나귀)과 농업노동력(남종, 여종)'이 일용할 양식을 둘러싼 재산적 다툼의 주된 대상이었습니다. 이제 시장과 상공업의 시대에는 '땅(아파트/공장/회사)과 상품/서비스(채권·채무)와 월급/이윤(노동권과 주주권)'이 일용할 양식을 둘러싼 다툼의 주된 대상으로 확대되었습니다.

믿는 사람이든 안 믿는 사람이든, 사람의 인생은 그렇게 고상하지 않습니다. 우리 인생의 80-90%는 땅(직장과 집)에 붙어서 돈을 벌고 물건을 사고 팔고 밥을 해먹는 일로 구성됩니다. '땅에서 양식을 구하여 땀 흘리는 일'은 모두 세상의 법적 권리와 연결되어 있습니다. '집'의 소유와 사용에 관한 권리의무는 민법의 '물권(物權)'에 관한 일이고, 시장에서 금전과 서비스를 주고받으며 상품을 사고파는 일의 권리의무는 민법의 '채권(債權)'에 관한 일이며, 회사에 취직해서 노동을 제공하고 월급을 받는 일은 민법과 노동법의 '근로에 관한 권리', 결혼과 상속에 관한 일은 민법의 '친족권(親族權)'에 관한 일이고, 현대의 땅인 회사와 공장에 관한 권리는 상법의 회사에 대한 권리, 즉 '경영권과 주주권' 등으로 나타납니다. 그러니 우리가 살면서 일상적으로 경험하는 물건의 가격에 관한 분쟁, 직장의 월급과 일터의 이익분배에 관한 다툼, 토지와 주택과 회사에 관한 일상적 분쟁들은 모두 제10계명이 말하는 '이웃의 집과 아내와 가축과 노동력과 그 모든 소유'에 관한 논쟁과 다툼들입니다. 그러므로, 땅 위에서 살아가는 우리들의 인생에서 재산적 권리에 대한 이견과 분쟁과 합의과정이 차지하는 자리는 상당히 큰 부분을 차지하고 있습니다.

이 세상의 싸움에는 거시적으로 정치적인 논쟁과 싸움의 세계가 있고, 경제체제에 관한 논쟁의 세계가 있습니다. 그러나, 보다 더 근원적이고 지속적이며 오히려 실질적으로 인생에 강한 영향을 미치는 것은 구체적으로 땅 위의 세계에서 개인과 개인 간에 매일 매달 매년 벌어지는 일상적 권리다툼과 이해관계 대립의 미시적 분쟁의 세계입니다. 제10계명은 순서적으로도 십계명 중 가장 뒤에 있고 다른 계명(간음의 제7계명과 절도의 제8계명)과도 내용이 약간 중복되어 대체로 중요한 관심을 받지 못하고 지나가는 느낌이 있습니다. 그러나, 저는 제10계명이, 오히려 매일 매일 바로 옆에 있는 다른 사람(이웃)과 다투고 시샘하고 억울해 하고 미워하며(**탐하며**) 사는 우리의 구체적인 일상 인생에 대한 지침과 원리로서 하나님이 주시는 '**미시적 인생의 기본법**'이라고 생각하고, 이를 해석해 보고자 합니다.

제10계명의 주관적 해석과 한계 – '탐심을 없애라'

1. '네 이웃의 소유를 / 탐하지 말라!'

십계명 중의 마지막 제10계명입니다. 구체적으로는 "네 이웃의 집을 탐내지 말지니라. 네 이웃의 아내나 그의 남종이나 그의 여종이나 그의 소나 그의 나귀나 무릇 네 이웃의 소유를 탐내지 말지니라. (출애굽기 20:17)"는 내용으로 규정되어 있습니다. 타인의 재물을 **뺏거나** 훔치는 행동은 '도둑질하지 말라'는 제8계명에 부딪혀서, 타인의 아내를 훔치는 행동은 '간음하지 말라'는 제7계명에 부딪혀서, 하나님의 법정에서나 세상의 법정에서나 형사 처벌을 받게 됩니다. '타인의 소유'를 훔치는 실제 행동 없이 내심(内心)으로만 타인의 소유에 대해서 탐심을 품고 욕심을 내는 것은, 하나님의 법정에서는 제10계명을 위반한 심판대상으로 되지만, 세상의 법정에서는 형사처벌을 받지 않는 도덕규범 위반에 해당됩니다.

타인의 소유를 '탐하지 말라'는 '도덕규범'의 정당성 자체에 대해서는 대체로 이견이나 도전의 여지가 없습니다. '남의 것을 탐하지 않는 선(善)의 영역'이 있고 '남의 것을 탐하는 악의 영역'이 따로 있으며 그 둘 사이의 경계가 38선처럼 분명하다면, 우리에게 요구되는 것은 다만 '내 것으로 만족하는 선(善)의 세계'에만 머물고 금을 넘어 '탐심이라는 악(惡)의 세계'로 넘어가지 않을 수 있도록, 주관적 의지와 능력을 강하게 하는 문제만 남게 됩니다.

2. 우리는 탐심을 버릴 수 있나? :

이 관점에서는 대체로 '선과 악, 의로움과 불의함, 법과 불법, 좋은 선택(순종)과 나쁜 선택(불순종)의 경계'가 선명하다고 생각합니다. 탐하는 자는 악한 가해자이고, 탐함을 당하는 '타인(이웃)'은 선하고 억울한 피해자로 됩니다. 그러므로, 제10계명을 지키기 위해서는, 구약에서는 율법의 억지력으로, 신약에서는 성령의 능력으로 자신의 정욕을 억제하고 선한 의지를 강화시키는 '주관적 처방'이 유일하고도 충분한 처방이 됩니다. 우리가 배운 대로 율법의 힘만으로는 우리의 죄와 탐심을 벗어날 수 없다면, 성령의 충만을 받아 성령의 은혜로 성령의 열매를 맺음으로써, 우리가 이 세상의 탐심에서 해방되고 이 세상의 재물에 대한 다툼으로부터 해방될 수 있다는 해결책이 제시됩니다.

그런데, 현실에서는 이 일이 잘 되지를 않고, 우리의 경험상 앞으로도 그렇게 잘 될 것 같지는 않습니다. 교회를 다니고 구원을 받았다는 우리 기독교 신자들도 막상 자신이 재산적 민사분쟁에 임할 때에는 절대 비기독교인보다 온순한 태도를 보이지 않습니다. 구체적으로 오랜 기간 개신교의 연합단체를 자임했던 한기총은 거의 매년 총회장 권한이 누구에게 있는지 송사를 벌였었고, 교단들은 총회 때마다 총회 결의의 효력을 다투고 있으며, 많은 개별교회의 목회자와 신도들도 또한 열심히 하나님의 이름으로 서로에게 분노하며 재판을 벌이고 있습니다.[54]

이처럼 재물과 권리를 둘러싼 세상분쟁이 멈추지 않는 것은 아직도 죄의 힘이 강하고 우리의 성령충만이 약한 것 때문인 것처럼 보입니다. 그렇다면 우리 모두가 '더욱 열심히' 기도하고 성령충만을 극대화해서 세상의 재물과 영화에 대한 집착과 사랑으로부터 깨끗하게 벗어나자는 더욱 독실하고 헌신적인 해결책이 제시됩니다. 그러나, 이것은 너무 힘들어 보이고, 예수님이 재림하셔서 이 세상이 끝나기 전까지는 도저히 이루어질 것 같지 않은 느낌을 줍니다. 그 결과 이 모든 논의는 오히려 다시 원점으로 돌아가 '교회에서는 열심히 봉사하지만 세상에서는 대충 가능한대로 착하게 살아보자'는 타협적 신앙 실천관으로 귀결될 가능성이 큽니다. '잘 안 되는 것을, 너무 열심히 하자고 하면' 사람들은 그것을 미션 임파서블(Mission Impossible)처럼 생각하고 아예 쉽게 포기를 해 버리기 때문입니다.

제10계명의 객관적 해석: '이것은 누구의 소유인가'

1. 제10계명의 문리文理 해석 – 이웃의 소유를 + 탐하지 말라

이 지점에서 저는 하나님의 법을, 하나님의 계명을 주관적 규범으로 보고 지키자는 접근법에는 다소 한계가 있다는 문제의식을 제기합니다.

'탐심을 버리자'는 율법의 주관적 구호만으로 우리는 탐심을 버릴 수 없습니다. 우리가 아무리 성령충만을 넘치도록 받는다 해도, 우리가 세상을 버리고 출가해서 세상에서 일용할 양식을 구하는 모든 활동에서 완전히 벗어나지 않는 이상, 우리는 먹고 살기 위해서 집(물권)과 임금(채권)과 이런저런 권리를 열심히 취득하고 지켜야 하며, 그 과정에서 수시로 내 옆의 동료, 이웃과 부딪치고 다투는 일을 벗어날 수 없습니다. 우리가 '적당히' 탐심을 버리는 것은 여러모로 신앙적으로나 세상적으로나 우리의 인생을 윤택하게 하지만, 만일 우리가 '완전히' 탐심을 버린다면 우리는 경제적으로 무장해제된 상태가 되어 총탄이 빗발치는 이 세상을 살아가는 것 자체가 불가능해질 수 있습니다. 그리고 내가 무모하고 지나치게 탐심을 버리고 양보만 한다면, 그것 자체가 거꾸로 타인이 부당한 탐심을 추구하는 것을 무제한하게 방치함으로써 오히려 악을 조장(助長)하는 죄를 낳을 수도 있습니다. 그러니 아무리 성령이 극도로 충만한 하나님의 사람도 어느 정도는 탐심을 유지하는 것이 좋을 수도 있습니다.

문리적으로 「네 이웃의 것을 / 탐하지 말라」는 하나님의 계명은 「탐하지 말라」는 주관적인 명령의 동사로만 구성된 것이 아니고, 「네 이웃의 것을」이라는 객관적인 목적어까지 포함합니다. 제10계명을 위반하기 위해서는 '① 타인의 소유를 + ② 탐하는 것'이라는 두 가지 요건사실을 모두 충족하는 것이 필요합니다. 이처럼 제10계명은 '탐내지 말라'는 주관적 명령과 함께 '이웃의 것이 무엇인지를 제대로 규명하라'는 객관적 명령까지 포함하고 있기 때문에, 우리가 제10계명을 정확히 해석하기 위해서는 '① 타인(이웃)

의 소유가 맞는가'라는 1번 문제와 '② 탐하지 말라'는 2번 문제를 함께 풀어야 합니다.

수학적 개념을 빌려 말한다면, 보통 우리는 '이웃의 것'이라는 객관적 요소를 이미 확정된 상수(常數, constant)로, '탐하지 말라'는 주관적 요소를 변동 가능한 변수(變數, variable)로 생각하면서 제10계명의 해석에 접근합니다. 제10계명의 문제를 「(이미 확정된) 타인(이웃)의 소유」에 관해서 그것을 「탐할 것인가? 탐하지 말 것인가?」라는 2번 문제만 있는 것처럼 생각하고 문제를 푸는 것이지요. 그러나, 현실적으로 '이웃의 것, 이웃의 소유'라는 1번 문제는 세상 속에서 전혀 확정된 사실, 상수가 아닙니다. 존재론적으로도 그렇지 않고, 인식론적으로도 그렇지 않습니다.

이 계명에 대한 주관적인 해석과 객관적인 해석이 결합되면, 우리는 세상의 많은 재물과 권리 중 우리가 탐내지 말아야 할 것이 무엇이고, 우리가 지켜야 할 것(탐낼 것)은 무엇인지를 객관적으로 분별하는 작업을 하게 됩니다. 이 과정을 통해서 '탐심을 없애야 할 대상'이 줄어들면 우리가 주관적으로 탐심을 없애는 일도 훨씬 더 쉬워집니다. 우리가 제10계명을 2번 문제로만 생각해서 '(세상의) 모든 것을 탐하지 말라'로 읽는다면 이것은 우리가 따라 행할 수 없는 미션 임파서블(Mission Impossible)이 됩니다. 그러나, 우리가 제10계명을 1번 문제와 2번 문제의 두 개로 나누어 생각해서 '탐할 것(지킬 것)은 탐하고(지키고) / 탐하지 말 것은 탐내지 않는다'는 방향으로 해석하면, 제10계명은 우리가 감당할 만한 미션 파서블(Mission Possible)이 될 가능성이 커집니다.

2. 유혹의 탐심 vs. '판단의 탐심' – 선악과와 제10계명

선악과를 따먹고 지금까지 대를 이어 고생을 계속하고 있는 우리 사람들에게 있어서, 제10계명의 1번 문제, 즉「내 앞에 있는 '어떤 것'이 '이웃의 것(other's belonging)'인지 '나의 것(my belonging)'인지를 판단하는 문제」는 그렇게 쉬운 문제가 아닙니다. 제10계명에 관한 우리의 고민 중 더 큰 부분은 결국 '이것은 누구의 것인가?'를 생각하고 밝혀내는 문제입니다. 그러고 나서야 우리는 탐심을 버리든지, 적당히 양보를 하든지, 상대방의 탐욕을 조장하는 악을 범하지 않기 위해서 내 것을 열심히 지키든지 선택을 할 수 있습니다.

이 때 중요한 것은,「지금 내가 들고 있다고 해서 내 것이라는 보장이 없고, 타인이 가지고 있다고 해서 꼭 남의 것이라는 보장도 없다」는 점입니다. **이기심과 탐욕은 '탐하는 마음'에도 있지만, '이것은 남의 것이 아니라 내 것이다'라고 하는 '판단작용' 자체에 더 크게 들어있을 가능성이 높습니다.** '남의 소유라고 생각하는 것을 탐하는 사람'은 죄책감을 갖습니다. 그러나, '내 소유라고 생각하는 것을 꽉 붙잡고 사는 사람'은 죄의식조차도 갖지 않게 됩니다. 그러니까 '남의 것을 보고 침을 꼴깍 하는 사람(유혹의 탐심)'보다, '저거(이거)는 내거야! It's mine! 손도 대지 마!'라고 하면서 물건에 침을 바르는 사람(판단의 탐심)이 사실은 하나님 보시기에 더 큰 악당, 더 크게 제10계명을 어기는 사람일 수도 있습니다. 그렇다면 '(주관적) 유혹의 탐심'에 못지않게 '(객관적) 판단의 탐심'이 심각한 죄에 해당합니다.

우리가 배운 대로「선악을 알게 하는 지식의 과실을 따먹고 / 타인과 세상과 하나님과 세상의 재화에 대해서 / 불완전하고 교만하고 이기적인 선악 판단을 마구 해대는 것」이 인간의 원죄입니다.「분명한 남의 것, 타인귀속성이 분명해 보이는 것, 내 것이라고 주장하기 어려운 것」에 대해서 우리는 사돈이 땅을 사서 배가 아픈 신체적 증상을 다소 겪을 뿐, 결사적으로 그것을 뺏고 싶은 탐심을 가지기 어렵습니다. 욕심을 내봐야 내 것이 될 가능성이 극히 희박하기 때문입니다. 그러나,「남의 것인지 내 것인지 조금 애매한 것 / 내 것 같기도 하고 남의 것 같기도 한 것 / 저것이 남의 것이 아니고 나의 것이라고 주장할 만한 '사실적·역사적·법률적·논리적·철학적·이념적 근거'가 조금이라도 있는 것」에 대해서 우리의 정신과 판단력은 극도로 활발한 움직임을 보여서, 먼저 나에게 유리한 '판단'을 하고 그 뒤에는 격렬한 '싸움'을 벌이기 시작합니다. 앞에서 잠깐 언급한 교회의 권리분쟁들에서는 이 '판단'의 작용과 활동이 일반 분쟁의 경우보다 훨씬 강력하고 승(乘)합니다. 그래서, '거칠지만 수줍게' 싸우는 일반인의 분쟁에 비해서, '고상하지만 교만하게' 싸우는 종교적 분쟁은, 하나님 앞에서 더 극렬하고 극악한 측면이 있다고 생각합니다.

3. '타인의 소유'에 관한 분쟁의 양상

① '소유의 타인성(他人性)'에 대한 세 가지 종류의 인식

어떤 물건이나 권리가 타인의 소유인가 아니면 나의 소유인가 하는 문제에 대해서는, '① 객관적으로나 주관적으로나 뚜렷하게 분명한 경우, ② 당사자의 주관적 인식의 면에서 분명하지 않은 경우 ③ 객관적 사실의 면에서 분명하지 않은 경우'의 세 가지 경우의 수가 있습니다. ①과 같이 누가 보더라도 이웃의 것이지 내 것이 아니라는 점이 분명해 보이는 경우에는, 제10

계명이 요구하는 '탐심을 버리는 것'이 비교적 쉽습니다. 그러나, ②와 같이 「남이 보면 남의 것이지만 내가 보면 나의 것인 경우」에는, 나와 남이 동시에 상대방을 '이웃의 소유를 탐하는 나쁜 놈'으로 생각하고 둘 다 상대방에 대하여 '나의 것을 지키기 위한 정의의 싸움'을 시작합니다. 이 경우에는 제 10계명의 위반에 대한 정반대의 두 가지 사상과 판단이 정면으로 충돌합니다. 다만 ②의 경우에는 '객관적으로 그것이 누구의 것인지'가 본인들에 의하여 또는 제3자에 의하여 밝혀질 가능성이 상당히 존재한다는 위안이 있습니다. 가장 어려운 것은 ③과 같이 객관적으로도 중립적인 제3자가 보더라도 「이것이 나의 것인지 이웃의 것인지 판단이 잘 가지 않는 경우」입니다. 이 경우에도 사람들은 자기에게 유리한 판단을 하므로 서로 간에 제10계명 위반 여부를 둘러싼 치열한 싸움이 전개됩니다. 안타까운 것은 ③번의 경우에는 결국 최종적으로도 누가 잘못이고 누가 억울한 것인지가 판명되는 것 자체가 어려워서, 해결의 방법이 오리무중(五里霧中)으로 빠지고, 이 싸움에 휘말린 사람들의 인생이 안타깝게도 치명적이고도 장기적인 시험에 놓이게 될 위험이 크다는 것입니다.

② 민사상 재산과 권리의 귀속에 관한 이견과 분쟁

이하에서는 세상에서 인간의 삶 속에 발생하는 대표적인 민사적 권리의 귀속에 관한 이견과 분쟁의 유형을 세 가지로 살펴보겠습니다. 그 첫 번째는 민·상법(民商法)상 재산권(財産權)의 귀속에 관한 이견과 다툼입니다.

자, 여기에 집이 하나 있습니다. 그리고 철수와 영희라는 두 사람이 있습니다. "이 집은 누구의 집이냐?"에서 두 사람의 판단이 다릅니다. '철수'는 진심으로 그 집이 자기의 집이라고 생각합니다. '영희'도 전심으로 그 집이 자기의 집이라고 생각합니다. 가령 철수 아버지의 돈과 영희 아버지의 노동으로 집을 짓고, 둘 사이의 계산이 확실하게 되지 않은 상태에서 영희 아버지가 그 집에 살다가, 두 분 다 돌아가신 경우를 생각해 봅시다. 이 경우 그 자녀들이 분쟁의 당사자가 되면, 영희는 자기가 살던 자기 아버지의 집을 지키려 하고 철수는 자기 아버지의 돈으로 지은 자기의 집을 찾으려고 합니다. 지금 그 집에 살고 있는 '영희'는 '철수'에 대해서 '네 이웃(영희)의 집을 탐하지 말라'고 소리칩니다. 그러나, 본래 그 집의 권리자라고 생각하는 '철수'는, 영희에게 너야말로 '이웃(철수)의 집을 탐하지 말고,' 부당하게 점거하고 있는 집을 권리자인 나에게 돌려주라고 요구합니다. 이 상황에서는 둘 다 '탐하는 자'가 되고(상대방의 인식에 의하면), 동시에 둘 다 '탐하지 않는 자'가 됩니다.(자기의 인식에 의하면) 이러면 어느 쪽도 제10계명을 상대방에게 양보할 수가 없습니다. 양쪽 다 자신의 '이웃(소유자)'으로서의 권리를 포기할 수도 포기해서도 안 되기 때문입니다. 그래서, 철수와 영희는 처음에는 말로 싸우다가, 화가 나서 주먹질을 하다가, 그리고는 제3자의 판단을 얻기 위해 재판정으로 나갑니다.[55]

2012년 사법연감 통계에 의하면, 소액사건을 제외한 소가(訴價) 2천만 원 이상 민사본안 사건 중에는 부동산 관련 사건이 약 20%, 금전청구 사건이 약 35%, 손해배상청구 사건이 약 10% 정도를 차지하고 있습니다.[56] 그 중 '이웃의 집'을 놓고 다투는 부동산 사건의 1심 판결 결과를 보면, 원고 전부 승소가 분야별로 33~49%, 원고 전부패소 및 취하가 25~35%, 일부승소 일부패소 경우가 나머지 25~35% 정도 됩니다. 그러니 '이웃의 집을 탐하지 말라'는 부동산 관련 재판에서는 원고와 피고 중 누가 정당한 권리주장을 하는지 여부가 재판을 끝까지 해봐야 알 수 있을 정도로 분명치 않다고 할 수 있습니다.

종류 종류 (사건 수)	합계 (사건 수) 합계 (사건 수)	원고 전부 승소 (%)		원고 일부 승소 (%)			원고 패소+취하 (%)			
		원고 승소	인락	원고 일부승	조정	화해	원고 패소	소장 각하	각하	소취하
합계	298,045	47.2	0.1	7.6	9.8	7.3	7.8	1.0	0.6	15.5
부동산 소유권	16,634	35.0	0.1	6.5	9.4	8.3	14.1	1.7	1.8	19.4
건물명도 철거	33,450	49.1	0.0	4.4	14.0	5.7	1.7	1.6	0.1	22.0
임대차 보증금	6,233	33.7	0.1	10.1	19.9	7.9	5.0	0.9	0.3	19.9
매매 대금	21,108	42.9	0.1	7.5	16.0	7.9	7.2	1.1	0.2	14.9
대여금	41,999	69.0	0.1	5.2	6.8	3.9	3.9	0.8	0.2	8.7
구상금	29,954	82.9	0.1	4.0	1.4	3.7	2.1	0.8	0.1	4.1
신용카드 대금	2,275	89.8	0.0	0.6	0.3	1.5	0.0	0.5	0.0	6.6
어음 수표금	2,297	55.5	0.0	5.7	6.2	6.0	4.3	1.1	0.4	15.7
손해 배상	26,882	10.0	0.0	21.4	12.9	14.4	17.6	1.1	0.6	15.8

([표] 2012년 사건 종류별 판결 결과: 민사본안 사건 - 소액사건 제외)

③ 장자권에 관한 성경적 및 세상적 분쟁

다음으로는 가족법의 상속권(相續權)에 관한 다툼과 분쟁이 있습니다.

성경에서 가장 인상적으로 표현된 이웃 간의 싸움은 창세기에서 계속적으로 반복해서 나타나는 형제간의 장자상속권 다툼입니다. 이삭의 장자 에서는 차자 야곱에게 장자상속권을 뺏기고 목을 놓아 울부짖습니다. 그리고 장자권을 뺏은 야곱은 목숨을 구하려고 집을 떠나 도주하고 현실적으로 아버지 이삭의 재물은 상속하지 못합니다. 우리는 성경을 통해 에서가 팥죽 한 그릇에 팔아넘길 정도로 장자상속권을 경홀히 여겼다는 영적 설명을 들었지만(창세기 25:34),[57] 막상 에서와 야곱의 입장에서 본다면 이 싸움은 형제 간에 목숨을 건 '이웃(형제)의 것을 탐하지 말라'는 싸움이었습니다. 야곱은 순서상 형에게 속한 것(장자권)을 탐한 자이고, 에서도 영적인 경홀함으로 자기가 상실한 것(장자권)을 도로 탐하며 몸부림친 자로 볼 수 있습니다. 장자상속권을 둘러싼 '이웃의 것을 탐하는 싸움'은 대를 이어 요셉과 열 명의 형 사이에서 반복됩니다. 르우벤과 유다를 비롯한 열 명의 형들은 이웃(형들)의 것(장자권)을 탐하는 동생 요셉을 거의 죽일 뻔 했다가(살인미수) 노예로 팔아먹었습니다.(약취유인) 그러니 동생 요셉은 이웃(형들)의 것을 탐한 죄의 대가를 톡톡히 치른 셈입니다. 우리가 사는 현실 속에서도 상속권과 상속지분을 둘러싼 민사분쟁, 법적분쟁, 골육상쟁은 끝이 없이 벌어집니다.

상속분쟁의 특성은 그 대상이 '자기가 만든 자기의 재산이 아니라는 것'입니다. 결국 상속분쟁은 '이웃(부모-피상속인)의 소유'를 누가 차지할 것인가 하는 이웃(자녀-상속인)들 간의 싸움입니다. 원천적으로는 상속인(자녀)들 모두가 '이웃(부모)의 것을 탐하는 자'처럼 보이기도 하고, 현실적으로는 모두가 정당한 권리를 주장하는 사람들로 보이기도 합니다.

④ 주인(고용주)과 일꾼(피고용인) 간의 이익분배에 관한 이견과 분쟁

세 번째 '타인(이웃)의 소유'에 관한 다툼과 이견이 크게, 자주 벌어지는 곳은 주인과 일꾼 간의 노사(勞使)관계입니다. 자본주의 사회에서 보통 기업가들은 경제적 가치를 창출해 내는 주인공은 기업주라고 생각하고, 기업가들이 기업을 운영해서 노동자들을 먹여 살린다는 인식을 가지고 있습니다. 그에 반하여 노동자와 노동조합은 기업의 경제적 가치를 창출해 내는 주인공은 실제로 노동을 하고 물건을 생산해내는 노동자이고, 기업주나 자본가는 노동자가 만든 가치를 너무 많이 가져간다는 인식을 가지고 노동쟁의를 합니다. 사실 '자본과 기업경영'과 '노동'의 양쪽 모두가 경제적 가치를 함께 만드는 것인데, 그 중 누가 더 많이 기여했는지 기여도에 관한 의견이 정반대인 셈입니다. 그러므로, 임금인상과 노동쟁의 시에 노동조합은 기업주를 '이웃(노동자)의 것을 탐하는 악당'으로 보고, 기업주는 노동조합을 '이웃(기업주)의 것을 탐하는 도당'으로 인식합니다. 이에 관련된 갈등과 싸움은 적게는 조그만 점포의 주인과 점원 사이에서 벌어지고, 큰 회사의 사장과 노동조합 간에도 벌어지며, 변호사나 회계사 사무실에서도 고용주인 파트너와 월급을 받는 피고용 어소시에이트 변호사/회계사 간에 벌어집니다. 항상 고용한 사람은 과도하게 월급이 많이 든다고 아까워하고, 고용된 사람은 받는 월급이 일한 것보다 적다고 생각합니다.

4. '이웃의 소유'에 관한 '판단'의 문제점 – 인간의 선악 판단 능력

돈내기 카드나 화투 게임에서 항상 게임이 끝나고 나면 본전 계산이 맞지 않습니다.('본전이론') '본전이 안 맞는 현상', 즉 사람들 사이에 서로간의

몫을 달리 생각하는 현상은 거의 모든 재산권과 권리와 분배의 문제에서 발생합니다. 한정된 재화에 대해서, A는 자기 몫을 70%로 생각하고, B도 자기 몫을 70%로 생각해서 둘 다 자기의 몫이 더 크다고 진지하게 생각합니다. 그 결과 양 당사자의 주관적 몫의 합계는 140%이 되니 40%만큼 현실을 초과하는 '허상의 몫'이 생깁니다. 이 '40%'의 허수(虛數)로 인하여, 사람들의 싸움은 쉽게 멈추지 못합니다.

근본적으로는 '판단 과정'에 개입하는 인간의 탐욕이 원천적 문제가 되겠지만, 현실적으로는 '자기에게 유리하게 본전을 계산하는 사람들의 본성 내지 습성'으로 말미암아 '이웃의 것을 탐하지 말라'는 윤리적 요구는 현실 속에서 사람들의 싸움을 멈추는 능력을 발휘하지 못합니다. 이는 분쟁 당사자인 양자 모두가 첫째 '자기를 탐하는 자로 생각하지 않기 때문'이고, 둘째 '상대방을 탐하는 자라고 생각'해서, '아무도 자신을 이 계명을 어기는 자라고 여기지 않기 때문'입니다. 그 결과 법적 분쟁의 세계에서 제10계명의 문제는 더 이상 '도덕적, 윤리적 문제'가 아니고, '판단의 문제'로 나타납니다.

현실 속에서 경제생활과 직장생활을 하는 우리들은 신비로울 정도로 항상 자기의 몫이 더 큰 것으로 계산합니다. 제가 경험한 일을 선명한 사례로 들면 이렇습니다. 로펌의 고용변호사 시절에는, 내가 직접 글을 쓰고 밤을 새 가면서 일해서 번 법률수임료를 나만큼 일하지 않고 감독만 하는 선배 파트너 변호사가 더 많이 가져가고 나는 고정된 월급만 타는 것 같아서 억울하게 생각했습니다. 이후 파트너가 되어 상당기간이 지난 후에는, 사건을 수임하고 고객을 관리하는 내가 파트너로서 수익창출의 대부분 몫을 하고, 문서 작성을 하는 후배 변호사는 그저 기능적으로 월급 받는 만큼 정도의 몫만 한다는 쪽으로 서서히 저 자신의 생각이 바뀌는 것을 발견했습니다. 이 생각의 차이에는 뭐라고 딱 부러지는 답이 없다고 할 수 있습니다. 두 개의 '다른' 가치관이 있을 뿐이지요. 어릴 때의 나에게는 나이 든 후의 내가 '이웃의 것을 탐하는 자'였는데, 나이든 나에게는 어릴 때의 내가 '이웃의 것을 탐하는 자'가 되어버렸습니다.

본전이 다른 문제는 사회적으로 다른 계층 간의 의식 차이에 아주 뚜렷하게 나타납니다. 사회의 중산층 이상은 상대적으로 가진 집이나 가축이나 재화가 조금 더 많습니다. 그러니 지켜야 할 '이웃(나)의 것'이 더 많은 것이지요. 그 재화의 상당부분은 정당한 노력으로 얻은 것일 가능성이 크지만, 일부는 꼭 자기의 정당한 몫이라고 고집하는 것이 적당하지 않을 수도 있습니다. 그러나, 보통 우리는 내가 가진 것을 '꽉 붙잡지' 결코 느슨하게 놓으려고 하지 않고 그럴만한 마음의 여유도 별로 없습니다. 그로 말미암아 상대적으로 가진 것이 있는 사람은 사회변화에 대해서 보수적으로 반응하고 상대적으로 가난한 사람들의 복지증진 요구와 이를 위한 증세요구를 싫어하고 반대하고 미워합니다. 이런 문제에 부딪히면 믿는 사람들이 안 믿는 사람보다 훨씬 완고하고 공격적인 태도를 보일 때가 많습니다. 이 때 '이웃의 것을 탐하지 말라'고 명하는 제10계명이 유력한 방어형 공격무기가 됩니다. 제10계명을 방패와 총으로 삼아서 상대적으로 가진 것이 적은 사람들에게 '이웃(나)의 것을 탐하지 말라'고 외치고 배척할 수 있으니까요. 반대로 상대적으로 가진 것이 적은 사람은 제10계명에 대해서 다소 거북스러운 느낌을 갖습니다. 제도적으로는 타인의 것이지만, 평등의 관점에서는 내 것을 부당하게 박탈당한 것 같은 일이 있기 때문입니다. 여기에서 노사 간의 싸움, 계층 간의 갈등이 크게 벌어집니다. 이 문제는 '존재가 의식을 규정한다'는 원리에 따라 뚜렷한 가치관 차이를 보이기 때문에, 반드시 한쪽이 옳고 다른 쪽이 틀리다고 단언하기가 어렵습니다. '다르지만(different), 틀리지는(wrong) 않기 때문'입니다.

앞에서 우리는 내 것 네 것을 판단하는 데에 작용하는 탐욕, 즉 '판단의 탐심'이 죄라고 검토한 적이 있습니다. 그런데, 지금은 '다른 판단'이 반드시 '탐심'으로 인한 것이라고만 하기도 어려운 '객관적 판단의 불능지대'를 발견했습니다. 마치 다른 속도로 움직이는 A와 B에게는 시간과 공간과 질량이 달라진다는 물리학의 상대성이론처럼, 입장이 다른 사람에게는 경제적 사실과 가치에 대한 판단, 즉 가치관이 다른 것이 불가피하거나 당연해 보이는 상황이 있기 때문입니다.

판단을 할 수 있는 것은 판단을 해야 하지만, 판단을 할 수 없는 것은 판단을 하지 말아야 합니다. 둘이 똑같은 판단을 할 수가 없는데, 한쪽의 판단, 가령 현재 조금 더 힘이 있는 쪽의 판단만이 옳다고 너무 쉽게 단정하고 이를 강제하고 거기에 대해서 다른 쪽이 논쟁도 못하도록 억누르는 것은 심각한 악입니다. 그러니 역설적으로도 **때로는 분쟁을 '무리하게' 억제하는 것이 악이고, 분쟁을 자유롭게 벌일 수 있도록 하는 것이 선과 정의를 도모하는 일이 될 수도 있습니다.**

선악과를 먹은 것이 인간의 원죄가 된 것은 첫째, 인간에게 선과 악을 **올바르게 판단할 능력이 없기 때문**입니다. 그러므로, '이웃의 것을 탐하지 말라'는 제10계명은 '이웃의 것인지 아닌지를 정확히 판단하기 어려운 우리의 능력 부족' 때문에 지키는 것이 어려워집니다. 선악과가 원죄가 되는 두 번째 이유는 '선악을 판단할 능력이 부족한 인간이/ 억지로 무리하게 판단을 하려 하는 교만'에 있습니다. 여기에서는 '애매한 것' '내 생각이 틀릴 수도 있는 것'에 대해서 사람들이 교만하게 이기심을 섞어서 판단을 하고, 그 판단이 옳다고 우기고, 상대방을 '탐하는 자'라고 마구 비난하고 배척하고 말도 못하게 억누르는 '제10계명의 오용(誤用)과 남용(濫用)'이, 마치 '도둑놈이 도둑놈 잡으라고 경찰을 부르는 것' 같은 희비극적 모습으로 나타납니다. 이 쓰라린 희비극은 오늘도 법정에서, 직장에서, 가정에서, 거리에서, 국회와 청와대에서, TV 드라마에서, 심지어 교회에서까지 계속 벌어지고 있는 우리 인생들의 슬픈 자화상입니다.

세상에 대한 제10계명의 처방 – 질문들에 대한 답변

1. 탐심을 포기하는 것. 윤리적 처방 –누구의 것인지 권리의 귀속이 명명백백한 경우

객관적으로나 주관적으로나, 이 집이 누구의 집인지 이 물건이 누구의 물건인지가 분명한 경우가 있습니다. 논리적, 이론적으로 따지기 전에 이것은 현장의 당사자들이 분명히 느낌으로 압니다. 이 경우는 괜히 남을 시기하거나 배가 아파 복통으로 몸부림칠 필요 없이, 제10계명의 후반부 '탐하지 말라'는 명령에 따라서 깨끗하게 탐심을 버리고 마음의 평정을 찾는 것이 뚜렷한 처방이 될 것입니다.

2. 논쟁을 벌이고 정확한 판단을 구하는 것. 권리분쟁의 제도적 보장 – 누구의 것인지 헷갈리는 경우

제10계명의 전반부, '이것은 누구의 것인가? 이웃의 것인가 나의 것인가?'에서 걸리는 경우입니다. '잘 모르겠는 것'을 대충 찍고 일방적인 판단을 강요하는 것은 옳지 않습니다. 내면적인 평강이 없는 외형적인 평화는 사실은 독재와 억압일 가능성이 큽니다. 의견이 다르고 판단이 다를 때, 분쟁하지 못하게 하는 것은 오히려 악이고, 분쟁할 자유를 보장하는 것이 오히려 선한 일이며 이 땅 위에 하나님의 뜻과 정의를 이루는 길일 수 있습니다. 세속 헌법이 보장하는 재판받을 권리, 사상과 양심의 자유가 모두 이러한 권리분쟁의 필요성을 인정하는 제도입니다. '이웃의 것을 탐하지 말라'는 제10계명은, '이웃의 것인지 아닌지 따져보는' 논쟁과 분쟁을 거친 후에야 그 계명의 실질적 정당성과 실효성을 획득할 수 있습니다.

하나님의 입장에서 세상의 재물은 별 것이 아니고, 믿는 사람의 입장에서도 땅의 집과 재물이 하나님보다 앞서는 맘몬의 우상이 되어서는 안 됩니다. 그러나, 믿는 사람에게도 '땅의 양식을 구하는 일'이 인생의 대부분을 차지하는 필연이라면, '그 양식의 정당하고 정의로운 배분을 다투고 구하는 일'은 '일용할 양식을 구하는 일'의 중요한 방편이자 일부분을 구성합니다. 그러므로, 세상의 양식에 관한 권리분쟁은 '일용할 양식을 구하는' 예수님 주신 기도의 한 부분이고, 우리가 이 땅 위에 하나님의 뜻을 이루기 위한 터전을 만드는 일의 한 부분으로도 볼 수 있습니다.

그렇다면, 땅 위의 삶과 관련된 재산과 권리에 관하여, 그것이 누구의 것인지 '이웃의 소유인지 아닌지'를 객관적으로 규명하기 위해서 진행하는 권리 분쟁과 다툼과 논쟁은 하나님 앞에서 죄나 악이 되는 것이 아니라, 오히려 하나님이 주신 제10계명의 절반인 '이웃의 소유를'이라는 부분을 확인하고 검증하기 위한 정당하고도 필요한 신앙적 실천의 항목이라 할 것입니다.

3. 화평케 하는 자의 복 – 하나님의 아들이라 일컬음을 받으리라 하나님 앞의 민사재판 – 살인하지 말라제6계명, 도둑질하지 말라제7계명의 보완적 실천

사람들이 땅 위에서 땀 흘려 일하여 양식을 구하다가 그 양식을 먹고 누릴 권리가 위기에 닥치면, 사람들은 갑자기 겁을 먹고 난폭해 집니다. 여기에 '이 먹이와 집이 나의 것인가 너의 것인가'에 대한 서로간의 판단마저 엇갈리게 되면, 한 사람은 뺏긴 것에 대한 분노로, 반대쪽 사람은 빼앗기는 것에 대한 두려움으로 온 정신이 가득 차게 됩니다. 카인이 아벨을 죽인 것처럼 형제 간 이웃 간의 싸움, 옆집 사람과 땅의 경계를 두고 싸우는 일, 위 논과 아래 논 간에 물꼬(수로)에 관한 분쟁은 역사적으로 수많은 폭력과 살상을 불러왔습니다. 더 독한 사람은 사람을 해치고, 덜 독한 사람은 상대방의 곡식을 훔치고 빼앗습니다.

이처럼 땅위의 권리 분쟁이 불가피하거나 필요한 것일 때, 이 분쟁을 판단능력과 감정통제능력이 미약한 개별 인간들의 손에 다 맡겨 놓으면, 서로가 서로를 판단하고 해치는 무한싸움으로 전개됩니다. 이 경우 하나님이 만드신 인간의 세상은 예수님 재림 시가지도 채 기다리지 못하고 무너져 버릴 것입니다. 그래서, 하나님께서는 세상의 권리 분쟁이 인명의 살상과 재판의 강탈로 나가지 않도록 모세를 통해서 십계명과 법률(율법)을 주시고 동시에 재판제도를 마련해 주셨습니다.

예수님은 마태복음 5장 9절에서 "화평케 하는 자는 복이 있나니 저희가 하나님의 아들이라 일컬음을 받을 것임이요" 라고 말씀했습니다. 이 화평은 하나님과 사람 사이를 화평케 하는 일 뿐 아니라, 사람과 사람, 이웃과 이웃 사이를 화평케 하는 일도 포함됩니다. 따라서 '가장 극렬한 수준의 권리분쟁을 끌어들여 평화적인 절차를 통해서 권리의 귀속에 관한 판단을 제공하고, 권리의 집행까지도 평화적인 질서 속에서 이루도록 하는' 민사재판 제도는, 하나님의 선하심을 인간의 악으로 얼룩지게 한 이 세상에서, 사람들이 서로 죽이고 빼앗는 폭력을 억제하고 세상의 평화와 이웃 간의 화평을 유지하게 하는, '이웃 사랑의 중요한 제도적 보장' 입니다.

그러므로, 민사재판은 인간의 재물에 대한 욕심을 다룬다고 하여 곧바로 악한 일이 되는 것이 아닙니다. '사람들이 살아야' 하나님도 열심히 믿고 전도도 열심히 하고 세상의 죄와 욕심도 벗어버리고 이 땅에 하나님 뜻이 이루어지도록 노력하면서, 예수님 다시 오시는 날의 영화도 바랄 수 있으니, '권리분쟁과 민사재판을 통해서 땅 위의 삶과 땅 위의 싸움을 화평하게 다루는 일' 은 하나님 앞에 믿음의 일로서 충분한 의미가 있습니다. 그렇다면 세상에서 여러 가지 방법과 모양으로 사인 간의 재산적 분쟁을 다루고 해결하는 직업들은, 단지 돈 싸움의 협력자나 거간꾼 노릇이 아니라 '화평케 하는 자에게는 복이 있나니 저희가 하나님의 아들이라 일컬음을 받을 것이라' 는 팔복의 한 항목을 차지할 수 있을 것입니다.

4. 나의 소유와 남의 소유를 교만하게 판단하지 말라판단의 겸손성– 선악과의 억제

교만하고 이기적인 입장에서 '이웃의 소유' 를 판단하는 사람들, '내가 남의 것을 가지고 있거나 탐내는 자가 될 수 있다는 고민은 전혀 하지 않고, 나의 것을 탐내는 사람들을 완강하게 미워하고 단죄하는 사람들'에 관한 문제입니다. 이것은 다소 유복하고 완고한 기독교인들이 빠질 수 있는 함정입니다. 나의 소유에 대한 문제제기가 있을 때, 나의 것을 위협하는 다른 주장들을 배척하고 나의 재산권을 강경하게 지켜내려는 '고슴도치' 같은 태도가 '과연 하나님 앞에 향기롭고 아름다운 것인가'라는 문제입니다. 21세기의 오늘 미국이나 우리나라의 개신교 일부가 정치적으로 강경 보수우파의 전진기지처럼 행동하고, 인간이 만든 제도 중의 하나에 불과한 자본주의와 성장주의를 우상시하고 절대화하며 하나님처럼 섬기는 태도를 보일 때가 있습니다. 여기에는 '이웃의 것을 탐하지 말라'는 하나님의 계명을 '나의 것을 탐하지 말라'는 이기적인 계명으로 바꾸어, 이웃에 대한 사랑의 계명을 이웃에 대한 증오의 계명으로 사용하는 심각한 죄악이 들어 있지 않은가 도전해 봅니다.

'나의 것, 나의 재물을 탐하는 자'에 대한 싸움은 땅에 사는 사람으로서 어느 정도 불가피한 것이지만, 믿는 사람으로서는 거기에 한계를 두어야 합니다. '이 세상이나 세상에 있는 것들을 사랑하지 말라 누구든지 세상을 사랑하면 아버지의 사랑이 그 안에 있지 아니하니라.'는 요한1서 2장 15절 말씀처럼, 세상의 자본과 재물은 우리 삶의 수단이지 목적은 아니기 때문입니다.

예수님은 마태복음 7장 1절에서 '남을 판단하지 말라. 그러면, 너희도 판단 받지 않을 것이다'(공동번역)라고 말씀하셨습니다. 십계명의 모든 계명을 해석하고 적용함에 있어서, 우리는 선악과를 함부로 따먹었다가 하나님에게 크게 혼나고 그리고 나서도 일용할 양식 먹듯 매일매일 선악 판단을 하는 우리의 죄성을 항상 인식하고, 내 속의 교만과 이기심으로 함부로 다른 사람(이웃)을 정죄하고 나에게 유리한 판단을 내세우는 교만함을 벗어버려야 합니다. 그렇지 않으면 하나님께서, 우리의 속마음을 보시고, 하나님의 계명을 뒤집어 이웃을 핍박하는데 사용하는 우리의 죄악을 심판하고 다루실 것입니다.

5. 나에게 빚진 자를 사하여 주는 성령의 법 제10계명의 한계와 극복 – 궁극적 소유자는 누구인가?

계명과 율법은 땅의 일을 관리합니다. 이웃 사이의 권리분쟁을 다루는 제10계명은 우리가 사는 땅의 세상에서 사람들 사이의 폭력을 억제하고 이웃 간의 화평을 도모하는 하나님의 법률(율법)입니다. 그러나, 이것은 본질적으로 '재물과 재물 사이, 인간과 인간 사이의 배분적 정의를 도모해서, 세상을 유지하고 세상의 때 이른 멸망을 방지하는' 수세적, 방어적 성격의 제도입니다. 이것에 만족한다면, 우리는 이 세상에서 하나님의 능력과 인간의 죄성이 팽팽한 긴장 속에 유지되는 현재의 평형상태(equilibrium), 현상(status quo)를 유지하는데 그칠 것입니다.

예수님이 하나님의 뜻이 땅에서도 이루어지는 원리로 우리에게 가르쳐 주신 주기도문 중 '하나님 나라의 분배 원리'는 다섯 번째 기도, '나에게 빚진 자를 사하여 주는 법'(마태복음 6:12)입니다. 구약의 제10계명 '이웃의 것을 탐하지 말라'가 '내 것은 나에게, 이웃의 것은 이웃에게 돌리라는 배분적 정의'의 세계라면, 주기도문의 다섯 번째 기도 '빚진 자를 사하여 주는 법'은 '나의 것을 고집하지 않고 이웃에게 돌려주는 은혜(사랑)적 정의'의 세계입니다.

물론 타인의 빚을 탕감해 주기 위해서는, 내가 채권자인지 상대방이 채권자인지, 우선 '누구의 것인지를 가려내는' 제10계명의 원리에 따라서 나의 것 너의 것이 분명해져야 합니다. 그래야 채권자가 채무자(빚진 자)를 용서해 주는 일이 제대로 이루어질 수 있고, 채무자(빚진 자)가 자기를 채권자로 착각하여 거꾸로 진짜 채권자에게 '내가 네 빚을 사하여 주노라'면서 엉터리 행세를 부리는 희극적 상황을 벌이지 않을 수 있습니다. 땀 흘려 애쓰면서도 살기가 힘든 이 세상에서, 사람이 나의 재산(채권)을 포기하고 채무자를 사하여 주면서 재산적 손해를 감수하는 것은 정말 어려운 일입니다. 그러므로, 이것을 행하기 위해서는 성령의 능력과 성령의 지혜가 필요합니다.

성령이 주시는 가장 뚜렷한 지혜는, 땅 위의 집과 재물과 권리가 하나님의 뜻 안에서 우리가 살아나가기 위해서 필수불가결한 것이기는 하지만, '그 소유는 나의 것이 아니고 하나님의 것이다'라는 원칙이 될 것입니다. 이러면 우리가 우리의 소유에 대해서 적절한 책임감을 가짐과 동시에 그 소유에 대한 과도한 집착에서 벗어날 수 있습니다. '세상에서 법적으로 '나의 소유'인 것이라고 하더라도 그것이 본질적으로는 '하나님의 것'이므로 내 것이 아니다', 그러니 '하나님 앞에서 나의 형제인 이웃에게 그 소유를 조금 나누어주거나 포기하더라도 아까울 것도 억울할 것도 없다'는 생각, 이것이 궁극적으로는 하나님이 우리들 땅의 인생들을 위하여 주신 하나님의 법, '이웃의 것을 탐하지 말고 이웃을 사랑하며, 세상을 화평케 하라'는 십계명 중 제10계명이 제시하는 목표지점이 아닌가 생각됩니다.

그러므로, 우리는 (i) 내 것이 아님이 분명(分明)한 것은 탐내지 말고, (ii) 내 것인지 남의 것인지 주관적으로 애매한 것은 권리분쟁과 민사재판 등을 통해서 객관적으로 그것이 누구의 소유인지 밝히거나 판단을 받은 후, 평화롭게 집행하거나, 나보다 약한 상대방에게 나의 권리 일부를 양보함으로서 세상의 평화와 하나님의 사랑을 확장해야 합니다.

그런데, 제10계명의 해석과 관련하여 특히 세상을 불안하고 위험하게 하는 것은 '도대체 나의 것인지 남의 것인지 객관적으로 분명치 않고, 두 개의 대립된 의견과 가치관이 모두 근거가 있어서 어느 한쪽도 주관적으로 항복할 수가 없는 경우'입니다. 앞에서 본 계층 간의 대립과 같이 '다르지만, 틀리지는 않은' 영역입니다. 보통 이러한 당파적 대립과 갈등은 승부를 내지 못하고 세상의 끝까지 가니, 이 영역은 '이웃의 것을 탐하지 말라'는 제10계명조차 분명한 힘을 쓰기 어려운 사각지대입니다. **이 영역에 대한 가장 강력한 답은 세상의 것이 모두 하나님의 것이라는 것을 알고 내 것을 집착하지 않고 양보하는 주기도문의 해결책입니다.**

예수를 믿는 사람들이 이 원칙을 무시하고 오히려 교리적 도그마에 집착하여 고아와 과부와 가난한 자를 돌아보라는 하나님 말씀을 경홀히 여기고 세상의 물신주의와 성공주의를 절대시하고 숭상하는 것은 하나님 앞에 부끄러운 일입니다. 적어도 믿는 사람들은, 자신의 일상적 미시적 생활에서나, 정치적 의사표현의 생활에서나 거시적인 경제생활에서「내 것을 알되 내 것을 고집하지 않고 이웃에게 양보하는 하나님의 법, 즉 빚진 자를 사하여 주는 원리」에 따라 생각하고 행할 수 있어야 하고, 이것이 세상의 법과 세상의 다툼 속에서 하나님의 법, 하나님의 뜻을 이 땅에 펼쳐나가는 구체적이고 실질적인 방향이 되지 않을까 생각합니다.

에필로그
한국교회의 회생계획 초안

형제들아, 우리가 어찌할꼬?
– 세상 쪽 30% 지점에서의 평신도 신앙 운동

1. "형제들아, 우리가 어찌할꼬?"

사도행전 2장 37절에서 베드로의 설교를 듣고 마음에 찔린 유대인들이 사도들에게 던진 질문입니다. 이 질문은 그로부터 2천년이 지난 오늘날 욕먹는 한국 기독교의 평신도들이 우리 자신에게 진지하고 심각하게 던지게 되는 질문입니다. 그러나, 오늘날 우리들이 스스로에게 던지는 이 질문에는 사도행전 2장의 질문보다 더욱 어려운 점이 있습니다.

사도행전 2장에서는 '예수를 믿지 않던 유대인'들이 "너희가 십자가에 못 박은 이 예수를 하나님이 주와 그리스도가 되게 하셨느니라!"는 베드로의 오순절 설교를 듣고 마음에 찔려 이 질문을 던지고, 사도 베드로가 이에 대하여 "너희가 회개하여 각각 예수 그리스도의 이름으로 세례를 받고 죄 사함을 얻으라 그리하면 성령을 선물로 받으리라."는 답을 주었습니다.(사도행전 2:38) 그러나, 오늘 이 질문을 던지는 우리들은 대부분 이미 예수님을 믿어 세례를 받고 나름 열심히 신앙생활을 해온 사람들입니다. 그러므로, 사도행전 2장 38절의 답은 그대로 100% 우리에게 적용되어 해결책을 주는 답변이 되지 못합니다. 이제는 우리 스스로가 그 답변을 찾아 나서야 합니다.

2. 세상 쪽 30% 지점에서의 평신도 신앙 운동을 제안하며

○ 세상 속 평신도들의 "씨름"

우리나라의 개신교가 초고속 성장의 신화를 자랑하면서도 지금 누란(累卵)의 위기에 처하게 된 것에는 여러 가지 이유가 있겠지만, 교회의 품 안에 안긴 세상 속 평신도들이 목사님들의 설교만 듣는 안일하고 수동적인 소비자 위치에 만족하면서 상당히 태만한 태도로 신앙생활을 해 온 것에 더 큰 책임이 있습니다.

하란에서 돌아오는 야곱이 에서를 만나는 두려움으로 얍복 강가에서 하나님(천사)과 목숨을 걸고 밤새도록 씨름을 한 것처럼,[58] 이제는 한국교회의 평신도들이 '세상 속의 그리스도인'으로서 세상과 하나님 사이에서 본격적인 씨름을 시작해야 합니다. 우리들이 지금까지 수십년 간 게으르게 씨름판의 '관중' 노릇만 하였다면 이제는 본격적으로 씨름판의 '주전 선수'라는 주체성을 가지고 세상 속에서 우리 믿음과 인생과 신앙과 세상 간의 씨름을 능동적으로 전개해 나가야 합니다.

평신도들이 더 이상 신앙의 목적어 ("평신도를" 깨운다)가 되지 않고 신앙의 주어 ("평신도가" 씨름한다)가 되어야 합니다. 우리의 "씨름"은 이미 정해놓은 어떤 정답을 향해서 사람들을 모으고 동원하는 것이 아니라, 진지하게 질문들을 던지고 그 질문들에 대한 답을 찾기 위해서 우리 모두가 함께 씨름하는 과정으로 이루어져야 합니다. 몇 가지 옳은 일, 옳은 개혁적인 과제들이 있습니다. 그러나, 그 옳은 일 몇 가지로 모든 사람을 동원할 수 없고, 나머지 사람들은 방치하는 결과를 낳기 때문에 이 몇 가지 옳은 일들은 '좋은 답 중의 하나'이지 '유일한 답'은 아닙니다. '풍부한 질문'을 만들어내고 '풍부한 답'을 만들어내야 합니다.

'열심'이 많은 사람은 더 열심히 질문과 답을 만들어 내고, '열심'이 적은 사람도 적은대로 똑같이 질문과 답을 만들어 내야 합니다. 훨씬 더 헌신적이고 이타적인 사람은 그 헌신이 가능한대로, 세상의 생업과 굴레들을 견디어 나가야 하는 대부분의 사람들은 각자 그 놓인 자리에서, 결코 기죽지 말고 '하나님의 씨름 선수'로서 눈 똑바로 뜨고 상대방을 눕힐 기회를 노려야 합니다. 야곱은 사기꾼 같은 삼촌 라반 밑에서 20년간 머슴 생활을 했습니다. 지금 당장 엄청나게 거룩한 사람처럼 살지 못하더라도 우리는 얼마든지 언젠가는 야곱 같은 씨름꾼이 될 수 있습니다.

인간의 한계, 믿음의 한계를 인정하면서, 즉 '믿는 사람들'에게도 세상의 모든 사람들과 똑같은 죄성과 이기심과 한계가 있다는 점을 인정하면서 성령의 힘으로 우리가 싸워나갈 수 있는 방향과 전략과 전술을 세워야 합니다. '무모하거나, 태만하거나' 이 양극단을 오가지 말고, 신중하면서도 적극적이고, 현실적이면서도 이상적이고, 낙관적이면서도 회의적인 지혜로 씨름을 해 나갈 각오를 가져야 합니다. 다소 성선설적인 개혁주의를 보완하기 위해서 성악설적인 개혁주의도 함께 제시되어야 합니다.

정치적으로 진보와 보수가 싸울 때, 진보 정치인과 보수 정치인이 다툴 때, 그리스도인 진보 정치가와 그리스도인 보수 정치가 모두가 아무 신앙적 비전 없이 조찬기도회에 앉아있다는 것만으로는 하나님 앞에서 별 의미가 없습니다. 믿음으로 현실과 맞서 싸우는 씨름의 자세로 '믿음으로 읽는 정치,' '믿음으로 이해하는 진보,' '믿음으로 분석하는 보수'가 무엇인지 풍부하게, 현장에서 그리고 그 옆에서 "씨름"하고 찾아내야 합니다. 정치인 중에 그리스도인의 비율이 50%, 100%가 된다고 하여도 그들이 가진 생각과 일하는 원리가 세상적 정치인의 일하는 원리와 별로 다를 바가 없다면 하나님 나라를 위해서는 별 유익이 없습니다.

경제활동과 직업활동의 현장에서, 기업가, 직장인, 상인, 의료인, 교직자, 공무원, 언론인 등 각종 직업의 그리스도인들이 이제는 귀로만 듣는 신앙생활을 버리고, 머리와 눈과 입과 손과 발과 정강이 모두를 사용하여 자기의 인생과 믿음을 걸고 더 진지하고 치열하게 믿음으로 씨름하는 믿음 생활로 나갈 각오를 해야 합니다. 우리나라의 가정과 교육계를 책임지고 있으면서 가장 큰 믿음의 고생과 갈등을 겪고 있는 우리 그리스도인 여성들도 이 씨름에 동참해야 합니다.

다만, 이 모든 싸움은 명분론과 원칙론으로만 치우쳐서 많은 사람들을 구경꾼으로 몰아가는 것이 아니라, 현실의 거칠고 험악한 경쟁상황을 전체적으로 보고 인간의 본성과 행동양식을 철저히 분석하면서, '선한 의도로 만든 일이 나쁜 결과를 만들어 내는' 어리석음을 반복하지 않고, 실질적으로 좋은 방향의 일을 하나하나 이루어낼 수 있도록 하나님의 지혜를 얻어서 이루어져야 합니다.[59] 이 씨름에는 한꺼번에 몇 발짝을 뛰는 소수의 헌신 이상으로 단단하게 자기 삶의 자리에서 한 발짝을 내딛는 다수의 움직임 더 중요합니다.

○ '세상 쪽'에서의 씨름 운동

'세상 쪽'에서의 씨름 운동이어야 하는 이유는, '내 삶의 자리에서' 구체적으로 벌어지는 일들에 대한 실질적인 질문들이 우리들 믿음의 씨름의 대상으로 되어야 한다는 것입니다.

'믿지 않는 사람'들은 오히려 끊임없이 세상 자체의 질문에 대하여 세상의 원리에 따라서 답을 하기 위해서 근면하게 노력합니다. 그러나, '세상 속의 믿는 사람'들은 세상에 대하여 신앙적 원리에 기한 '질문'과 '답변'을 하지도 않고 고민도 하지 않는 태만한 태도를 보이고 있습니다. 따라서 막상 세상의 경륜과 인생의 대응이 필요할 때, '믿음'은 전혀 실효성 있는 능력을 발휘하지 못하고, 우리의 세상살이는 오로지 세상적 경쟁과 욕망 원리의 전적인 지배를 받게 됩니다. 세상이 악해서 우리가 시험에 든다고 하겠지만, 이것은 우리들의 태만함과 무책임함의 결과라는 측면이 더 강합니다.

야곱은 하나님과의 벧엘 언약에 대한 믿음으로 고향으로 돌아오는 길의 얍복 강가에서, 자기 형 에서의 보복에 대한 극도의 두려움이라는 일생일대의 인생문제를 안고서, 목숨을 건 '인생과 믿음의 씨름'을 전개했습니다. 그리고는 하나님과 및 사람들과 겨루어 이겼다는 영광스러운 의미로 '이스라엘'이라는 새 이름을 얻었습니다.[60] 이처럼 우리가 세상 쪽 30% 지점에서 인생을 걸고 전개하는 '세상과 인생 간의 씨름'은, 세속 평신도들이 살아가는 현장에서 드리는 '산 제사'로서의 의미를 가집니다. 주일에 집중된 교회에서의 예배와 봉사를 충실히 하는 것만으로는 우리 인생의 전부를 드리는 씨름 내지 산 제사라고 하기 어렵습니다. 냉정하게 얘기하면 이것은 우리가 예수님의 속죄제사를 반복하여 소비하는 것이라고도 할 수 있습니다.

세상과의 싸움에서 매일 징징 짜서는 안 되고 그럴 필요도 없습니다. 세상이 세상의 원리로 우리를 시험할 때 우리는 하나님의 원리와 세상의 원리를 익숙히 종합하여 세상의 시험을 이겨내고 역으로 하나님의 원리를 들이밀어 세상을 시험에 들게 할 수도 있습니다. 세상은 강하지만 절대 무적은 아니고, 우리의 믿음은 세상보다 강하기 때문입니다.

○ "30%" 떨어진 관점(觀點)의 필요성

우리는 세상에 살아야 하고 세상에 충실하여야 하므로 삶의 현장이 매우 중요하기는 하지만 그것이 전부는 아닙니다. 삶의 현장은 '먼저 먹고 살고 입는 것을 구하는 것'을 기본원리로 합니다. 그러나, 예수님은 "너희는 먼저 그의 나라와 그의 의를 구하라, 그리하면 모든 것을 너희에게 더하시리라."고 말씀하셨습니다.(마태복음 6:33) 따라서 우리가 세상 속에 침잠(沈潛)하고 세상의 원리에 사로잡히는 것을 피하기 위해서는 몸은 세상 속에서 살되 마음은 세상을 나그네처럼 살아야 하고,[61] 이생의 성공에 대한 자랑으로부터 자유함을 견지하여야 합니다.[62] 즉 우리는 본질적으로 직업으로부터 자유로운 입장과 관점이 있어야 직업을 이길 수 있습니다.

우리는 삶의 현장을 중시하고 동료들을 사랑하고 그곳에서 자기를 부인하고 복음을 전파하고 하나님 나라를 확장해야 하지만, 만일 그 삶의 현장과 그 직장의 흥망이 우리 삶의 목적이 된다면 이는 또 다른 우상을 섬기는 것과 마찬가지 일이 될 것입니다. 내 직장, 내가 하는 일은 매우 소중하고 중요하지만, 하나님을 믿는 일이 더 중요하고, 내 직장, 내가 하는 일이 중요하지만 하나님의 뜻을 알고 펴고 행하는 것이 더 중요합니다.

마음을 다하면서 마음을 비우는 것, 열심히 하면서 무심한 것, 세상에 살면서 세상을 벗어나는 것, 이 모두가 우리의 신앙으로 세상을 이기기 위해서 필요한 명제들입니다. '세상 쪽'에 있으면서도 '30% 떨어진 지점'에서 씨름을 하자는 것은 이와 같은 이유입니다.

○ "집단적으로" 씨름해야 합니다.

이미 많은 사람과 단체들이 오랫동안 다양한 방식, 다양한 자리에서 직장과 현실 속에 하나님 말씀을 전하고 하나님 나라를 확장하기 위한 노력을 해 왔습니다. 모든 노력은 한 사람 한 사람, 강한 의지와 비전과 열심을 가진 사람으로부터 시작합니다. 그러나, 한 사람의 고립된 노력은 금방 지치고 실망하고 좌절감을 느끼고 배신당하고 귀찮아져서 그만두게 되기가 쉽습니다. 그러므로, '세상 쪽 30% 지점에서의 씨름'은 한 사람의 개별적 고립적 노력으로 그칠 것이 아니고 '집단적인 운동'으로 벌어지는 것이 필요합니다.

그동안 뜻있는 교회와 기관 및 지도자들 쪽으로부터도 상당한 노력이 있어 왔습니다. 그러나, 세상 속의 그리스도인, 교회 속의 평신도들이 무기력하고 무책임한 태도를 보여 왔기 때문에 메아리 없는 외침에 그치고 말았을 것입니다. 이제 세상 속 그리스도인들이 믿음으로 세상과 인생과의 씨름을 본격적이고 활발하게 진행한다면, 진지한 교회와 지도자들의 노력도 마주칠 손뼉을 얻고 우리에 의해서 더럽혀진 하나님의 이름을 다시 높이고 하나님 나라가 이 땅에 임할 수 있도록 하는 노력을 힘차게 전개할 수 있을 것으로 확신합니다.

'세상 쪽 30% 지점에서의 씨름' 운동은 그 '지리적 위치'가 중요합니다.

'빈들에 마른 풀 같이 시들은 영혼이 가득하여'(새찬송가 183장) 교회가 걱정하고 신음할 때에, 빈들의 세상 쪽 30% 지점 한 벌판에서 하나님에게 인생의 모든 것을 다 태워 바치려는, 진지하고 전투적인 세상 속 평신도들의 씨름의 불꽃이 거세게 타오르기 시작하면, 세상 쪽에서 시작된 불꽃과 교회 쪽에서 새롭게 전개해 나오는 불꽃이 함께 힘을 합쳐 온 세상을 하나님의 나라로 가득 채우는 새로운 역사를 일으킬 수 있을 것으로 확신하며 기도합니다.

"평신도가 교회를 깨운다"[63]
– 한국교회를 새롭게 하는 "기독교인들의 상상력"

1. 「평신도를 깨운다」 – 30년의 구호

"평신도를 깨운다." 1984년 초판이 나온 이후 2019년 현재까지, 35년간 한국교회 평신도 신앙훈련의 모토가 된 구호입니다. 열심으로 불신자를 '전도'하고, 성심으로 초심자를 '양육'하고, 헌신으로 교회에 '봉사'하고, 선의로 이웃을 '구제'하는 평신도의 신앙, 이렇게 전도/양육/구제/봉사의 네 가지 사명으로 평신도를 깨워서 교회사역을 수행하도록 하는 것이 "평신도를 깨우는" 평신도 제자훈련의 기본 내용입니다.

은혜가 많았었지요? 지금도 이 은혜는 여전히, 상당히 남아있습니다. 세상에서 방황하던 사람들이 예수님을 소개받는 감격을 맛보았고, 냉정한 세상에 살다가 다정한 교회에서 위로도 받고, 평신도의 열심으로 교회도 날로 성장하는 보람에, 수천 수만의 선교사들이 복음 들고 해외로 나가는, 자랑스런 한국교회의 10~20년이 있었습니다. 그런데, 지금 어떠신가요? 우리들의 교회와 우리들의 신앙은 안녕하신가요?

2. '잠자는 평신도' – 30년의 결실

구체적인 이름은 특정하지 않겠습니다. '평신도를 깨우는' 일에 대성공을 거둔 교회들이 있었습니다. 이들 교회와 그 교회의 평신도들은 불신자들을 대규모로 전도하고, 초심자들을 조직적으로 양육하고, 교회에 대한 '사랑'과 순종을 극대화하고, 교회에 많이 모은 물질로 국내·외 구제에 '명성'을 올린, '평신도를 깨우는' 신앙의 대성공 모델입니다. 그런데, 그 중 교회의 성장으로 명성을 올린 한 교회는 교단 헌법을 무시하고 막무가내로 목회세습을 단행하여 예수님의 이름과 한국교회의 명성과 소속 교단의 기능을 땅에 떨어뜨렸고, 평신도를 깨우는 제자훈련으로 큰 사랑을 받았던 다른 한 교회는 불법건축과 편법목회로 온 세상과 교계의 지탄을 받으면서, 교회 안팎의 사람들로 하여금 한국교회와 기독교에 대한 사랑과 자랑을 잃어버리게 하고 있습니다.

문제는, '평신도를 깨우는' 신앙의 모범사례인 이 교회들의 평신도들이, 사실은 교회세습이나 불법목회의 피해자가 아니고, 오히려 '교회의 명성을 위해서, 교회를 너무 사랑해서', 교회와 목회의 불법과 편법과 교만을 순종하고 묵인하고 지지하며 조장하는 '**잠자는 평신도**'들로 나타나고 있다는 것입니다. 십년 공부 나무아미타불을 넘어서 삼십년 공부 나무아미타불이라, 삼십년 동안 열심히 평신도를 깨웠는데 삼십년 지나서 바라보니 그 평신도들은 모두 교회에서 졸고 있는 '잠자는 (교회 속의) 평신도'가 되어버렸다는 허무한 신앙의 결실입니다. 마음이 불편하고, 부인하고 싶지요? 그러나, 이것은 우리 눈 앞에서 선연히 벌어지고 있는 우리들의 외면할 수 없는 자화상입니다.

3. '욕먹는 기독교' – 불편한 현실, 그러나, 직면해야 할 진실

20년 전 우리는, 기독교를 욕하는 사람들을 진리를 모르는 불신자라고 욕했습니다. 10년 전 우리는, 욕먹는 기독교는 성추문을 내거나 교회재산을 유용하는 일부 목회자의 개인적 일탈 때문이라고 변명했습니다. 그러나, 오늘 우리는 기독교를 욕하는 사람들을 더 이상 욕하기도 어렵고, 일부 목회자들만 욕하면서 꼬리를 자르기도 어렵습니다. 이른바 장자교회들의 만행과 장자교단들의 마비로 교회 전체의 명예가 땅에 떨어지고 불신자들이 오히려 교회를 걱정해 주고 있는 오늘, 우리가 해야 할 일은 욕먹는 기독교를 더 이상 불편해 하거나 회피하지 않고, 우리 스스로 우리들 자신을 욕하는 일을 두려워하지 않으면서 직면해서 직진으로 뚫고 나가는 것입니다. 한국교회가 사회적으로 퇴행적이고 무정하며 냉혹한 양상을 보이고, 교회적으로도 수치심을 잃은 파탄의 모습을 보일 때, 우리가 그저 '평안하다, 평안하다' 자위하는 것은 우리 스스로 우리의 신앙과 하나님을 멸시하는 것입니다.(예레미야 23:17)

2천년 전 예수님은 공생애를 시작하면서 "회개하라, 하나님 나라가 가까이 왔다."고 외치셨지요. 예수님이 우리에게 '회개하라' 하신 말씀은, 곧 '너 자신을 욕하라'는 것이었습니다. 성경은 '만일 우리가 죄 없다 하면 스스로를 속이고 또 진리가 우리 속에 있지 않다'고 합니다.(요한1서 1:8) 우리가 우리들 자신을 욕하지 않는 것은 예수님에 대한 신앙적 불순종이요, 우리가 우리 기독교인들의 실상과 교회의 부족함과 평신도 신앙의 왜곡과 실패 양상을 인정하고 규명하며 고치는 것은 예수님에 대한 우리들 순종의 시작입니다.

욕먹는 기독교에는 세 가지 대상이 있습니다. 목회자와 교회제도(운영), 그리고 평신도들입니다 평신도들이 목회자를 욕하면 한 교회를 떠나 다른 교회로 가는 교회이동 현상이 나타납니다. 평신도들이 교회운영과 교회제도를 욕하게 되면 교회의 틀 자체를 떠나 방황하고 고민하는 가나안 성도 현상이 나타납니다. 기독교인 대부분을 차지하는 평신도들이 평신도들 자신의 신앙현실과 그 왜곡 현상을 직시하고 스스로를 욕하고 비판하는 일을 시작하면, 유효한 신앙적 회개와 교회개혁의 길이 열릴 수 있다고 저희는 믿습니다.

4. '평신도가 교회를 깨운다' – 담대한, 그러나, 현실적인 소망

아무리 기독교가 욕을 먹어도, 기독교인들과 교회들이 흔들리고 잘못을 저질러도, 저는 우리가 믿는 기독교 신앙의 힘을 믿습니다. 교회가 흔들리고 기독교인들의 잘못이 드러나는 것 또한 '모든 인간은 죄인'이라는 기독교의 본질적 진리를 더욱더 확실하게 증명하는 것이니, 이것은 결코 우리가 슬퍼하거나 절망할 일도 아닙니다. 과거 어느 시기에 우리 기독교인들의 사명이 '불신자들의 죄'를 지적하고 그들의 회개를 요청하는 것이었다면, 오늘이 시기에 우리 기독교인들의 사명은 '신자들의 죄', 즉 기독교의 진리를 왜곡하고 기독교 신앙을 오염시키는 기독교인들의 죄와 현실교회의 잘못들을 규명하고 그 회개를 실천하는 것입니다. 이것은 기독교의 후퇴가 아니고, 기독교의 전진입니다!

평신도들이 목회자들을 욕하는 것에는 이제 다소 진력이 납니다. 힘에 취한 목회자들은 아무리 욕을 해도 결코 반성하지를 않고, 힘이 없는 목회자들

을 계속 욕하는 것은 미안하고 민망한 일이기 때문입니다. 이제 저는, 평신
도들이 목회자들을 욕하는 일에 너무 많은 힘을 쓰지 말자고 얘기하고 싶습
니다. 교회제도나 교회운영을 욕하는 것에도 이제 답답함이 느껴지지 않습
니까? 사실상 거의 절대적인 '개교회(개별교회) 체제'로 움직이는 한국교회
의 제도적 현실로 말미암아, 교회제도와 교회운영에 관한 모든 논의에는 결
코 속시원한 해결과 만족이 불가능한 객관적 한계와 구조적 결함이 존재하
기 때문입니다. 평신도들이 이러한 제도적 한계를 무시하고 주관적으로 이
상적인 교회(개별교회)와 목회를 소망하면서 거기에 미치지 못하는 교회의
현실에 낙담하고 절망하는 것에는, '지나친 기대가 지나친 실망을 낳는 어리
석음', 곧 나무 밑에서 물고기를 구하는 '연목구어(緣木求魚)'의 어리석음이
들어 있습니다.

  이제, 목회자들의 수고 밑에서 가만히 앉아 수동적으로 신앙의 구경꾼 역
할에 만족하던 평신도들은, 세상 속에서 움직이는 신앙을 이끌어가는 신앙
의 주체로서 거듭나야 합니다. 앞에서 본 것처럼 평신도를 깨워서 교회 일만
시키다가 교회도 망치고 평신도들도 망친 명성 높은 교회와 사랑 많은 교회
들의 실패사례에서 드러났듯이, 평신도들은 더 이상 개별교회의 제한된 틀
만 바라보고 개별교회의 명성과 성공을 자랑하는 '개교회주의의 신앙적 우
물'에서 벗어나, 공교회(universal church)의 넓은 비전과 자유로운 힘을 알
고 누려야 합니다. 30년 간 '평신도를 깨운다'는 화두의 평신도 신앙 훈련이
30년 후 '잠자는 (교회 속의) 평신도'라는 허무한 결실을 낳았습니다. 이 실
패를 놓고 목회자들을 욕하는 것도 지치고, 교회제도를 욕하는 것도 한계가
있다면, 이제는 남을 욕할 것 없이 평신도들이 스스로 일어나 스스로를 욕하

고 반성하고 비판하면서 평신도 신앙의 방향과 왜곡된 내용을 갱신하고, '평신도가 교회를 깨운다'는 담대한 희망으로 나가야 합니다.

이 담대한 희망이 현실적으로 가능할 것인가? 가능하지 않을 이유가 없습니다. 예수님의 부활도 가능할 것 같지 않은 일이었고, 초기 교회의 생존과 시작도 가능할 것 같지 않은 일이었으며, 개신교 종교개혁도 가능할 것 같지 않은 일이었습니다. 불과 백수십 년 동안 무에서 유를 창조한 한국 기독교가, 지금의 흔들림과 모욕 때문에 믿음의 희망을 잃고 하나님에게 실망하고 좌절하고 포기할 이유는 없습니다. 한 방법의 한계가 나타나면 고치거나 다른 방법을 찾으면 되고, 이 길이 막히면 다른 길을 뚫으면 됩니다.

지금 수만의 목회자와 수만의 교회들이 상당한 곤경에 빠져 있지만, 우리에게는 수십만 수백만의 진지하고 열심 있는 기독교인 평신도들이 있습니다. 물론 평신도라는 존재는 완전하지 않고, 오히려 연약하며 부족합니다. 신앙적으로도 수동적이고 신학적으로도 이해가 얕고, 생활적으로도 너무 바쁘고, 조직적으로도 빈약하고 고립되어 있습니다. 그렇다면, 그러니까, 이제 평신도들이 세상 속에서 모여서 서로 고민하고 토론하고 대답을 찾고 실천을 시작하면 됩니다.

혼자서는 할 수도 없고 쉽게 지치고 절망하고 좌절할 수밖에 없는 일입니다. 그러니까 많은 사람들이 엄두를 내지 못합니다. 그러나, 여럿이서 뜻을 모아 함께 하면 지치지도 않고 절망하지도 않고 좌절하거나 포기할 필요도 없습니다. 그냥 돌아가면서 서로 도와가면서 해 나가면 됩니다. 이미 몇몇 단체 몇몇 군데에서 여러 사람들이 이런 집단적인 노력을 상당기간 시도하면서, 한국교회를 살리기 위한 세상 속 그리스도인들의 대중적인 평신도 신앙운동의 가능성과 자신감과 희망의 싹을 경험했습니다. 이 경험을 나누면서 이 사회의 각 곳, 각 지역, 각 분야에서 사람들이 서로 모여 용기를 내고 더 넓게 힘을 모으면 됩니다. '평신도가 교회를 깨운다'는 오늘의 소망은 담대하지만, 무모한 소망이 아니며, 이 길도 막히고 저 길도 막히고 답답하고 절망감을 주는 오늘의 시점에서 오히려 가장 현실적이고 실현가능한 소망입니다.

5. '욕먹는 기독교'와 '욕하는 기독교'를 넘어 '씨름하는 기독교'를 향하여

2000년 이후 최근 10여년 간 한국교회와 기독교인들과 한국사회의 시민들까지 괴롭게 했던 '욕먹는 기독교'는 마침내 2019년 하반기와 2020년 상반기에 전광훈 사태를 통하여 '욕하는 기독교'로 진화했습니다. 이것은 10여년 간 욕먹는 대상, 심판받는 대상으로 있던 기독교계가 입장을 바꾸어 욕하는 주체, 심판하는 주체로 나서려는 강렬한 욕망의 표현으로 볼 수 있었습니다. 그러나, 2020년 8월 15일 전광훈 목사의 사랑제일교회와 태극기집회가 잠잠했던 코로나19 바이러스 재확산의 주범으로 등장하면서, 전광훈 표의 '욕하는 기독교'는 마침내 시민들의 생명을 위협하는 공공의 적으로, 보다 분명한 '욕먹는 기독교'의 표상으로 전락하게 되었습니다. 코로나19 사태로 교회의 정상적인 활동조차 어려운 시기에, 전광훈 사태로 인한 한국 개신교의 신용 추락은 과연 앞으로 '교회가 좋은 곳이니, 교회로 오라'는 기본적인 전도활동 자체가 가능할 것인가에 대한 의문이 들 정도로 치명적인 교회의 추락을 보여주고 있습니다.

교회 자신의 잘못으로 벌어진 '욕먹는 기독교'는 방어가 되지 않았습니다. 교회가 정치적 선악과를 과다복용하고 세상을 심판하는 자리로 나가려고 했던 '욕하는 기독교'는 자기의 욕이 자기에게 돌아와서 무너졌습니다. 지금 '욕먹는 기독교'와 '욕하는 기독교'의 사이에 끼어있는 기독교인들은 괴롭습니다. 교회에 대한 자신감과 신앙에 대한 자부심도 크게 흔들리고 있습니다. 그러나, 중요한 것은, 교회가 흔들린다고 하여 기독교 신앙이 흔들리는 것은 아니라는 사실입니다. 하나님은 사람이 선악을 알고 심판하는 자리에 앉지 말라고 하셨는데, 하나님을 믿는 기독교인들이 정치적 선악과를 마구 먹고, 여기에 더하여 신앙적인 선악과를 함께 과다복용하다가 합병증으로 넘어지고 있는 것은, 창세기 2-3장에 계시된 하나님의 원시계명의 현실적 실현이기도 합니다.

이제 우리는 무너진 자리에서 새로 걸어나가기를 원합니다. 하나님의 역사는 항상 무너진 곳에서 다시 시작했습니다. 하나님은 돌로 만든 성전이 아니라 사람을 통해서 일하십니다. 지금은 하나님의 사람들이 필요합니다. '욕먹는 기독교'와 '욕하는 기독교'의 사이를 뚫고 '씨름하는 기독교'의 길을 만들어 나갈 일꾼들이 필요합니다. 과거 이순신 장군은 '신에게는, 아직 12척의 배가 있었습니다.'고 말하고 명량해전을 벌여 승리했습니다. 여기에 비하면 지금 한국교회에는 12명을 넘어서 '아직 수백만, 수십만, 수만, 아니 적어도 7,000명 이상의 진지하고 성실한 기독교인들이 남아 있습니다.'(왕상 19:18) 실망하지 말고, 힘을 내고, 하나님을 믿고, '씨름하는 기독교'의 길을 함께 뚫어가자고, 저 자신을 포함하여 이 책의 독자들께 권유하며 도전합니다. 신실하신 하나님은 그를 믿는 자들을 버리지 않으시고, 우리의 노력과 회개를 통해서 우리 각자의 신앙과 한국교회를 다시 살리시고, 하나님의 뜻을 이 땅 위에 탄탄하게 이루어나가실 것을 믿습니다. 아멘.

후주

[1] 이 글은 2017년 7월 31일 '종교개혁 500주년 연합기도회' 7월 기도회에서 '교회의 사회적 실패와 한국교회 평신도들의 시대적 사명'이라는 제목으로 필자가 나눈 메시지를 수정, 보완한 내용입니다.

[2] 이 글은 2020. 4. 15. 국회의원 총선에 앞서서 필자가 기독교윤리실천운동의 웹진 '좋은나무'에 게재한 칼럼 '[십계명으로 읽는 세상①] 제6계명과 정치적 민주주의'를 기초로 해서, 이 책의 목적에 맞게 추가, 보충한 내용입니다.

[3] 누가복음 6:42 "너는 네 눈 속에 있는 들보는 보지 못하면서 어찌하여 형제에게 말하기를 형제여 나로 네 눈 속에 있는 티를 빼게 하라 할 수 있느냐 외식(外飾)하는 자여 먼저 네 눈 속에서 들보를 빼라 그 후에야 네가 밝히 보고 형제의 눈 속에 있는 티를 빼리라"

[4] 마태복음 5:44 "나는 너희에게 이르노니 너희 원수를 사랑하며 너희를 박해하는 자를 위하여 기도하라"

[5] 마태복음 5:9 "화평하게 하는 자는 복이 있나니 그들이 하나님의 아들이라 일컬음을 받을 것임이요"

[6] 레위기 19:18 "원수를 갚지 말며 동포를 원망하지 말며 네 이웃 사랑하기를 네 자신과 같이 사랑하라 나는 여호와이니라"

[7] 마태복음 5:43-44 "43 네 이웃을 사랑하고 네 원수를 미워하라 하였다는 것을 너희가 들었으나 44 나는 너희에게 이르노니 너희 원수를 사랑하며 너희를 박해하는 자를 위하여 기도하라."

[8] '제2부 욕먹는 기독교'의 내용은 초판 제1편과 같은 내용이며, 필자가 2014년 4월의 세월호 사태 이후에 발표한 '욕먹는 기독교와 평신도의 고민'이라는 제목의 글을 기초로 정리한 것입니다.

[9] 이하 이 글에서 "기독교"라고 할 때에는, 개신교(Protestant), 로마 가톨릭, 동방정교회의 기독교 3대 종파 중 "기독교(개신교)"만을 의미합니다.

[10] 개정판을 발간하는 2020년 현재, 한기총은 많은 교단이 탈퇴하여 그 세력이 약화되었고, 한국교회총연합회(약칭 한교총)가 규모상 가장 큰 교단연합체로 되어 있습니다.

[11] 김세윤·김회권 공저, 하나님나라 복음 (서울: 새물결플러스, 2013), 251.

[12] 인문학 서평사이트 아포리아(Aporia), 이병주 칼럼, "무너진 한국, 간신의 나라" 참조.
http://www.aporia.co.kr/bbs/board.php?bo_table=column&wr_id=86

[13] 'ict' 는 아인슈타인의 상대성이론에서 시간과 관련된 4차원의 축으로 [복소수 (i) × 광속 (c) × 시간 (t)]을 의미합니다.

[14] 예수님이 말씀하신 이웃 사랑의 계명은 원수 사랑으로 확장됩니다. "43 네 이웃을 사랑하고 네 원수를 미워하라 하였다는 것을 너희가 들었으나 44 나는 너희에게 이르노니 너희 원수를 사랑하며 너희를 박해하는 자를 위하여 기도하라." (마태복음 5:43-44) 그 결과 우리가 사랑할 이웃에는 나의 편뿐만 아니라 나의 원수도 포함됩니다.

[15] "19 애매히 고난을 받아도 하나님을 생각함으로 슬픔을 찾으면 이는 아름다우나 20 죄가 있어 매를 맞고 참으면 무슨 칭찬이 있으리요" (베드로전서 2:19-20)

[16] 문화체육관광부 집계 연간 종교단체 운영자금 현황. 연합뉴스 2008. 10. 15. 기사:
https://news.naver.com/main/read.nhn?mode=LSD&mid=sec&sid1=103&oid=001&aid=0002315811

[17] 2012년 금융감독원 조사결과. 노컷뉴스 2012. 5. 7. 기사:
https://www.nocutnews.co.kr/news/935285

[18] 아포리아, 이병주 칼럼, "실패한 혁명가의 절망, 밀턴의 잃어버린 낙원":
http://www.aporia.co.kr/bbs/board.php?bo_table=rpb_community&wr_id=64 참조.

[19] 이 글은 2012년 기독법률가회(CLF) 전국대회에서 토론했던 내용으로, 졸저 '호모욕쿠스-욕해야 사는 인간' (서울: 아포리아, 2014)의 '욕의 종교학' 파트에 다소 축약하여 실었던 글을 이 책의 목적에 맞게 가필하고 수정, 보완한 내용입니다.

[20] "그 종의 주인이 불쌍히 여겨 놓아 보내며 그 빚을 탕감하여 주었더니" (마태복음 18:27)

[21] "기록한바 의인은 없나니 하나도 없으며" (로마서 3:10)

[22] "그러므로, 우리가 여호와를 알자 힘써 여호와를 알자" (호세아 6:3)

[23] "오른손을 잡아 일으키니 발과 발목이 곧 힘을 얻고" (사도행전 3:7)

[24] "나는 그 아비가 되고 그는 내 아들이 되리니 저가 만일 죄를 범하면 내가 사람 막대기와 인생 채찍으로 징계하려니와" (사무엘하 7:14)

[25] "내가 어렸을 때에는 말하는 것이 어린 아이와 같고 깨닫는 것이 어린 아이와 같고 생각하는 것이 어린 아이와 같다가 장성한 사람이 되어서는 어린 아이의 일을 버렸노라" (고린도전서 13:11)

[26] "사람이 감당할 시험 밖에는 너희에게 당한 것이 없나니 오직 하나님은 미쁘사 너희가 감당치 못할 시험 당함을 허락지 아니하시고 시험 당할 즈음에 또한 피할 길을 내사 너희로 능히 감당하게 하시느니라" (고린도전서 10:13)

[27] "너희가 듣기는 들어도 깨닫지 못할 것이요 보기는 보아도 알지 못하리라" (마태복음 13:14)

[28] "여호와를 경외하는 도는(…)꿀과 송이꿀보다 더 달도다" (시편 19:9-10)

[29] "17 아담에게 이르시되 네가 네 아내의 말을 듣고 내가 너더러 먹지 말라 한 나무 실과를 먹었은즉 땅은 너로 인하여 저주를 받고 너는 종신토록 수고하여야 그 소산을 먹으리라 18 땅이 네게 가시덤불과 엉겅퀴를 낼 것이라 너의 먹을 것은 밭의 채소인즉 19 네가 얼굴에 땀이 흘러야 식물을 먹고 필경은 흙으로 돌아가리니 그 속에서 네가 취함을 입었음이라 너는 흙이니 흙으로 돌아갈 것이니라 하시니라" (창세기 3:17-19)

[30] "이 세상이나 세상에 있는 것들을 사랑하지 말라 누구든지 세상을 사랑하면 아버지의 사랑이 그 안에 있지 아니하니" (요한1서 2:15)

[31] "모세가 그의 장인 미디안 제사장 이드로의 양 떼를 치더니 그 떼를 광야 서쪽으로 인도하여 하나님의 산 호렙에 이르매" (출애굽기 3:1)

[32] "너희는 행하는 바를 삼가라 너희의 재판하는 것이 사람을 위함이 아니요 여호와를 위함이니 너희가 재판할 때에 여호와께서 너희와 함께하실지라" (역대하 19:6)

[33] "네가 네 하나님 여호와의 말씀을 삼가 듣고 내가 오늘날 네게 명하는 그 모든 명령을 지켜 행하면, (…) 성읍에서도 복을 받고 들에서도 복을 받을 것이며, (…) 네가 들어와도 복을 받고 나가도 복을 받을 것이니라" (신명기 28:1-6)

[34] "지나치게 의인이 되지 말며 지나치게 지혜자도 되지 말라 어찌하여 스스로 패망케 하겠느냐 . 지나치게 악인이 되지 말며 우매자도 되지 말라 어찌하여 기한 전에 죽으려느냐" (전도서 7:16-17)

[35] "너희 중에 누구든지 지혜가 부족하거든 모든 사람에게 후히 주시고 꾸짖지 아니하시는 하나님께 구하라 그리하면 주시리라" (야고보 1:5)

[36] "네 이웃의 집을 탐내지 말라 네 이웃의 아내나 그의 남종이나 그의 여종이나 그의 소나 그의 나귀나 무릇 네 이웃의 소유를 탐내지 말라" (출애굽기 20:17)

[37] 돈내기 카드나 화투를 끝내면, 거의 항상 돈을 땄다고 인정하는 액수의 합계가 돈을 잃었다고 주장하는 액수의 합계보다 작습니다. 서로들 본전 계산이 다르기 때문입니다.

[38] 우리는 영화 '밀양'에서 여주인공 전도연이 자기 아들을 해친 살인범을 억지로 무리하게 용서하려다가 지독한 시험에 빠지는 장면을 봅니다. 우리는 열심히 믿고 열심히 용서해야 하겠지만, 나의 '용서할 수 있는 능력'을 너무 믿으면 안 됩니다. 인간이 할 수 있는 것은 세상일에서나 믿음의 일에서나 모두 큰 한계가 있습니다. 우리는 인간의 한계를 무시하고 나의 믿음의 능력을 과대평가하고 무리한 짓을 벌이다가 시험에 빠지는 우(愚)를 범하면 안 됩니다. 세상적으로도 잘난 척하지 말아야지만, 믿음으로도 잘난 척을 말아야 합니다.

"그런즉 선 줄로 생각하는 자는 넘어질까 조심하라" (고린도전서 10:12)

[39] "6 여호와가 가인에게 이르시되 네가 분하여 함은 어찌 됨이며 안색이 변함은 어찌 됨이냐 7 네가 선을 행하면 어찌 낯을 들지 못하겠느냐 선을 행하지 아니하면 죄가 문에 엎드려 있느니라 죄가 너를 원하나 너는 죄를 다스리라." (창세기 4:6-7)

[40] "할 수 있거든 너희로서는 모든 사람과 더불어 화목하라" (로마서 12:18)

[41] "너는 청년의 때 곧 곤고한 날이 이르기 전, 나는 아무 낙이 없다고 할 때" (전도서 12:1)

[42] "너희 마음에 그리스도를 주로 삼아 거룩하게 하고 너희 속에 있는 소망에 관한 이유를 묻는 자에게는 대답할 것을 항상 예비하되 온유와 두려움으로 하고" (베드로전서 3:15)

[43] "9 두 사람이 한 사람보다 나음은 저희가 수고함으로 좋은 상을 얻을 것임이라 10 혹시 저희가 넘어지면 하나가 그 동무를 붙들어 일으키려니와 홀로 있어 넘어지고 붙들어 일으킬 자가 없는 자에게는 화가 있으리라 11 두 사람이 함께 누우면 따뜻하거니와 한 사람이면 어찌 따뜻하랴 12 한 사람이면 패하겠거니와 두 사람이면 능히 당하나니 삼겹줄은 쉽게 끊어지지 아니하느니라" (전도서 4:9-12)

[44] "하나님 아버지 앞에서 정결하고 더러움이 없는 경건은 곧 고아와 과부를 그 환난 중에 돌보고 또 자기를 지켜 세속에 물들지 아니하는 그것이니라" (야고보서 1:27)

[45] 김세윤 · 김회권 공저, 하나님나라 복음 (서울: 새물결플러스, 2013), 251.

[46] 아포리아, 이병주 칼럼, "태백산맥을 넘어 정글만리에서 길을 잃다: 시대의 구호를 상실한 시대의 퇴행" 참조. http://www.aporia.co.kr/bbs/board.php?bo_table=rpb_community&wr_id=57

[47] "사랑하는 자들아 주께는 하루가 천년 같고 천년이 하루 같은 이 한 가지를 잊지 말라" (베드로후서 3:8)

[48] 이 글은 2017년 말 소속교단인 예수교장로회(통합) 교단의 헌법의 세습금지 규정을 위반한 명성교회의 위임목사 불법세습 사태에 직면하여, 그 원인이 교회와 목회자와 평신도들의 개교회주의, 개별교회에 대한 절대적 충성에 있다는 점을 개탄하면서, 그 원인과 극복방안에 대하여 필자가 작성하여 뉴스앤조이에 기고한 글입니다.

[49] 2012년 우리나라에서 법원에 접수된 소송사건 총수는 6,318,042건입니다. 그 중 민사사건의 수가 4,403,094건(70%)이고 형사사건의 수가 1,670,018건(26%)으로 이 두 가지가 대부분(96%)을 차지합니다. 따라서 저를 포함하여 변호사들이 수행하는 재판업무의 70% 정도는 사적(私的) 권리분쟁에 관한 민사재판입니다.

[50] '본안(本案) 사건'은 법정(法廷)에서 재판이 열리는 소송을 의미하고, 본안외(外) 사건은 법정에서는 재판을 열지 않는 가압류, 가처분, 강제집행의 신청사건 등을 의미합니다. 2012년 민사사건 총수는 440만 건 중 민사 본안사건은 110만 건, 민사 본안외 사건은

330만 건 정도입니다.

[51] 2005년 현재 총인구 4,704만 명 중 비종교인이 2,186만 명(46.9%)이고 종교인구는 2,497만 명(53.1%)입니다. 각 종교별로는 불교도 1,072만 명(22.8%), 개신교도 861만 명(18.3%), 천주교도 514만 명(11%)으로, 개신교와 천주교를 합한 기독교인의 숫자는 1,375만 명, 전체 인구의 29.2% 정도를 차지하고 있습니다.

[52] 양 당사자 모두가 크리스천인 분쟁이 약 1할 [9% = 원고 0.3 × 피고 0.3]으로 계산되고, 당사자 중 한쪽은 크리스천이고 다른 쪽은 비기독교인인 경우가 약 4할 [42% = (원고 0.3 × 피고 0.7)+(원고 0.7 × 피고 0.3)]으로 계산됩니다.

[53] '개인적인 차원의 대응'에서 조금 차이가 나기는 합니다. 믿는 사람은 민사분쟁에 휘말렸을 때 교회에 가서 하나님께 '도와 달라'고 기도를 합니다. 안 믿는 사람은 기도할 데이 없으니 그냥 자기의 고민과 짐으로 지고 갑니다. 하나님이 세속적인 민사재판을 놓고 '믿는 사람이 안 믿는 사람에게 승소(勝訴)하도록' 특별히 힘을 쓰실 것 같지는 않습니다. 세상의 권리분쟁에 믿는 사람이 끼어 있다고 해서 그 싸움이 곧바로 '하나님의 싸움'이 되는 것은 아니기 때문입니다.

[54] 교회 송사에서는 쌍방 당사자가 모두 하나님의 말씀을 자기주장의 근거로 붙잡고 내세우며 싸우니, 싸우는 양쪽 모두한테 유리한 말씀을 들려주셔야 하는 하나님의 입장은 참으로 안쓰럽고 고달프기 그지없습니다.

[55] 만일 이 경우 제3자가 대신 판단을 해 주는 재판제도가 없었다면, 둘 사이에는 집을 뺏고 지키기 위한 실력행사와 육체적 충돌이 발생하고, 그 과정에서 인한 심각한 신체적 침해가 일어나게 될 가능성이 큽니다.

[56] 2천만 원 이상 규모의 민사 사건 중에는 우선 대여금 청구사건 44,045건(14.4%)과 구상금 청구사건 28,660건(9.4%), 양수금 청구사건 21,471건(7.0%), 약정금 청구사건 7,076건(2.3%), 보증채무금 청구사건 2,527건(0.8%), 어음수표금 청구사건 2,114건(0.7%), 공사대금 청구사건 9,197건(3.0%) 등 '금전 청구사건'이 37% 이상, 전체 민사분쟁의 1/3 정도로 가장 큰 비중을 차지합니다. 다음으로 부동산 소유권이전 및 말소 청구사건 15,561건(5.1%), 건물명도 및 철거 청구사건 33,396건(10.9%), 근저당권 설정 및 말소 청구사건 3,945건(1.3%), 임대차보증금 청구 6478건(2.1%), 부동산경매에 관련된 배당이의 사건 4,399건(1.5%) 등 '부동산 관련사건'이 20% 이상, 민사분쟁 전체의 1/5 정도에 해당하는 큰 비중을 차지하고 있습니다. 이어서 자동차사고(3,214건), 산업재해(895건) 의료과오사건(1,009건) 지적소유권침해(1,371건) 등 '손해배상 청구사건'이 29,268건으로 전체 민사분쟁의 1/10 정도를 차지하고 있습니다. 일반적으로 금전청구 사건은 원고의 승소비율이 비교적 높고, 부동산 사건은 반반,

손해배상 사건은 원고의 패소비율이 더 높습니다.

[57] "야곱이 떡과 팥죽을 에서에게 주매 에서가 먹고 마시며 일어나 갔으니 에서가 장자의 명분을 가볍게 여김이었더라" (창세기 25:34)

[58] "야곱은 홀로 남았더니 어떤 사람이 날이 새도록 야곱과 씨름을 하다가 그 사람이 자기가 야곱을 이기지 못함을 보고 야곱의 환도뼈를 치매 야곱의 환도뼈가 그 사람과 씨름할 때에 위골되었더라 그 사람이 가로되 날이 새려 하니 나로 가게 하라 야곱이 가로되 당신이 내게 축복하지 아니하면 가게 하지 아니하겠나이다." (창세기 32:24-26)

[59] "너희 중에 누구든지 지혜가 부족하거든 모든 사람에게 후히 주시고 꾸짖지 아니하시는 하나님께 구하라 그리하면 주시리라" (야고보서 1:5)

[60] "그가 이르되 네 이름을 다시는 야곱이라 부를 것이 아니요 이스라엘이라 부를 것이니 이는 네가 하나님과 및 사람들과 겨루어 이겼음이니라" (창세기 32:28)

[61] "너희의 나그네로 있을 때를 두려움으로 지내라" (베드로전서 1:17) "이 사람들은 다 믿음을 따라 죽었으며 약속을 받지 못하였으되 그것들을 멀리서 보고 환영하며 또 땅에서는 외국인과 나그네로라 증거하였으니" (히브리서 11:13)

[62] "낮은 형제는 자기의 높음을 자랑하고 부한 형제는 자기의 낮아짐을 자랑할찌니 이는 풀의 꽃같이 지나감이라 해가 돋고 뜨거운 바람이 불어 풀을 말리우면 꽃이 떨어져 그 모양의 아름다움이 없어지나니 부한 자도 그 행하는 일에 이와 같이 쇠잔하리라" (야고보서 1:9-11) "진실로 천한 자도 헛되고 높은 자도 거짓되니 저울에 달면 들려 입김보다 경하리로다" (시편 62:9)

[63] 이 글은 2019. 4. 20. 기독법률가회(CLF), 좋은교사운동, 기독교윤리실천운동, 기독교경영연구원 등 기독교 평신도대중단체들이 연대하여 창비학당에서 개최한 "한국교회를 새롭게 하는 평신도의 상상력' 첫 번째 토론회를 맞이하여 2019. 4. 12. 뉴스앤조이에 기고한 필자의 칼럼을 수정, 보완한 내용입니다.